Über das Buch

Wer sind diese Reichsbürger und Staatsleugner? Und weshalb findet ihre Vorstellung, die Deutschen seien Opfer einer weltweiten Verschwörung, so viele Anhänger? Der jüdische Autor Tobias Ginsburg schleicht sich bei ihnen ein – und erfährt Seltsames und Beängstigendes über Esoteriker und Neonazis, Verschwörungstheoretiker, Sektierer und prominente AfD-Politiker. Er schließt sich verschiedenen Gruppierungen an, sitzt am Lagerfeuer und an Stammtischen, plant mit bei unheilvollen Projekten und dringt immer tiefer ein in diese gefährliche wie diffuse Bewegung. »Die Reise ins Reich« ist eine Reportage über Macht, Wahnsinn und Rechtsextremismus, das Porträt von verzweifelten Menschen und bösen Verführern, aber auch die Geschichte einer aberwitzigen und grausig komischen Abenteuerreise vom äußersten Rand der Gesellschaft bis in ihre Mitte.

Über den Autor

Tobias Ginsburg wurde 1986 in Hamburg geboren. Seit seiner Studienzeit schreibt und inszeniert er Theaterstücke, oftmals mit dokumentarischem und politischem Ansatz. Er arbeitet als Autor, Dramaturg und Regisseur und ist Gründungsmitglied der Theatergruppe Fake to Pretend.

TOBIAS GINSBURG

DIE REISE INS

Reich

UNTER REICHSBÜRGERN

DAS NEUE BERLIN

»Du siehst, ich bin der Herr! – Auch ich war verzweifelt, da baute ich mir aus den Trümmern meines Gutes ein Reich. – Ich bin der Meister!«

Alfred Kubin, »Die andere Seite«

Inhalt

Ideologischer Katastrophentourismus

Ein gutes halbes Jahr lang war ich auf Reisen. In dieser Zeit schloss ich Freundschaften, studierte Verschwörungstheorien und lernte so richtig gut hassen, nahm eine neue Identität an, trank Mondwasser, ließ meine Chakren einrenken, schmiedete einen Komplott zum Sturz der Regierung, griff nach der Macht, tanzte mit Hippies, soff mit Nazis, aß viele Schnitzel, soff mit dezidierten Nicht-Nazis, aß viele Würste und plante eine neue Heimstätte für das unterjochte deutsche Volk. Und weil ich nie wusste, ob ich schon viel zu viel oder noch viel zu wenig gesehen hatte – das weiß ich übrigens bis heute nicht –, zog es mich immer wieder zurück in das schier grenzenlose Reich der Reichsbürger. Es ist auch wirklich nicht einfach, sich zielstrebig durch eine formlose Sumpflandschaft voller Irrlichter zu navigieren. Erst recht nicht, wenn diese nur von einer Handvoll kruder Ideen zusammengehalten wird.

Es ist nicht lange her, da galten die Reichsbürger bloß als Kuriosum: verwirrte Extremisten, die vom alleräußersten Rand der Gesellschaft herunterbaumeln und die Rechtmäßigkeit der Bundesrepublik Deutschland leugnen. Ernst nahm man sie nicht, dafür klang es viel zu sehr nach Realsatire. Aber dann kam der 19. Oktober 2016, und im mittelfränkischen Georgensgmünd fielen Schüsse. Die Polizei stürmte ein Haus, das vom Besitzer zum autonomen »Regierungsbezirk« erklärt worden war. Massenhaft Waffen hatte er gehortet, die sollten sichergestellt werden. Doch der Reichsbürger, der »freie Mensch Wolfgang«, eröffnete das Feuer. Vier Polizisten wurden verletzt, einer von ihnen in die Lunge getroffen. Er starb am nächsten Morgen im Krankenhaus. Der Blick auf die Reichsbürger verschob sich über Nacht.

15 000 Reichsbürger und Selbstverwalter soll es laut Verfassungsschutz in Deutschland geben, aber die Zahl wird seit den Schüssen stetig nach oben korrigiert. In der Presse heißt es dann, die Szene wachse rasant, aber das ist nicht das Problem.

Wir sind einfach erst dabei zu begreifen, wer die Reichsbürger eigentlich sind. Was nicht einfach ist. Die wenigsten Reichsbürger wollen als solche erkannt werden. Viele streiten es vehement ab, und viele wissen nicht, dass sie welche sind. Die meisten meiner Bekanntschaften begreifen sich selbst als Systemkritiker.

Wo habe ich mich also rumgetrieben?

Ich war in einem Reich, das es nicht gibt und niemals gab und in dessen Zentrum eine Verschwörungstheorie steht: Die Bundesrepublik ist kein souveräner Staat, die Deutschen sind Opfer einer weltweiten Verschwörung.

Manchmal klingt das so: Das Deutsche Reich hat nie kapituliert und dauert immer noch an, es gelten die Grenzen von 1937!

Oder so: Deutschland hat weder Friedensvertrag noch Grundgesetz! Die Alliierten haben uns in der Hand!

Gerne auch: Die deutschen Politiker sind nur Agenten und Marionetten im Kampf gegen das eigene Volk!

Oder: Die BRD ist bloß eine Firma mit Sitz in Frankfurt am Main!

Oder, oder, oder.

Wer hinter dieser großen Verschwörung stecken soll? Meistens sind es graue Eminenzen der Hochfinanz. Oder mächtige Logen. Manchmal Illuminaten, überraschend häufig Satanisten. Manchmal gar Echsenmenschen, die im Fleischkostüm die menschliche Zivilisation unterwandern. Oder es sind einfach die Juden.

Als ich mich auf meine Reise begeben habe, war mir nicht klar, dass die Wahnvorstellung von der jüdischen Weltverschwörung wieder in so einem Ausmaß grassiert. Ich bin Jude – nach einer Weile nimmt man sowas persönlich.

Ich bin trotzdem eifrig weitergereist. Vielleicht, weil mich die Menschen, denen ich begegnete, einfach interessierten. Weil mir ein paar sogar ein bisschen was bedeuten. Ganz sicher aber auch, weil ihr seltsames Reich unserer Welt oft erschreckend ähnelt – und sich erste Gebiete bereits überlappen.

Es war der große, halbwache Wahlsommer, und viel wurde debattiert über das Erstarken der Rechten. Die ständigen Provokationen der AfD wurden analysiert, ihr Erfolg erklärt, wiedererklärt, ihre Strategien offengelegt: Wie sie sich immer in Opferpose schmeißen. Wie sie ihre Gegner pauschal als Volksverräter oder gar Faschisten beschimpfen. Wie sie ein Bild zeichnen von einem unterdrückten, verratenen, verfolgten Volk im Kampf gegen eine übermächtige Elite.

Und mir Reichsreisendem kam das alles so bekannt vor.

Da raunt die Rechte etwa von einem Bevölkerungsaustausch: Sie fantasiert, die Regierung wolle das deutsche Volk mit muslimischen Migranten nach und nach ersetzen. Ein furchterregender Prozess mit der unheimlichen Bezeichnung »Umvolkung«. Einen »Genozid am deutschen Volk« nennen das manche oder gleich einen Plan zur »Vernichtung der weißen Rasse«. So klingt die Verschwörungstheorie der Stunde. Sie wird uns in diesem Buch noch ein paar Mal über den Weg laufen.

Die Verschwörungstheorien sind aus dem ideologischen Sumpfgebiet ausgebrochen, vom rechtsradikalen und verwirrten Rand rein in die Gesellschaft. Wo das Reich aufhört und das Bürgertum anfängt, ist manchmal schwer zu sagen.

Das Reich ist eben groß. An manchen Ecken ist es exotisch und befremdlich, bewohnt von fundamentalistischen Esoterikern, die sich mitunter auf dem Gerippe einer hohlen Erde im Kampf gegen finstere Verschwörer glauben.

Dann sind da Landstriche, die mir auf den ersten Blick vertraut erschienen. Wo man Globalisierungs- und Kapitalismuskritiker antrifft, Ökos und Alternative, die aber demselben Verschwörungsglauben verfallen sind und meinen, nicht regiert, sondern von internationalen Eliten verwaltet zu werden.

Und schließlich sind da die Rechten: Die Neonazis, bei denen die Verschwörungstheorie des fremdgesteuerten Deutschland ihren Anfang genommen hat, aber auch Neu-Rechte, Rechtspopulisten und normale »besorgte« Deutsche, die teils bewusst, teils unbewusst auf demselben ideologischen Boden wandeln.

Meine Reisen führten mich so vom äußersten Rand der Gesellschaft immer mehr in ihre Mitte – auch wenn die Grenzen oft verschwimmen. Und ständig trifft man Verirrte, die nicht begreifen, durch was für eine Ideenlandschaft sie da tappen. Ich tappte eine ganze Weile mit ihnen mit. Ich versuchte, die Reichsbürger zu verstehen, ihren Blick auf die Welt und ihren Blick auf uns.

In diesem Buch beschreibe ich all diese Menschen und ihre Gedanken, ich gebe den ganzen Mist wieder, reproduziere ihre Überzeugungen, wie man so sagt. Ich kann nur hoffen, dass es hilft. Vielleicht hilft es im Umgang mit diesen Menschen. Vielleicht hilft es im Kampf gegen ihre Ideologien. Vielleicht hilft der Blick in ihre bizarre Spiegelwelt, etwas über die unsrige zu verstehen.

An den Begebenheiten habe ich nur etwas abgeändert, wenn es mir unbedingt notwendig erschien: Mal wurde ein dreistündiges Telefonat aus dramaturgischen Gründen zu drei Sätzen, mal wurde aus drei Gesprächen eines. Generell habe ich die Namen der Personen verändert, solange sie nicht selbst in der Öffentlichkeit stehen oder sie aktiv suchen, gelegentlich auch Umstände und Lebensläufe leicht umgeformt, um einzelne Identitäten unkenntlich zu machen. Na gut, und zwei-, dreimal habe ich Personen verunklart, weil ich mir Sorgen mache, sie sonst irgendwann vor meiner Haustür wiederzutreffen. Das muss nun auch nicht sein.

1.
DIE REISE AN DEN RAND DES WAHNSINNS. VON KÖNIGEN, FASCHISTEN UND DER ESOTERIK

Das Königreich und die Krankheit

Das Versprechen

Wir sitzen um ein hoch in den Himmel fackelndes Lagerfeuer herum. Wenn das Wetter es zulässt, hocken die Bewohner des Königreichs Deutschland hier jeden Abend.
Die Feuerstelle liegt hinter dem Hauptgebäude, zwischen
Parkplatz und lichtem Birkenwäldchen, inmitten des
neun Hektar großen Staatsgebietes, einem ehemaligen
Krankenhausgelände, umgeben von Maschendrahtzaun,
umschlossen von der Bundesrepublik Deutschland.

Feindesland.

Betäubende Harmlosigkeit sickert aus jedem milden
Lächeln, albernen Witz und verständnisvollen Nicken
der knapp dreißigköpfigen Abendgesellschaft. Drei Männer umkreisen mit sachkennerischem Gesichtsausdruck
das Feuer und legen übertrieben große Holzscheite nach,
die Mädchen piksen sich gegenseitig ihre Finger in die
Rippen und lachen quietschend auf, und der Österreicher verteilt ein paar Bierflaschen aus seinem Privat-
besitz. Das sind die aufregenden Geschehnisse. Die anderen sitzen in gemäßigter Lustigkeit um das Feuer herum,
und Elron der Hund jagt eine Heuschrecke oder etwas
Vergleichbares durch das hohe Gras.

Selbst wenn ich nicht wüsste, was hinter diesem ein-
trächtigen Beisammensein steckt (und ich weiß es zu
diesem Zeitpunkt tatsächlich nur so halb), selbst dann
wäre mir der hart-harmonische Umgangston fürchter-

lich nervig vorgekommen. Aber dann beginnt Johannes neben mir auf der Bank zu erzählen, und mir wird immer schlechter.

Johannes und ich sind beide Wochenendgäste des Königreichs. Wir haben uns beim Rauchen am Zollhäuschen kennengelernt, denn das Königreich ist ein strenges Nichtraucherreich, und qualmend sind wir dann die deutsch-deutsche Grenze entlangspaziert, haben uns die Vorgärten auf der BRD-Seite angesehen, über unsere Zukunftsängste geredet und über einen ganz abscheulichen Gartenzwerg gelacht. Irgendwie war das sehr nett. Johannes ist zwar völlig irre, aber ich kann ihn gut leiden. Er ist Anfang vierzig, wirkt beim Lachen wie ein kleiner Junge und führt ein normales Leben in Deutschland. Er hat einen guten Job bei einem großen Industriekonzern, verdient sein Geld, zahlt seine Steuern, fährt sein Auto, geht in den Supermarkt, ins Kino und zum Elektrogroßhandel, schaut Fußball, streichelt Hunde, reserviert Tische, leckt an Briefmarken, frühstückt belegte Vollkornbrötchen, wartet an roten Ampeln, geht bei Grün, atmet Sauerstoff ein und Kohlenstoffdioxid aus. Aber dann ist er eben auch aus tiefster Seele davon überzeugt, dass der Staat eine von finsteren Kräften geführte Firma und Foltermaschinerie ist, die ihn und das deutsche Volk bestrafen soll.

Gerne würde er sich wehren, sagt Johannes, eigentlich müsste er sich wehren, sagt er, irgendwas müsse man ja tun, müsse man doch, und er schaut suchend in die Runde und dann auch flehentlich zu mir. Glutfunken sausen durch den dunkelblauen Abend, und Johannes berichtet vom Albtraum, als den er seinen Alltag in der BRD wahrnimmt. Seine Familie, seine Freunde und Bekannten sind alle hirngewaschen und kaputt, völlig kaputt, sagt er, machen sich über ihn lustig, nennen ihn einen Verschwörungstheoretiker. Vor ein paar Monaten hat ihn schließlich seine Frau verlassen. Sie hat ihn und seine Wahrheiten nicht mehr ertragen. Er hatte kurz zuvor beinahe seine gesamten Ersparnisse abgehoben und dafür Gold und Silber gekauft. Der Edelmetallhändler hatte amüsiert den Kopf geschüttelt, seine Frau ihn als dummen Idioten beschimpft. Aber die werden sich noch wundern, sagt Johannes, sobald der große Knall kommt.

Die milden Gesichter der Anwesenden trösten ihn, aber Johannes ist einsam. Er ist verzweifelt. Aufrichtig verzweifelt. Alles Gute, Wahre und Schöne ist ihm von bösen, nein, von dämonischen, nein, satanischen Mächten genommen worden, und er weiß nicht mehr weiter.

Die milden Gesichter nicken und Elron der Hund schnüffelt an einem Blümchen.

Vieles an dieser Situation kann einem Angst einjagen. Zum Beispiel, dass Menschen so einen albtraumfarbenen Mist denken können und dass andere Menschen solche Gedanken teilen – oder, schlimmer noch, solche Gedanken hinnehmen, ohne sie selbst zu glauben. Es kann einem Angst machen, dass Menschen, die sowas denken, so normal aussehen. Und dass die Menschen, die zuhören, dabei so brutal milde rumglotzen können.

Aber am erschreckendsten ist die Verworrenheit, die entsetzliche Ununterscheidbarkeit in diesem Moment. Ich kann nicht zwischen gefährlich und verschroben unterscheiden, zwischen Überzeugung und Psychose, zwischen Wahnsinn und Kalkül.

Wenn ich mit Sicherheit sagen könnte, dass ich hier im Königreich von Spinnern und Geisteskranken umrundet wäre, dann würde es mir bessergehen. Dann wäre es leicht, das alles auszuhalten. Dann könnte man nach Hause fahren. Aber auch wenn die wirren Gedanken im Reich wie Fieberschübe wirken – dahinter steckt System.

Ach, Johannes: Man kann zwar nur mutmaßen, wie es klinisch gesehen um seinen Kopf bestellt ist, aber seine seelischen Schmerzen sind offensichtlich. Das Königreich Deutschland verspricht ihm Linderung: Es ist nicht weniger als die Utopie eines wahren und besseren Landes, in dem all das empfundene Übel dieser Welt keinen Platz mehr hat. In diesem Deutschland wird Johannes' Goldschatz Millionen wert sein und seine Frau zu ihm zurückkommen. Ganz sicher.

Dieses Heilsversprechen wird ihm überbracht vom Freiherrn Benjamin von Michaelis.

Der Adelstitel hat es verraten: Freiherr Benjamin ist eine große Nummer in dem kleinen Land. Seit der König im Juni 2016 in Untersuchungshaft kam, steht von Michaelis gemeinsam mit Vizekönig Martin an der Spitze des neun Hektar großen Staates. Freiherr Benjamin ist jung, drahtig und geschniegelt. Er trägt Gel im dünnen Haar, ein Henri-Quatre-Bärtchen im Gesicht und ein eingefrorenes Lächeln auf den Lippen. Er hat sich zu uns gesetzt und aufmerksam Johannes' Wehklagen gelauscht.

Die übrigen Untertanen widmen sich ihren eigenen Gesprächen, während Benjamin auf Johannes einredet. Mit weichgespülter Sprache und öligem Timbre präsentiert er dem verwirrten Johannes Antworten: Man müsse nur an das Königreich glauben. Egal wie schlimm die Welt jenseits des Maschendrahtzauns auch sein mag: Das Böse könne besiegt werden, allein mit Liebe und mit Glaube an das wahre Deutschland. Das wiederum könne niemand niemals nie vernichten.

Das sagt der Freiherr mit furchtbar vielen Worten. Mit langsamen und präzise gesetzten Bewegungen spiegelt er dabei sein Gegenüber. Er fixiert Johannes mit intensivem Blick und blinzelt nur an Satzenden oder wenn er einen Punkt ganz besonders hervorheben will. Von Zeit zu Zeit berührt er Johannes' Schulter und nickt ein ungeheuer langsames Nicken. Ich kenne solche suggestiven Kommunikationspraktiken in erster Linie von Weiterbildungsseminaren, die gerne überambitionierten BWL-Studenten und Unternehmensberatern angeboten werden. Aber für den Anwendungsbereich Psychosekte eignen sie sich offensichtlich auch hervorragend.

Und warum leidet Johannes so? Der Freiherr gibt die Antwort: Weil Johannes nicht genug an die gemeinsame Vision glaube und nicht genug dafür tue, so spricht der junge Aristokrat, und Johannes schrumpft vor ihm zusammen. »Ich weiß nicht, ob ich stark genug bin ... Ich bin so wütend«, murmelt er mit verblüffend leerem Gesichtsausdruck. Benjamin wirkt im flackernden Licht des Feuers mit seinen weit aufgerissenen Augen wie ein regelrechter Bösewicht. Er, der Fantasieadelige, hat den verzweifelten Mann jetzt fest in der Hand, und ich bin begeistert, gleich an meinem ersten Tag hier einen skrupellosen Demagogen kennenzulernen.

Irgendwann später wird Benjamin mir erzählen, dass seine Mutter von Anfang an eine glühende Verehrerin des Königs war und ihn bald hinzuholte. Zum ersten Mal hatte er das Gefühl, dazuzugehören. Täter und Opfer: Noch so eine Kategorie, die sich hier auflöst ... Oder es fällt mir bloß schwer, die Existenz skrupelloser Demagogen zu akzeptieren. Besonders wenn man mit ihnen zusammen am Lagerfeuer sitzt und die Grillen so nett zirpen.

Johannes und der Freiherr sprechen noch lange miteinander. Über die Unmöglichkeit, da draußen zu leben, über die Schwierigkeiten, es hier drinnen zu tun, über die Notwendigkeit, es dennoch zu versuchen und sich nicht von der ganzen Anti-Reichsbürger-Propaganda fertigmachen zu lassen. Manchmal bricht die Wut aus Johannes, und die Worte zischen zwischen seinen Zähnen hervor: »Wir sind doch die Friedlichen«, schäumt er dann etwa, »die suchen doch den Kampf! Da muss man doch …« Aber der Freiherr Benjamin beruhigt ihn gleich wieder mit kontrolliert-sanfter Körpersprache und geradezu postkoitalem Tonfall. Er bestätigt Johannes in all seinen Ängsten und bietet ihm Hoffnung. Im Austausch für Hingabe. Und finanzielle Unterstützung, versteht sich.

»Aber wir können ja nicht alle im Königreich leben«, traue ich mich irgendwann zu sagen. »Wie soll man denn friedlich bleiben, wenn man da draußen im Feindesland leben muss? Wenn du recht mit allem hast, dann müssen wir uns doch irgendwann wirklich wehren.«

Benjamin verzieht keine Miene, aber er hat offensichtlich bemerkt, dass ich weder die richtige Lingo noch den korrekten Umgangston beherrsche. »Es gibt weder Freund noch Feind«, belehrt er mich. »Das Universum spiegelt gute Energien zurück, das ist das Resonanzprinzip. Behalte deine Hoffnung, dann hast du nichts zu befürchten.« Das Problem sei nur meine Denke, »und auf lange Sicht sind natürlich alle Menschen im Königreich willkommen. Das wird auch möglich werden, wenn die Menschen endlich aufwachen und aufhören, so skeptisch zu sein.«

»Aufwachen« soll ich. Um dieses Wort dreht sich viel, nicht nur im Königreich, sondern in der ganzen Verschwörungstheoretikerszene. Wir sind die Aufgewachten. Die da draußen schlafen tief und fest. Das sind die »Schlafschafe«. Sheople auf Englisch: die dummen, gutgläubigen Schafsmenschen, die nicht sehen wollen oder können. Und dann sind da natürlich noch die Verschwörer selbst, die mächtigen Drahtzieher und ihre Lakaien. Denen müssen wir die Stirn bieten, wir Wenigen. Wir wachen, wahren Deutschen.

Johannes knufft mich aufmunternd in die Seite: »Ist doch fantastisch hier, oder?« Dann verkündet er, dass er in einigen Monaten genug Geld beisammenhabe, vielleicht schon Ende des Sommers, dann werde er seine Wohnung verkaufen, seinen Job kündigen, die letzten Verbindungen zu seinem bürgerlichen Leben kappen und herziehen. »Wenn ihr mich haben wollt«, fügt er an.

So einfach ist das nicht, sagt der Freiherr und lächelt zufrieden, es gibt da natürlich eine Probezeit. Aber er sei da ganz optimistisch.

»Das war so ein schöner Tag«, sagt später einer der aufgewachten Untertanen und guckt romantisch in das kleiner werdende Feuer. »Manchmal glaube ich, ich träume.« Der Freiherr Benjamin pfeift Bobby McFerrins »Don't Worry, Be Happy«. Dann ein leises Donnern und erste Regentropfen, ein Gewitter zieht auf. Das ist mir viel zu dramatisch. Aus Protest gehe ich sofort ins Bett.

Es war aber auch wirklich ein langer erster Tag.

Hinter Hitlers Sprengstofffabrik

Aber noch mal von vorne.

Das Königreich liegt in Sachsen-Anhalt, Lutherstadt Wittenberg, Apollensdorf-Nord, Bushaltestelle Hirschsprung. Wenn man der Busfahrerin die Haltestelle nennt, dann grunzt sie verächtlich. Ein Schild am Waldrand: »Vorsicht Lebensgefahr!« Es ist munitionsbelastetes Gebiet, das man dort passiert: Das Gelände der ehemaligen Westfälisch-Anhaltischen-Sprengstoff-AG. Seit 1894 wurde hier TNT hergestellt. Hitler ließ die Fabrik 1933 ausbauen. Zwei Jahre wurde hier auf Hochtouren produziert, dann gingen 27 Tonnen Sprengstoff in die Luft und rissen fast einhundert Arbeiter in den Tod. Das Waldstück ist »Kampfmittelverdachtsfläche. Betreten verboten!« Hier muss ich also hin: hinter Hitlers zerstörter Sprengstofffabrik gleich rechts.

Der Bus hält am Rand einer Wohnsiedlung. Deutschlandflaggen in Vorgärten, Backsteinhäuser, ein zerbrochener Kaugummiautomat. Der Bus fährt ab, gibt den Blick frei auf das Königreich Deutschland in seiner ganzen Pracht.

Das Königreich ist die bekannteste Gruppierung der Reichsbürgerbewegung, in jedem Fall die medienwirksamste. Unzählige Journalisten und Kamerateams wurden im Königreich empfangen. Bild-Zeitung, Spiegel TV, MDR und Vice scheinen in Apollensdorf-Nord ganze Dependancen errichtet zu haben. Aktivistengruppen warnen vor den gefährlichen Wahnsinnigen, und knallbunte Esoterikseiten im Internet machen Werbung bei Aussteigern. Das riesige Interesse an der Politsekte ist nicht zuletzt der lautstarken Öffentlichkeitsarbeit des Königs zuzuschreiben. Wenn Peter Fitzek eine Sache kann, dann Aufmerksamkeit auf sich ziehen.

Fitzek war Koch, Karatelehrer, Videothekenbesitzer und betrieb einen Esoterikladen in Wittenberg, aber eigentlich begriff er sich schon immer als Diener Gottes und des Menschen. Sagt er zumindest. Die BRD hingegen begreift er als Lügenkonstrukt der Besatzer und Hort der Ungerechtigkeit. Und weil er ein Macher ist, machte er sich an die Arbeit.

2009 gründete er zunächst den Verein »NeuDeutschland«, dann eine Gesundheitskasse für Homöopathie, Geistheilung und ähnlich fantasievolle Verfahren. Es folgten eine Haftpflichtversicherung, eine Rentenkasse, eine Internet-Handelsplattform, die Königliche Reichsbank samt Filiale in der Wittenberger Fußgängerzone und eine eigene Währung: der Engel oder auch E-Mark. Im September 2012 wurde der gelernte Koch zum Souverän, zum Imperator Fiduziar, zu König Peter I. Und davon gibt es ein Video.

Seinen beeindruckenden Titeln entsprechend trägt Peter bei der Gründungszeremonie seiner Mikronation einen Hermelinmantel, auch wenn der arg nach Karneval und Polyester aussieht. Die Bühne ist in ein grünlich dämmerndes Scheinwerferlicht gehüllt und von Klassikradiohits beschallt, die Wittenberger Industriehalle mit zweihundert zahlenden Gästen gefüllt. Alle schauen sie bedeutsam drein, aber keiner so bedeutsam wie Peter. Ein Mann mit ausgeprägter Nase und markantem Kinn, dünnen dunkelroten Lippen und forderndem Blick, sein verbliebenes Haar am Schädel festgegelt und zu einem unappetitlichen Pferdeschwanz gebunden, der ihm wie ein nasses Seil vom Hinterkopf baumelt. Mit einem Stab schlägt ein Zeremonienmeister dreimal auf den Boden, und Fitzek lässt sich Reichsapfel, Krone und Schwert überreichen. Alles passiert mit großen Gesten und stocksteifen Bewegungen. »In dem Bestreben, den Deutschen nach über sechzig Jahren wieder eine Heimat in wahrer Freiheit« zu geben, ruft Peter Fitzek seinen neuen deutschen Staat aus. Nur zwanzig Minuten und einen Kniefall dauert es, schon ist die Monarchie gegründet. Später gibt es warmes Büffet und eine musikalische Darbietung eines wahrheitsbewegten Hiphop-Duos, das über die 9/11-Verschwörung rappt. Besonders wichtig sei ihm gewesen, sagt Peter, dass der Gründungsakt »in der juristisch korrekten Reihenfolge« abgehalten werde.

Geholfen hat das nicht. Peter Fitzek sitzt im Gefängnis. Gut 1,3 Millionen Euro sind aus seinen Kassen verschwunden. Wo das Geld hin ist? Nicht mehr nachzuvollziehen. Die Engel sind einfach weggeflogen. Die Bank wurde geschlossen, die buntbedruckten Banknoten beschlagnahmt. Der Regent kam für illegale Bankgeschäfte und Veruntreuung ins Gefängnis. Zwei Wochen bevor ich sein Reich besuche, spricht das Landgericht Halle das Urteil: drei Jahre, acht Monate. Er legte natürlich sofort Berufung ein.

Ich nähere mich dem Zollhäuschen mit dem weiß-rot gestrichenen Grenzbaum. »Königreich Deutschland«

prangt da in goldener Schnörkelschrift, wie auf einem Groschenroman über verliebte Fürsten. Vom Dach des Hauptgebäudes weht mir die Landesflagge fröhlich entgegen: Gold, rot, schwarz mit einer weißen aufgehenden Sonne, die einundzwanzig weiße Strahlen über die patriotischen Farben wirft.

Sie ist sehr hässlich.

Vision und Tat

Kalt-strenges Lächeln, entschlossener Händedruck. Freiherr Benjamin bringt mich über die Grenze, die Einreiseformalien können wir später regeln, sagt er, denn das Treffen hat schon begonnen. Auf dem Vorplatz, dem »Petersplatz«, wie ein Straßenschild in gotischen Lettern verrät, steht eine Gruppe von knapp vierzig Menschen, die Hälfte davon Gäste.

Ich versuche, die Menschen zu kategorisieren. Da sind drei proper gekleidete junge Männer mit selbstsicherem Blick, das Emblem des Königreichs auf die Hemden gestickt. Ansonsten ältere Herrschaften in bunten Funktionsjacken, fusselige Öko-Typen, kleinbürgerliche Flanellhemdenträger und noch mehr erstaunlich, entsetzlich normal ausschauende Leute. Johannes ist einer von ihnen. Er strahlt mich an, als habe er auf mich gewartet. Leises Geplapper, Ferienlageratmosphäre.

»Wir fangen hier in der Regel pünktlich an«, schimpft ein glatzköpfiger Mann mit Klemmbrett. Er weist die anstehenden Arbeiten zu: Holz sägen, Böden schrubben, Küchendienst, Pflanzen umtopfen. Man besucht das Königreich nicht einfach so, man arbeitet hier ganz praktisch an der besseren Welt. »Vision und Tat« nennen sich diese Wochenenden.

Optisch liegt das Reichsgelände zwischen bürgerlicher Spießigkeit und ruinösem Zerfall, durch und durch schwer einzuschätzen, nicht viel anders als seine Bewohner und Besucher. Auf der nördlichen Seite ist der Komplex gepflegt, das Gebäude sauber, der Rasen gemäht. Der Südflügel hingegen verwittert, Wildwuchs und halb kompostierte Laubhaufen auf braungeflecktem Rasen.

Abenteuerspielplatz, Schrebergarten, Ruine. Alles zugleich.

»Also an die Arbeit! Wir sehen uns um halb eins beim Mittagessen.«

Der Österreicher und die Romantik

Der Österreicher, der mich zu meinem Zimmer führt, ist ein massiver Mann mit Herrendutt. Ein verwaschenes Tattoo schlängelt sich bis unter seinen Kiefer. »Wir leben Alternativen«, steht auf seinem Shirt. Er lächelt liebenswürdig.

Wir passieren einen langen und sterilen Gang, den ersten von sehr vielen. Das Reich besteht zu einem guten Teil aus einer Reihe solch langer und steriler Gänge. Einzelne, kurios platzierte Sessel und Stühle sollen dem Ganzen wohl eine heimelige Atmosphäre verleihen. Heimelig und unheimlich liegen bekanntlich nah beieinander.

Der Österreicher redet ununterbrochen, erzählt von Gott und der Welt, wobei der Fokus klar auf Gott liegt. Seit er im Königreich lebt, sagt er, spürt er wieder den göttlich-kosmischen Funken in seiner Seele. Seine Schuhsohlen quietschen bei jedem Schritt. Er deutet auf die Türen: Verwaltungsbereich. Filmstudio. Büros. In einer kleinen Bibliothek stehen Bücher wie »Machtwechsel auf der Erde«, »Der Kult mit der Schuld« oder »Das schwarze Reich. Templerorden – das Dritte Reich – CIA«. Dazu ein halbes Regal voll mit juristischen Standardwerken. Und »Wege zur Entdeckung feinstofflicher Welten. Praxisbuch zur Entwicklung medialer Fähigkeiten«. Das hat Peter Fitzek selbst verfasst.

»Wir machen weiter, auch ohne Peter. Besonders ohne Peter«, sagt der Österreicher. »Das sind wir ihm schuldig.« Seine Stimme beginnt zu hüpfen, wird zu einem zärtlichen Singsang. »Ich habe nie einen Menschen wie Peter kennengelernt, mit so viel Liebe. Und Geschäftsgeist!«

Im Treppenhaus zwei dekorative Holzgiraffen. Sie schauen mich mit blicklosen Augen an und wirken immens deplatziert. Ich kann mich gut mit ihnen identifizieren. Dann Topfpflanzen, Traumfänger und bunte Bilder von lichtumspülten Engelsgestalten im Wohnbereich, handbeschriebene Namensschilder an den Türen. Auch an meiner.

Im Vorfeld eines Besuchs hat man per »E-Post« eine Kopie des Reisepasses ans Königliche Meldeamt zu senden. Ich schaue auf meinen Namen und ärgere mich. Was, wenn mir so ein Österreicher irgendwann aufs Maul geben will? »Das Königreich ist ein Ort des Friedens«, sagt er, ganz so, als wolle er mich beruhigen. »Ich freue mich für dich. Der erste Besuch ist was ganz Besonderes. Für mich war das wie Nachhausekommen«, und er führt mich ins cremig rosafarbene Zimmer, ein ehemaliges Patientenzimmer, lehnt sich in den Türrahmen und stellt die Frage, vor der ich mich ein wenig gefürchtet habe.

»Jetzt erzähl mal. Was machst du so? Was hat dich zu uns geführt?«

Über diese Frage habe ich viel nachgedacht, vielleicht auch zu viel. Aber ich kann die Romantik nachvollziehen. Die Romantik des Aussteigens, der Verweigerung, des Rückzugs. Nach dem Abitur saß ich auch irgendwann mit meinem riesigen Rucksack vor einer altersschwachen Bretterbude in Christiania. Der autonome Stadtteil liegt mitten in Kopenhagen, zwischen Hafen und Festungsgraben, zwischen Kommune, Drogenparadies und Touristenattraktion. Dreadlock-Studenten aus Spanien reichten mir einen speichelfeuchten Joint. Mit einem einheimischen Bildhauer diskutierten sie gerade die Abschaffung der Nationalstaatlichkeit. Man sprach über Urbanisierung und Regionalisierung, ein großes Ganzes voller Kommunen und ohne Grenzen. Ein Spanier mit besonders filzigen Wursthaaren kam dann irgendwann auf Fela Kuti: Der legendäre nigerianische Aktivist und Musiker hatte im Kampf gegen die Militärdiktatur seine Kommune zur befreiten Republik erklärt. Man könne dem Establishment kein größeres Fuck You entgegensetzen, als sein eigenes Land zu gründen, sagte der Wursthaarspanier. Ich weiß nicht mehr, wie schlau das Gespräch wirklich war, aber damals hustete ich süße Haschischwolken und war schwer angetan.

Von Al-Bagdadi und seinem Islamischen Staat hatten wir damals alle noch nichts gehört. Und was ein Reichsbürger sein soll, hätte ich beim besten Willen nicht sagen können.

»Was hat dich zu uns geführt?«, fragt der Österreicher, und ich überlege mir, was in meinem Leben hätte anders laufen müssen, um mich zum Aussteiger zu machen, um mich aus der BRD und vor meinem Leben fliehen zu lassen.

Die Antwort: Gar nicht mal so viel.

Meine Misserfolge mache ich etwas größer, meine Erfolge kleiner. Wo ich Glück hatte, streu ich Pech drüber, und zum großen Glück habe ich eine klinische Depression, die hilft bei meinen Ausführungen ungemein. Klingt alles ganz plausibel. Ich mag die Vorstellung, nicht lügen zu müssen, sondern mich, oder eine Version von mir, in dieses Reich fallenzulassen. Jetzt sei ich eben auf der Suche nach Alternativen, sage ich, nach einem Leben, in dem ich wieder atmen kann.

Der Österreicher hört mir lange zu, nickt, schaut, schweigt und spielt an den riesigen Steckern in seinen Ohrläppchen herum. »Peter hat mein Leben gerettet«, sagt er, lächelt sein liebenswürdiges Lächeln, diesmal ganz besonders warm, schaut mich voll Verständnis an und lacht dann. Lang, laut und ansteckend, und ich lache mit. Gerne würde ich wissen, wie seine Lebensrettung aussah und worüber wir eigentlich lachen, aber da marschiert er schon wieder los. »Komm, ich bring dich runter. Am Anfang verläuft man sich hier leicht.«

Der Österreicher legt mir fürsorglich seine Hand auf die Schulter. Wir stehen wieder vor der Klinik in der Sonne, und er sagt etwas über eine göttliche Schöpfungsordnung. Allein um die gehe es in der Welt. Also in seiner Welt. In Fitzeks Welt. Und er will mir Mut machen, glaube ich, er redet mir jedenfalls gut zu. »Das ganze System da draußen soll uns von der Wahrheit abbringen, aber das schaffen die nicht«, oder sowas in die Richtung sagt er, und ohne dass ich gefragt hätte, beginnt er mir aufzuzählen, wie Die-da-draußen die göttliche Ordnung vernichten wollen: Mit ihrer Bundesrepublik, ihren Behörden, ihrem Kapitalismus. Der Österreicher verliert sich in den Beispielen, spricht von genmanipuliertem Essen und der Kirche und von Impfungen, besonders von Impfungen, die unsere Kinder krankmachen und willenlos ...

Es sind nur Bruchstücke von Verschwörungstheorien, aber sie reichen aus, um ihn in Aufregung zu versetzen. Kaum hat er einen Gedanken gefasst, wird der schon vom nächsten verdrängt. Diese seine Welt ist voller Gefahren, zu viele, um sie gedanklich zu ordnen. Alles hängt zusammen. Die Welt hat sich verschworen. »Du verstehst das schon, oder?«

»Ich glaube schon«, antworte ich. Das Gefühl, überwacht zu werden, ausgebeutet, verfolgt, das kennt man. Mehr oder weniger. Zumindest abstrakt. Aber der Österreicher wacht jeden einzelnen Morgen mit diesen Überzeugungen auf. Er hat sich in seinem Albtraum eingerichtet, hat ihn zur Realität werden lassen. Er quasselt weiter, immer noch und immer schneller, ganz so, als wolle er so dieses albtraumhafte System aus seinem Schädel bekommen. Aber er schafft es nicht.

Der Österreicher hat Kafka im Kopf.

Irgendwann stoppt er. Schaut mich wieder an, so wie oben im Patientenzimmer, und umarmt mich. Fest und herzlich.

»Es ist gut, dass du da bist. Wir müssen an der Vision arbeiten, dann wird das alles gut.«

Er löst die Umarmung und lächelt sein liebenswürdiges Lächeln. Er wirkt ganz zuversichtlich.

Die Prinzessin

Den Großteil der Tage verbringe ich damit, den gläsernen Vorbau des verlotterten Südflügels auf Vordermann zu bringen. An meiner Seite ein Mädchen, Anfang zwanzig vielleicht, die mit großer Euphorie und Wischmop zur Sache geht, und ein älterer Herr, der sorgfältig Quadratzentimeter um Quadratzentimeter des Treppengeländers poliert.

Das Mädchen ist erst vor drei Wochen ins Königreich immigriert, um bei ihrem Freund zu sein. Sie ist nicht mit irgendwem zusammen, sondern mit dem Vizekönig, Freiherr Martin von Schulz, der Nummer zwei im Staat. Die beiden haben sich auf einem Homöopathieseminar kennen und lieben gelernt, und wer träumt nicht davon, in ein Königshaus einzuheiraten? Also packte sie ihre Koffer und bezog eines der creme-, minz- oder pfirsichfarbenen Patientenzimmer.

»Du bist also quasi von Adel. Die Prinzessin des Königreichs!«

»So ein Quatsch!«, lacht sie und grinst bis über beide Ohren.

Die Prinzessin mag es hier. Sie mag die Spiritualität. Sie mag die Gemeinschaft. Sie mag den streng geregelten Tagesablauf: Für die 24 ansässigen Untertanen ist es eine ganze Menge Arbeit, das Gelände instandzuhalten, aber sie macht es gerne. Irgendwann will sie hier im Reich ein Yogazentrum oder ein Café aufmachen. Oder ein Yogazentrum mit angeschlossenem Café. Mit italienischem Kaffee! Das Wort italienisch gefällt ihr besonders gut, sie sagt es oft und lässt es über ihre Zunge gleiten wie warmen Milchschaum.

Der Herr, der mit unsagbarer Bedacht- und Langsamkeit am Treppengeländer beschäftigt ist, heißt Arjun. Früher hieß er Uwe. Er spricht mit sanfter Stimme, trägt eine dünnrandige Brille und eine unauffällige Steppjacke. Sanft, dünn, unauffällig. Für spirituelle Menschen ist das Königreich ein wichtiger Ort, sagt er. Ein Guru habe es ihm auf einem Esoterikseminar ans Herz gelegt. Wie oft er mittlerweile hier gewesen ist, kann er nicht mehr sagen. Er fährt, wann immer er das Geld beisammen hat. Nur im Winter nicht. »Die heizen hier sehr wenig«, flüstert er mir zu, »das geht nicht mit meinem Rücken.« Arjun ist siebzig Jahre alt, man sieht es ihm nicht an. Er lebt aber auch sehr gesund. Seit einer Woche ernährt er sich ausschließlich von Fruchtsaft und Meditation.

Ich stehe auf einer Leiter und schabe die Schichten verkrusteter Vogelscheiße vom Dach. Die Prinzessin redet viel und gerne, und bald schon sagt sie etwas, das mich sehr überrascht, obwohl ich es schon wusste: Das Königreich liegt im Sterben. Ganz so hart sagt sie es natürlich nicht, aber sie weiß, dass das Gelände nie ganz abbezahlt wurde und dass »die verbrecherischen Abwickler« nun das ganze Reich weiterverkaufen wollen. In fröhlicher Gleichmütigkeit sprudelt es aus ihr heraus, während Arjun sich vor Schock am Geländer festkrallen muss.

Sie zuckt mit den Schultern und fegt das Schmutzwasser die Stufen hinab. Im schlimmsten Fall würde man einen noch besseren Ort finden. Aber so ein Projekt wie das Königreich werde so schnell nicht verschwinden, »egal wie brutal die Kräfte gegen uns vorgehen! Hier ist so eine superpositive Energie und ein superschönes Gemeinschaftsgefühl, und Geld ist hier superegal«, findet die Prinzessin. »Das ist völlig einzigartig!« Ich überlege kurz, ob ich ihr von Hippiekommunen erzählen soll, Wagenburgen, Öko-Dörfern, Hausbesetzern, Aussteigerkolonien oder Kibbuzim. Ich lass es bleiben. Sie würde eh nicht gehen. Und was wäre schon ein Königreich ohne Prinzessin?

Arjun kennt die Schikanen des Establishments noch von früher. In den Achtzigerjahren war er Teil der Bhagwan-Bewegung, lebte mit hunderten Gleichgesinnten in einem Berliner Mietshaus und studierte die Worte von Meister Osho.

»›Jugendsekte‹ haben die uns damals genannt. Die Deutschen hassen alles, was sie nicht verstehen. Das war auch nichts anderes, als was sie jetzt mit Peter machen.« Er sagt das ganz sachte, wie alles ganz sachte ist, was er sagt und tut.

Als sich die Kommune auflöste, zog Arjun in ein Meditationszentrum. Ein Leben ohne spirituelle Gemeinschaft war für ihn nicht mehr möglich. Im Zentrum schaute er nach dem Rechten und kochte gelegentlich. Und er hatte Atma, seinen kleinen grauen Kater. Jetzt gibt es auch das Meditationszentrum nicht mehr. Arjun lebt nun in der Stadt von ein paar hundert Euro Grundsicherung. Den Kater musste er zurücklassen. Seine Wohnung ist nicht groß genug für einen alten Mann und eine Katze.

Arjun ist nicht wütend, hat auch kein Problem mit dem Staat, so wie er mit niemandem ein Problem hat: »Die Welt ist doch nur ein Traum, und alles wird irgendwann lange her sein.« Manchmal fährt er mit dem Bus raus zum ehemaligen Meditationszentrum, dann sitzt er da und streichelt Atma. Vielleicht wird er das ja auch noch dürfen, wenn die neuen Mieter kommen. Und wenn Peter dann auch wieder freigelassen wird, sagt er, dann wäre er völlig zufrieden. Er beguckt sich das Treppengeländer und beginnt, den nächsten Quadratzentimeter zu putzen. Ich schau ihm dabei zu, frage mich, ob hinter der sanften Tristesse womöglich wirklich sowas wie Glück steckt.

Die Prinzessin hat hingegen ein ganz massives Problem mit der BRD. Sie lehnt eine zweite Leiter an das Dach und steigt zu mir herauf. »Die Normalos da draußen sind doch alle krank.«

»Alle?«

»Absolut. Geht es dir da draußen etwa gut?« Sie wartet keine Antwort ab und lässt den nassen Wischmop auf das Dach klatschen. »Aber die Normalos wollen auch nichts anderes. Die wollen krank sein. Oder vielleicht sind die noch nicht so weit. Wenn du denen von alternativen Heilmethoden erzählst, dann rümpfen die nur die Nase.« Und dann, weil ich ihr gestehen muss, von alternativer Medizin keinerlei Ahnung zu haben, gibt sie mir einen kleinen Crashkurs. Voller Freude erzählt sie von Radionik und Chakren, von Blutzapping, regelmäßigen Einläufen und gewaltigen Darmparasiten, groß wie Zwergpudel, aber von der Schulmedizin verschwiegen!

Ich gebe mir redlich Mühe, aber ein wenig lachen muss ich doch. Es ist unmöglich, ihre an Dämlichkeit grenzende Naivität nicht charmant zu finden. Mit einer immensen Lust stolpert sie von Satz zu Satz, und immer wieder springt ihre Stimme für bestimmte Sentenzen in den Vortragsmodus eines auswendig gelernten Schulreferats: »Durch eine radionische Untersuchung lassen sich die Chakren und Auren nicht nur bestimmen, sondern auch diagnostizieren.« Dann freut sie sich über diesen Satz und fügt hinzu, sie selbst habe supergute Auren und höchstens zwei oder drei verrutschte Chakren. Sie strahlt mich an, als erwarte sie eine Eins plus und einen Keks. Aber einen veganen. Mit Globuli-Streuseln.

»Darum unsere königliche Gesundheitskasse. Da kannst du zu echten Heilern gehen.«

»Wie schön.«

»Über eintausend Menschen sind bei uns versichert! Und kein einziger hat bisher Krebs bekommen.«

Ich will etwas sagen, weiß aber nicht, was. Die Sonne scheint rosa durch ihre Ohrmuscheln, und sie blinzelt mir aus ihren großen, hübschen Augen zu. »Wirklich«, versichert sie, »Krebs ist nur in deinem Kopf. Das ist nur ein Symptom, weil du dein Leben ändern musst.«

Arjun sagt etwas über Fruchtsaft.

Ich brauche eine Pause von den beiden gesunden Menschen und gehe frisches Putzwasser holen. Später werde ich lernen, dass Peter Fitzek bekennender Anhänger der Neuen Germanischen Medizin ist, die sich gegen die »jüdische Schulmedizin« auflehnt und etliche Krebskranke und Diabetiker ums Leben gebracht hat. Aus den Wasserhähnen im verrotteten Südflügel sprudelt mir braune Brühe entgegen, die Gänge riechen nach feuchter Erde. Ich male mir aus, wie ich die Prinzessin aus diesem wirren Reich befreie, den sinisteren Freiherrn und seine Lakaien mit wuchtigen Schwerthieben niederschlage und der Prinzessin währenddessen die Grundzüge von parlamentarischer Demokratie und Penicillin erkläre.

Arjun können wir auch mitnehmen. Ihm ein hübsches Mehrgenerationenhaus finden, irgendwo, irgendwas mit ganz viel Apfelsaft und Wärmepflaster für den Rücken und genug Platz für ihn und eine kleine Katze.

Nashörner
Über die Philosophen Ludwig Wittgenstein und Bertrand Russell ist eine Anekdote überliefert. Russell verzweifelte an seinem Schüler, der meinte, es gebe keinerlei empirische Erkenntnismöglichkeiten und der Mensch dürfe mittels seiner Sinne nicht auf den Rest der Welt schließen. Selbst der Feststellung Russells, in dem Zimmer, wo die beiden Philosophen stritten, befände sich kein Nashorn, wollte Wittgenstein nicht zustimmen. »Ich habe unter alle Schreibtische geschaut, ohne ein Nashorn zu finden, aber Wittgenstein ließ sich nicht überzeugen«, schreibt Russell. »Eigentlich ist es reine Zeitverschwendung, mit ihm zu reden.«

Sprache ist mächtig. Wenn jemand behauptet, es könnte ein Nashorn unterm Tisch lauern, dann ist das auch so. Und die Untertanen des Königreichs hören galoppierende Nashornherden hinterm Maschendrahtzaun schnaufen.

Nashörner sind sture Tiere. Da hilft weder Diskutieren noch Nachgucken.

Ich laufe durch die langen Gänge des Reichs, höre den Gesprächen der putzenden, scheuernden und möbelschleppenden Grüppchen zu.

Da erzählt ein Mann mit Bürstenschnitt von US-amerikanischen Militärexperimenten: »Ein vollbesetztes Kriegsschiff, einfach weg, unsichtbar für mehrere Minu-

ten, und als es wieder auftauchte, war die ganze Mannschaft mit dem Schiff verschmolzen. Fleisch mit Eisen.«
Weiter unten im Essraum, der früher mal das Schwes-
ternzimmer war, unterhalten sich zwei über Chemtrails,
also über Kondensstreifen von Flugzeugen, die hier für
geheime Giftgasemissionen gehalten werden: »Aber ein
paar sind wirklich harmlose Eiskristalle«, sagt der eine,
»da muss man genau auf Länge und Beschaffenheit achten.« Und hinter der Klinik baut Ulrike Tische auf. Sie ist
vor einem Jahr mit ihren beiden Töchtern ins Königreich
gezogen. Neun und fünfzehn Jahre sind die Töchter alt,
aber die Systemschulen, weiß Ulrike, wollen ihre Kinder
nur belügen.

Plötzlich Aufruhr im Reich!

Giovanni kommt mit seinem Eiswagen aufs Staatsgebiet gerollt, und das Königreich und seine Besucher stürmen zu ihm hin. Dreißig Menschen kaufen Eisbecher in
den Geschmacksrichtungen Himbeere und Exotik und
Ferrero Rocher.

»Echt italienisches Eis«, freut sich die Prinzessin.

Die Nachmittagssonne leuchtet lustig auf uns herunter, und es bildet sich eine kleine Menschentraube um
Wolfgang, einen selbsternannten Rechtsexperten, der
irgendwann eine Kanzlei im Königreich eröffnen will.
Der weißbärtige Schwabe, der so klingt, als habe er die
Backen voller Spätzle, hält einen Vortrag über die völkerrechtliche Grundlage der Reichsbürgerei, womit er
eine Debatte auslöst. Denn die Menschen, die sich hierher verlaufen haben, sind nicht nur ein bunter Haufen
aus unterschiedlichen Gesellschaftsschichten, auch als
Reichsbürger sind sie von verschiedener Couleur.

Die BRD ist eine GmbH, weiß Wolfgang, und der
Personalausweis macht uns alle zum Personal dieser
Firma. Drum auch *Personal*-Ausweis. Und drum hat er
seinen zerstört, sich zum souveränen Menschen erklären

können und seinen Namen markenrechtlich schützen lassen: »Wenn die Verbrecher einen Brief an mich adressieren, kriegen die von mir postwendend eine Rechnung oder Anzeige.« Er hält sich beim Lachen den Bauch, als könne der sonst wegfliegen, und eine Frau mit Lippenstift, dick wie Marmelade, nickt und findet das alles ganz richtig.

Ein anderer mit zwei Kugeln Schoko und Sahne ist mit Wolfgangs Ausführungen aber so gar nicht einverstanden. Er ist der Meinung, dass man sich nur einen Staatsangehörigkeitsausweis, den sogenannten gelben Schein besorgen müsse. Der sei nach dem »Reichs- und Staatsangehörigkeitsgesetz« von 1913 – das hieß wirklich so – die offizielle Bestätigung, dass man Bürger des Deutschen Reiches sei. Dann rattert er in rasanter Geschwindigkeit allerlei Paragraphen und Artikel herunter. Die Dame mit dem marmeladendicken Lippenstift nickt abermals und findet auch das alles ganz richtig.

Nun meint allerdings ein barfüßiger Esoteriker mit traurigen Augen und einer Kugel Pistazie, man müsse sich vor dem gelben Schein hüten. Das sei ein Trick der Regimes, denn die Leute, die einen beantragen, gäben sich ja als Systemkritiker zu erkennen. Nein, sagt der Barfüßige, man müsse nur mit den Füßen auf dem Boden stehen. Mehr braucht es nicht. Zwei Füße und ein Land. Da darf nichts dazwischen stehen. Und das Königreich, das würde uns den Boden zurückgeben.

Jetzt nickt nicht nur die Dame mit dem Lippenstift. Damit sind hier alle einverstanden.

Ich lecke an meiner Kugel Schoko-Minze. Die Sonnenstrahlen fallen so nett, und Elron der Hund darf die Sahnereste aus den Pappbechern schlecken.

Nothing but the truth

Natürlich ist das alles Quatsch. Aber debattieren würde nichts bringen. Das weiß vermutlich jeder, der schon einmal versucht hat, mit einem Verschwörungstheoretiker zu diskutieren. Zum Beispiel mit einem sogenannten Truther, der es für die Wahrheit hält, dass der Anschlag vom 11. September von den Amerikanern selbst orchestriert wurde. Zum Beispiel mit einem Bekannten, zum Beispiel in einer Kneipe, zum Beispiel beim Bier.

Ist schon ein paar Jahre her, dass ich ihm ungläubig gegenübersaß, meinem Bekannten, einem studierten und keineswegs dummen Menschen. Ich klammerte mich an mein Glas und hatte ihm so rein gar nichts entgegenzusetzen. Da waren zunächst seine guten Argumente. Zum einen gibt es ja Fälle realer Verschwörungen, sei es Guantanamo Bay, die Iran-Contra-Affäre, die Überwachungen der NSA, die Liste geht weiter. Die wurde mir als Erstes vorgehalten. Zum anderen wusste er auch schlichtweg mehr als ich. Sehr viel mehr. Über Stahlträger und Wolkenkratzerarchitektur, Flugzeugtreibstoffe und Sprengstoffrückstände, über Einsturzwinkel und das dritte Hochhaus, das einfach so weggesackt sei, und über allerhand Ungereimtheiten in der offiziellen Story der 9/11-Komission.

Noch immer kann ich dazu nichts sagen oder irgendetwas davon widerlegen. Wie auch? Die Welt ist ein recht großer Ort, und man muss sich irgendwann damit abfinden, dass man innerhalb einer Lebensdauer nicht alles durchsteigen kann. Ich weiß weder, wie ein Verbrennungsmotor noch wie meine Nebennieren oder das WLAN funktionieren, bin mir nicht mal sicher, wofür WLAN eigentlich steht. Ich bin auf Quellen und Experten angewiesen. Auf Bücher und Menschen, die ich für qualifiziert halte. Und mein Bekannter in der Kneipe, damals vor ein paar Jahren, der lehnte diese Quellen und

Experten eben ab. Verweigerte sich. Hatte das Gefühl, angelogen zu werden. Hat sich seine eigenen Quellen gesucht. Wir mussten aneinander vorbeireden.

Laut der jüngsten »Mitte«-Studie der Uni Leipzig glauben bis zu 38 Prozent aller Deutschen an Verschwörungstheorien. Nicht, dass diese Zahl viel bedeuten würde: Wir leben in einer Welt, in der man leicht das Gefühl bekommen kann, angelogen zu werden. Aber vielleicht sucht man dann eben im Internet ein wenig nach den wahren Tätern des 11. September. Oder den wahren Herrschern über die Deutschen. Oder man schreit ganz einfach »Lügenpresse!« und vermutet ein Nashorn in der Besenkammer.

Eine Frage hatte ich dann aber doch an meinen Bekannten, damals in der Kneipe. Ich fragte ihn, wie das alles genau möglich sei. Wer habe denn die Macht, all die Journalisten, Wissenschaftler, Augenzeugen und Politiker zum Schweigen zu bringen? Für wen lohnt sich das? Für die USA ja sicherlich nicht, denn einen Krieg kann man auch einfacher vom Zaun brechen. Aber mein Bekannter, der nahm nur einen Schluck Bier und grinste schief. »Gute Frage«, sagte er bedeutungsvoll.

Vegane Götter und die ewige Gesundheit
Wir sitzen hinter der Klinik an langen Tischen, nehmen uns Linsen, Nudeln und rote Bete aus großen Töpfen, alles vegan, alles Bio, alles günstig, denn im kränkelnden Reich ist das Geld knapp geworden. Neben mir sitzt Johannes. Wir haben uns zum Rauchen gemeinsam außer Landes geschlichen, sowas verbindet, nun strahlt er mich ständig an: Wir sind unter uns, alle aufgewacht, alle gesund.

»Wunderschön hier, oder?«

»Total«, sage ich, weil ich nichts anderes sagen kann, und folge dem Tischgespräch.

Die Jungs um uns herum sind allesamt dünn oder durchtrainiert oder beides und haben trotz der Jahreszeit gesunde Sonnenbräune. Meditation und Mondwasser zahlen sich aus. Es ist ein ruhiges Gespräch über das Weltgeschehen, nur eben, dass dieses Weltgeschehen vollkommen abgefahren ist.

Mit den Chemtrails würde auch das Wetter manipuliert, erklärt einer von ihnen, und alle nicken, das verstehe sich ja von selbst, und ein Älterer mit Halbglatze fügt an, dass man ja auch bei Terroranschlägen absonderliche Wetterphänomene beobachten könne. Zur Vertuschung. Wie beim Angriff auf dem Berliner Weihnachtsmarkt. »Ist ja klar, wer dahintersteckt!« Alle außer mir scheinen die Antwort zu kennen.

»False Flag«, murmelt Johannes.

»Man darf nicht vergessen, dass die dir mit der Impfung auch RFID-Chips einspritzen. Die wissen also sehr genau, wo wir jetzt gerade sind.« Ich bin mir hingegen nicht mehr ganz sicher, wo wir sind, und weiß auch nicht, wofür RFID steht. Ich nicke trotzdem mit Kennermiene, kopiere Johannes, der lächelnd zuhört. Ein wahrer Connaisseur des Wahnsinns – und plötzlich redet der von Ufos. Ufos! Fliegende Untertassen und so, und wieder nicken alle. »Ja, möglich«, sagt einer und antwortet auf Johannes' Überlegungen mit Sätzen über die kosmische Liebe Jesu, und ein anderer erwidert mit einem Exkurs über ultraviolette Pentagramme auf Banknoten. Photonenmaschinen folgen auf quantenphysikalischen Energieaustausch, ja, möglich, aber denk nur an die Klimakonferenz. Dazwischen geht's kurz um indische Gottheiten.

Bislang dachte ich, ein Verschwörungstheoretiker suche sich eine, seine Theorie und vergrabe sich in der. Weit gefehlt. Egal was gesagt wird, egal wie abstrus: Jede Verschwörungstheorie, die man sich nur ausdenken kann, wird akzeptiert. »Ja, möglich«, sagt dann einer und nickt.

Völliger Wahnsinn, könnte man meinen. Paranoia oder Schizophrenie. Auf jeden Fall Spinnertum allerhöchster Ordnung. Aber das ist es nicht. Dahinter steckt System. Die Überzeugung, dass es keine Zufälle gibt, keine Paradoxe, nichts Unerklärliches. Alles auf der Welt lässt sich zurückführen auf die Machenschaften der Verschwörer. Selbst die eigene Paranoia. Das ist keineswegs irre, das ist *hyperrational*.

Hier drinnen sind wir gesund, die Prinzessin, der Österreicher, Johannes, alle haben sie mir Besserung versichert. Das Königreich mag todkrank sein, aber mich wird es gesundmachen. Die Wellnessklinik als Staat.

Was als geistige Erkrankung gilt und was nicht, ändert sich über die Zeit und von Gesellschaft zu Gesellschaft. Vor einhundert Jahren galt Homosexualität noch als pathologisch und der Depressive als melancholische Trantüte. Die Definitionen von Geisteskrankheit ändern sich eben, auch von Land zu Land, und in diesem hier wurden sie einfach wegdefiniert. Hier drinnen sind wir alle gesund, oder wir werden es. Alles Kranke, Böse und Schlechte in uns, das projizieren wir auf die Welt hinterm Maschendraht. Wir sind nicht irre. Wir sind aufgewacht. Auch wenn die da draußen das nicht verstehen. »Die wollen krank sein«, hatte die Prinzessin mir gesagt.

Der Schriftsteller Botho Strauß schrieb einmal: »Die fanatische Nationalsozialistin, die ich als Kind in der eigenen Verwandtschaft hatte, galt nach dem Krieg auf einmal als ›die Verrückte‹. Sie, eben noch die Gesündeste, Geeinteste …«

Johannes strahlt übers ganze Gesicht. Wie in Trance werden die Theorien vorgetragen, fließen zusammen irgendwo in der Mitte des Tischs, zwischen Nudeln und Bananen-Kiwi-Säften. All die Theorien haben den gleichen Stellenwert. Nichts ist mehr oder weniger wahr, nichts dumm oder klug. Hauptsache ist: Wir wissen das, was *Die* uns verschweigen wollen. *Die* verkaufen uns Lügen, aber wir, im Kollektiv, schöpfen eine eigene Wirklichkeit. Wir, die wir hier sitzen und reden und essen, sind mächtig: Wir sind vegane Götter, wir schaffen Wahrheit!

Wer *Die* sind?

Immer wieder ist von der »New World Order« die Rede, der Neuen Weltordnung oder einfach NWO. Drei Buchstaben, die als Chiffre für all das stehen, was im Verborgenen geschieht. Manche glauben, die NWO sei der ultimative Geheimbund, die Bezeichnung für ein exklusives Grüppchen von Verschwörern. Andere glauben, die NWO sei das Ziel, dass die heimlichen Weltregenten anstreben. Aber einig sind sich alle, dass die NWO der Feind ist, der Endgegner, das Böse auf der Welt. Das sind die Gewissheiten hier. Das Glaubensbekenntnis:

Die Wolken sind Gift, und das Wasser ist Gift, und die Erde ist Gift

Der Nachbar Spion, die Mutter gekauft, die Kinder verstrahlt

Medizin eine Lüge und Physik eine Lüge

Chemie eine Lüge, nur nicht in Trails

Magie gibt es wirklich, aber Länder gibt's nicht

Geld ist Betrug, aber Gold funkelt hübsch

Die Steine heilen, die Impfung macht krank

Paul McCartney ist tot und Elvis Presley lebendig

Die Erde ist flach und der Mond ist aus Käse

Sie sind hinter dir her

In Ewigkeit

Amen

Mich würde trotzdem interessieren, wer *Die* eigentlich sind. Diese NWO. Die Verschwörer.

Blutmagie und Traurigkeit

»Ich kenne die Eliten mittlerweile sehr genau. Die Eliten sind die, die man in der Presse kaum hört, aber ich kann die Familien ziemlich genau benennen!«

Johannes chauffiert mich zum Bahnhof. Zum dritten oder vierten Mal musste ich versichern, dass auch ich vorhabe, wieder ins Königreich zurückzukehren, erst dann setzte sich der silberne Opel Astra in Bewegung. Es ist warm im Wagen, ein wenig stickig, riecht nach Duftbaum, Geruchsnote Sportfrische. Johannes ziert sich ein wenig, mir zu verraten, wer hinter der großen Verschwörung steckt. Hinter all den Angriffen auf das deutsche Volk, von denen er und die Untertanen mir erzählt haben. »Die Eliten«, sagt er wieder und immer wieder.

Aber wer soll das sein?

»Das musst du selbst rausfinden«, sagt Johannes während das Königreich im Rückspiegel verschwindet. »Das ist ein schwieriger Weg. Und das schockt dich, wenn du die Erkenntnis hast. Einer meiner Bekannten hat dann auch Selbstmord gemacht. Hat es nicht ertragen.« Wir biegen auf die Landstraße ein. »Aber das ist unser Krieg.«

Johannes erzählt in einer angespannten Ruhe. Das ist der eine Grund, weshalb seine Geschichten beklemmend sind. Der andere Grund: Sie erinnern stark an andere Geschichten, nein, sind deckungsgleich mit anderen Geschichten. Alten Geschichten. Nur das Wort Jude hat Johannes ausgetauscht.

Wir fahren ein wenig zu schnell. Ich stammele fürchterlich: »Ja, aber wer sind die denn, die, ähm... Satanisten? Politiker? Juden?« Keine Reaktion von Johannes. »Oder ... ähm ... ander-, äh, andermenschliche ... Humanoide? Wie, ähm, wo verortest du das?« Ich weiß nicht, wie man solche Fragen gerade formulieren kann. Johannes schaut mich nun an, als wäre ich hier der Irre. Irgendwie zu Recht.

»Aha. Dir fehlt also ziemlich viel Basiswissen. Da müsste ich weit ausholen.«

Und Johannes holt weit aus.

Die antijüdische Verschwörungstheorie von Ritualmorden war, genauso wie die des Brunnenvergiftens, ein beliebter Grund für Ausschreitungen gegen die jüdische Bevölkerung. Der Jude, der raffgierige Gottesmörder, so geht die im Mittelalter entstandene Legende, entführt das Christenkind, um sein Blut zu trinken. Die Nazis übernahmen dieses Motiv. Der Jude, den man nur schwer entlarvt, weil er frecherweise unerkennbar unter den Deutschen wandelt, ist und bleibt ein Blutsauger, und das Volk wehrt sich gegen das Finanzjudentum und die jüdisch-bolschewistische Weltverschwörung.

Johannes erzählt vom Kampf gegen die Dunkelwelt, von pechschwarzen Eliten, die wir wegen unserer Eigenschaft als Lichtwesen – auch ich sei eines, das merke man – nicht erkennen könnten. Dreitausend Kinder würden jedes Jahr in Deutschland verschwinden. »Unauffindbar, und die Presse schweigt«, und er spricht von geheimen Ritualen, von Missbrauch, Vergewaltigung und Aderlass, Kinderschreien und durstigen Illuminaten und Blutmagiern, Mitgliedern von Hochfinanz und Wirtschaft, und sie löschen ihren Durst mit dem Blut unschuldiger deutscher Kinder. Werden dadurch mächtiger und mächtiger und mächtiger.

Nach 1945 und sechs Millionen Ermordeten ließ sich das mit der jüdischen Weltverschwörung nicht mehr so gut in der Öffentlichkeit sagen. Niemand konnte mehr behaupten, nicht zu wissen, wohin der dämonologische Judenhass geführt hatte, und der Philosoph Karl Popper prägte den Begriff Verschwörungstheorie in unserem heutigen Sinne. Die Antisemiten hatten also ein Sprachproblem, aber das ließ sich mit ein paar Codes und Chiffren lösen. Man sagt einfach nicht mehr »Jude«, den

Rest der Theorie behält man bei. Man spricht fortan von der kosmopolitischen Finanzelite, der internationalen Logenszene oder – und schon ist man vor dem Vorwurf der Volksverhetzung gefeit – einfach von den Zionisten. Die mag sowieso keiner. Und die harten Verschwörungstheoretiker? Die sprechen von der Neuen Weltordnung, Illuminaten oder, wie der britische Rechtsesoteriker David Icke, von Echsenmenschen. Oder, und das lerne ich gerade, wie der verwirrte Johannes von Blutmagiern und Satanisten.

»Das ist unser Krieg. Licht gegen Dunkel«, sagt Johannes.

Verwirrend nur das eine: Johannes versteht die Codes und Chiffren selbst nicht mehr.

»Die Satanisten sind überall, überall«, sagt er. Schulterblick. Jede Machtposition hätten sie infiltriert und eingenommen, glaubt er. »Man sagt nicht umsonst: Die haben blaues Blut.«

Er benutzt Chiffren und Verweise, und die verweisen auf nichts mehr. Die lösen sich ab. Antisemitismus ohne Juden. »Existierte der Jude nicht, der Antisemit würde ihn erfinden.« Das schrieb Jean-Paul Sartre 1944, quasi aus gegebenem Anlass. Der Antisemit, sagt Sartre, braucht den Juden sowohl als minderwertigen Menschen als auch als Bösewicht, um sich selbst in seiner Überlegenheit und moralischen Unschuld zu bestätigen.

»Blutmagie braucht Opfer. Blut und Tod. Da kann nichts Gutes rauskommen dabei.« Johannes' Stimme ist immer noch ruhig, aber auf seiner Stirn pulsiert eine Vene eifrig vor sich hin. »Kannst du mir folgen?«

Ich kann. Johannes hat keinen Kafka im Kopf. In seinem Kopf wütet ein fiebriger Hieronymus Bosch, hat seine Schädelinnenwand mit einem teuflischen Höllenfresko beschmiert. Und vielleicht ein kleiner Xavier Naidoo.

Naidoo, der Superstar des schnulzigen Deutschpops, der immer wieder in bester Reichsbürgermanier dem deutschen Staat seine Legalität abspricht, hat 2012 einen Song mit dem Rapper Kool Savas aufgenommen:

> Wenn die Treibjagd beginnt, ziehn sie los, um zu wildern / Denn ihr Durst ist unstillbar und schreit nach nem Kind / Okkulte Rituale besiegeln den Pakt der Macht / Mit unfassbarer Perversion werden Kinder und Babies abgeschlachtet / Teil einer Loge, getarnt unter Anzug und Robe.

Das rappt Savas in dem Song. Und dann kommt Xavier und sehnt sich mit seiner schmierig-schönen Stimme nach ein paar starken Führern, die dem ein Ende bereiten. Seine Wortwahl, nicht meine: »Wo sind unsere Helfer, unsere starken Männer? / Wo sind unsere Führer, wo sind sie jetzt?«

Das Album erreichte die Spitze der deutschen Charts.

Johannes mag Xavier Naidoo. Den mag eigentlich jeder, der auch das Königreich mag.

Wir fahren zu schnell.

Was ist nur mit Johannes passiert?

Was mit Johannes passiert ist

Johannes kann sich nicht erinnern, wann genau sein Interesse für das Übernatürliche und Wahrhaftige begonnen hat. »Da war schon immer ein bisschen was, verstehst du?« Er sei religiös aufgewachsen, und als kleines Kind in der Kirche habe er immer zu weinen begonnen, sobald der Pfarrer sprach. »Spannend, oder? Wieso kann ich Sachen spüren, die andere nicht spüren können? Ich wusste damals nicht, dass ich eine hypersensitive Person bin, ein HSP-Mensch. Ich merke alles Mögliche, wahrnehmungstechnisch ...« Und dann macht er eine Pause, eine komische Pause, in der er nicht atmet, nur fährt, Gang wechselt, abbiegt.

Johannes?

»Und dann war da die Sache. Im Kloster.«

Die Sache im Kloster.

»Die Sache im …?«

Soll ich nachfragen? Schweigen? Ihn bitten, wieder auf die Straße zu achten? Ich stottere und formuliere ungelenk an einer Frage herum, aber er fällt mir ins gestammelte Wort.

»Was soll schon passiert sein? Da ist halt was passiert. *Etwas.* Ist aber auch gut, ja?« Er wirkt gefasst. »Ist lange her.« Beinahe so, als tue es ihm leid, mich beunruhigt zu haben. »Das sind solche Momente, die haben wir doch alle, und dann fragen wir uns halt: Warum ist das passiert? Andere, die werden von nem Lastwagen erwischt, oder verlieren nen Freund, oder haben ne Nahtoderfahrung, ja? Bei mir war's halt im Kloster. Dann machst du die Augen auf. Und dann siehst du Dinge.«

Johannes seien dann Kleinigkeiten am Nachthimmel aufgefallen. Unnatürliche Bewegungsmuster der Sterne waren da, Lichter, die keine Satelliten sein konnten, tanzende Punkte in der überwältigenden Unordnung des Weltraums – und irgendwann kam es sogar zu einer Begegnung.

»Ufos?«

Johannes erklärt das nicht weiter. Stattdessen macht sein Hirn einen Salto. Er erzählt jetzt von den Kriegsbüchern seines Vaters. Die hätten denen im Schulunterricht widersprochen, sie wären eben nicht von den Siegermächten gedruckt worden. »In jeder Epoche der Geschichte gibt es solche Lügen, und ich kann dir genau sagen, wo!« Und er beginnt mit der Sphinx und den Pyramiden, die ja nachweislich viel älter seien, als wir denken. »Wer hat die also gebaut? Ich red nicht unbedingt von Außerirdischen, das muss ja gar nicht sein. Ich sag bloß: Mach dir doch mal den Kopf frei und versuch dir das zu erklären!« Mit zerfetzten Satzkonstruktionen beginnt er, ein jahrtausendealtes Makrosystem aus Intrigen, Seilschaften und Täuschungen zu skizzieren, ohne dabei einem Gedanken mehr als zehn Sekunden folgen zu können. Ich überlege derweil immer noch, nach dem Kloster zu fragen.

Aber was soll man da fragen?

Johannes hat das Kloster aus der Erde gerissen. Hat es in einen kosmischen Plan voller Verschwörungen eingewebt. Ein Plan so bösartig und so gigantisch, dass das Geschehnis im Kloster völlig logisch und fürchterlich klein erscheint: Wenn die Sphinx nicht von Menschenhand erbaut worden ist und die Pyramiden von übernatürlichen Geheimbünden, dann ist das, was im Kloster geschehen sein mochte, nicht mehr so wichtig. Es ist nur noch einer der abertausenden tanzenden Lichtpunkte am Nachthimmel. Was soll ich da groß nachfragen?

Oder hat er sich das alles ausgedacht?

Ich schäme mich für den hässlichen Verdacht.

Johannes kämpft sich noch immer durch die Lügen der Menschheitsgeschichte.

»Tobias, denk an den Zins!«

Ich tue so, als dächte ich an den Zins.

»Und die Verbindung von den Eliten und der Freimaurerei. Da ist so viel Wissen. Du musst dich nur entscheiden, welchen Weg du …«

Johannes hält abrupt Satz und Wagen an. Wir stehen an einer Kreuzung.

»Links? Rechts? Geradeaus?« Ich weiß nicht, ob er mich wirklich nach dem Weg fragt oder ob das Teil seiner Erzählung ist. »Wo müssen wir lang?«, zischt er mich an. Wir biegen ab, und ich bin mir ziemlich sicher, dass wir uns jetzt verfahren werden.

»Hat dir denn dein Wissen geholfen?«

»Was?« Johannes klingt genervt.

»Ob dir dein Wissen, die Bücher und so, ob dir das geholfen hat, als du klein warst. Wurde das Leben einfacher dadurch?«

»Nein.« Johannes schnauft. »Nein, das hat mir das Leben schwergemacht. Ich hab mir dadurch schon die Schule zur Hölle gemacht.«

Mit jeder Theorie, jeder neuen Information, die der kleine Johannes in die Hände bekam, rannte er zum Lehrer. Er verlangte Antworten, und als er keine bekam, verlangte er zumindest Aufmerksamkeit. Er hatte es doch schwarz auf weiß in der Hand, in all den Büchern, die er aufspürte und zusammentrug, da stand es drin. Er spürte es in den Knochen und hörte es in der Stille rauschen: Da war eine andere Wahrheit!

»Der Lehrer hat dann gesagt: ›Johannes, hör mit der Scheiße auf!‹ Und das war's.«

Er lehnt sich vor und greift das Lenkrad, als wolle er hineinbeißen.

Die Mitschüler haben ihn ausgelacht, ihn gehänselt. Jedes Jahr nach den Sommerferien fragte ihn einer, ob er immer noch an Ufos und Nazis auf dem Mond glauben würde. Und Johannes stellte sich dann hin und sagte so laut, dass alle es hören konnten: »Ich glaube nichts, ich weiß Sachen!« Und dann lachten wieder alle. Aber Johannes ließ sich davon nicht abbringen. »Alle haben mir klarmachen wollen, dass es entweder keinen Sinn macht, darüber nachzudenken, oder gleich, dass das alles wertlos ist. Alles wertlos!« Die Stimme noch immer ruhig, beinahe monoton, aber der Kopf jetzt rostrot verfärbt. »Dann haben sie mir auch noch Schizophrenie diagnostiziert.«

Ich will tausend und drei Fragen stellen, aber er kommt mir wieder zuvor. »Mann! Wir sind falsch.« Er reißt das Lenkrad rum, wir halten am Straßenrand. »Ich bin nicht gut in Multitasking.« Ungelenk greift er zwischen den Sitzen nach hinten, durchforstet das Gerümpel auf der Rückbank nach seinem Navigationsgerät. Trotz offenem Fenster und sportfrischem Duftbaum ist es stickig im Auto.

»Auf – Belziger-Straße – nach Südosten fahren, dann – rechts halten – um auf Puschkinstraße zu kommen.«

Zum Glück. Eine Stimme der Vernunft. Und der Bahnhof ist auch nicht mehr weit.

Fünfzehn Jahre war Johannes verheiratet. Seine Frau hat ihn machen lassen, hielt seine Beschäftigung für ein exzentrisches Hobby. »Aber ich möchte mein Wissen auch umsetzen!«

Wir müssen in den Kreisverkehr, sagt das Navi.

»Und dann hat sie mich vor die Wahl gestellt«, sagt Johannes. »Und ich hab ihr gesagt: ›Mädchen, ich mach das zu lange für nen Rückzieher.‹ Aber …« Der Satz mündet in einem leisen Gezische. Ein wütend brodelnder Wasserkocher. »Die Menschen hier im Reich, das sind schon die Harten. Ich weiß nicht, ob ich auch ein Harter bin. Ich hab das Gefühl, das ist für die einfacher als wie für mich.« Ein kurzer Lacher. »Das ist nicht leicht.«

Ich schaue aus dem Fenster. Es ist heiß im Auto. Und traurig. Johannes zischt, wispert, brodelt vor sich hin. »Wir werden kleingehalten. Da heißt es dann immer nur: ›Du kannst das nicht‹ oder ›Du hast keine Ahnung‹ … Und die Eliten, die wissen das alles, sitzen in ihrer Dunkelwelt und – ich hab dafür Beweise! Und dann nennen die mich Verschwörungstheoretiker! Hallo? Was hat das mit Verschwörung zu tun, wenn ich eine verifizierte Quelle habe! Muss ich dir das Fremdwort erklären, oder was?«

Der Wagen hält, und langsam schwillt der rostrote Kopf wieder ab, die Vene zieht sich in die Stirn zurück. Alles wieder gut. Als habe er sich gerade nur ein wenig über die Benzinpreise oder die Vorgartenbepflanzung der Nachbarn aufgeregt.

Ich atme erleichtert aus.

In der Nacht kann ich nicht schlafen. Habe ich einem schwerkranken Mann dazu geraten, sein Leben wegzuwerfen? Auf jede Frage, jede Versicherung, die er von mir haben wollte, habe ich genickt und gelächelt und ihm ein »Ja, Johannes« zugeflötet. Ja, Johannes, es ist ganz wunderbar hier. Ja, Johannes, das Essen ist prima. Aber ja, Johannes, Psychotherapie ist natürlich eine satanistische Praxis der verschwörerischen Eliten, und ja, selbstverständlich ist König Peter mindestens genauso geil wie Jesus Christus. Ja, Johannes, es erfordert großen Mut, hierher zu ziehen. Und ja, Johannes, du solltest das definitiv tun. Deinen Job kündigen. Dein gesamtes Hab und Gut verschachern und zu einer verschissenen Sekte ziehen, die innerhalb des nächsten Jahres implodieren wird. Ja, Johannes, tu das, ich bestärke dich in deinen messerscharfen Gedanken und wohlüberlegten Vorhaben.

Schließlich greife ich nach meinem Handy und wähle Johannes' Nummer. Noch vor dem ersten Freizeichen lege ich wieder auf.

Satan und die Kinderschänder

Ist Johannes im Kloster missbraucht worden? Die Frage lässt mich nicht in Ruhe. Und dann recherchiere ich ein wenig dem Verschwörungsmythos der satanistischen Kindsentführungen hinterher.

»Wenn Kinder im Namen Satans gepeinigt werden«, titelte die *Welt* im August 2010. Und schon 1990 wusste die *Bild*: »Satanssekten opfern jährlich 10000 Kinder!« So spektakulär die Schlagzeilen, so mau, nein: so nicht existent ist die Beweislage. Das sagt auch Frau Dietrich von der Berliner Stelle für Sektenfragen. Sie klingt frustriert und ein wenig traurig. Immer wieder erkundigen sich bei ihr Menschen sorgenvoll nach dem Treiben kinderklauender Satanistensekten. Die es vermutlich gar nicht gibt.

Allerdings gibt es Menschen wie Frau Dr. Michaela Huber, eine – noch immer praktizierende – Psychologin. Ihr populärwissenschaftliches Handbuch »Multiple Persönlichkeiten. Überlebende extremer Gewalt« erschien 1995 beim Fischer Verlag. Gleich zu Beginn warnt sie die Leser: »Seien Sie darauf gefasst, dass es Ihnen schlecht wird. Rechnen Sie damit, von Grausamkeiten zu erfahren, von denen Sie auch in Ihren schrecklichsten Albträumen noch nicht heimgesucht wurden.«

Ich fasse mich also, stelle mir eine Kotztüte bereit, blättere um, und schon beschreibt mir Frau Dr. Huber eine erste Sekten-Folterszene, ein brutales Ritual. Das Kind muss auf glühenden Kohlen laufen, wird mit Holzstäben, Nadeln und Fackeln traktiert, immer wieder vergewaltigt. So schrecklich seien diese Erlebnisse gewesen, schreibt Huber, dass sich die Patientin »in über fünfzig Personen aufspaltete«.

Das ist bereits Hubers gesamte wissenschaftliche These: Wird man als Kind von so einer Sadistensekte gefoltert, zerspringt einem die Persönlichkeit in ein paar Dutzend Teile wie Porzellan. Ich bin kein Experte, aber das erinnert mich an die Wissenschaftlichkeit eines Tom-und-Jerry-Cartoons: Wenn dir ein Blumentopf auf den Kopf fällt, hast du Amnesie. Vergewaltigt dich der Satanist, spaltet sich die Persönlichkeit.

Seit Mitte der Achtzigerjahre häuften sich Fälle, in denen Psychotherapeuten ihre Patienten zu Missbrauchsopfern machen, die sie nie waren. Die ihnen falsche Erinnerungen geben. Da meinte sich etwa eine US-Amerikanerin zu erinnern, langjähriges Opfer eines perverssatanistischen Kults gewesen zu sein, den Tod einer

Achtjährigen miterlebt zu haben, gezwungen worden zu sein, ein Neugeborenes zu verspeisen. Sie war davon überzeugt, hundertzwanzig Persönlichkeiten zu haben. Diese Pseudoerinnerungen und Erkenntnisse kamen ihr in jahrelanger Behandlung des Psychiaters Kenneth C. Olson, der bei ihr auch Hypnose und – wirklich wahr – Teufelsaustreibungen anwandte.

In Kapitel 3 zieht Frau Doktor Huber dann so richtig vom Leder: »Das Grauen pur: Satanische Sekten und rituelle Misshandlung«. Huber erzählt von neonweißen und finsterschwarzen Folterkellern, Fleischerhaken und Peitschen, Sadisten in schwarzen Roben und grotesken Masken. Fußnoten sind kaum welche nötig, als Quelle reichen ihre eigenen Patientinnen und die amerikanische »Biografie« eines vermeintlichen Opfers einer Satanistenbande. Es ist ein notgeiler Exploitation-Text, Marquis de Sade für Arme: »Sie spürte die raue Kälte der Granitplatte unter ihrem kleinen nackten Körper«, heißt es da und: »Sie fühlte immer noch nichts, als Männer und Frauen in ihre Nacktheit eindrangen, mit bloßen Händen und seltsam langen Gegenständen.« Huber weiß, dass sich Ähnliches auch in Deutschland abspielt, und da sie das ja selbst weiß, benötigt sie auch für diese Behauptung keine Quellenangabe. In einem Interview spricht sie sogar von einem »modernen Sklavenmarkt. Da werden Kinder wie Pizzen frei Haus zu Partys geliefert. Der Zulieferbetrieb wird von Geschäftsleuten organisiert, die sich dann auch um die ›Entsorgung‹ kümmern.«

Und plötzlich sind wir wieder bei den rechtsextremen Wahnvorstellungen: 2016 machte unter dem Stichwort Pizzagate eine Verschwörungstheorie international die große Runde. Im Keller der Pizzeria Comet Ping Pong in Washington D.C. werden Kinder rituell vergewaltigt, die Täter sind Politiker und Logenmitglieder. Hillary Clinton sei da ganz vorne mit dabei, hieß es, und Comet Ping

Pong mit den Anfangsbuchstaben CP stehe, wie auch Cheese Pizza, eigentlich für Child Pornography, der Name des Betreibers John Alephantis klinge so ähnlich wie »J'aime les enfants«, also ein Bekenntnis zur perversen Kinderliebe, und Clintons Wahlkampfmanager habe eigenhändig Kinder entführt. Und so weiter und so fort. Das Ganze wäre furchtbar albern und ziemlich lustig, wäre dann nicht am 4. Dezember 2016 ein mit Sturmgewehr bewaffneter Mann in die Pizzeria gestürmt, um die Kinder aus dem Keller zu befreien.

Vergeblich.

Die Pizzeria Comet Ping Pong hat keinen Keller.

»Über Pizzagate müssen wir noch mal sprechen«, singt Xavier Naidoo 2017 in seinem Anti-BRD-Song »Marionetten«. Das Album mit dem schönen Titel »MannHeim« schaffte es immerhin auf Platz sechs der deutschen Charts.

Frau Dr. Huber hat recht: Mir ist nach der Lektüre ihres Buches kotzübel. Gefährliche Pseudowissenschaftler wie sie bringen mich dazu, die Erfahrungen eines möglichen Opfers sexueller Gewalt in Frage zu stellen. Eine Interviewanfrage lehnt Dr. Huber ab.

Armer Johannes.

Im Zweifelsfall will ich ihm glauben. Und selbst, wenn ihm nichts zugestoßen sein sollte, ist er Opfer.

Das Königreich und die Nazis

Geschichtsrevisionismus

»Das gibt es nicht. Nein, das kann nicht sein.«

Johannes atmet schwer ins Telefon. Zwischen den Sätzen ewig lange Pausen, die Sätze selbst maschinengewehrartig rausgeballert. Es klingt, als würde er mit Tränen kämpfen, aber nein, Johannes' Traurigkeit ist eine tränenlose, da bin ich mir ziemlich sicher.

Am Tag zuvor, keine drei Wochen nach meinem Besuch, wurde das Staatsgebiet verkauft. Die Wittenberg Gemüse GmbH möchte dort zukünftig polnische und ukrainische Saisonarbeiter unterbringen. Die Untertanen weigern sich auszuziehen und berufen sich auf ihre Mietverträge mit dem König. Gerne würde Johannes seinem Königreich beistehen, aber er wohnt zu weit weg. Hat seinen Job. Kann ja nicht alles stehen und liegen lassen.

»Was kann man machen, Tobias? Jetzt nehmen sie uns den Boden weg! Was kann man machen, wenn die einem den Lebensraum stehlen? Sag es mir, bitte.«

Ich weiß es nicht.

Lange Pause.

Hallo? Bist du noch dran?

»Tobias, du musst deine Ruhe behalten. Das ist wichtig. Wir müssen defensiv bleiben, so wie Peter. Du schaffst das, oder? Versprich es mir.«

Ich verspreche es und nehme ihm vorsichtshalber dasselbe Versprechen ab.

»Licht und Liebe, Tobias. Das ist unser Gruß.«
»Licht und Liebe, Johannes.«

Ich habe Johannes versichern müssen, wieder ins Reich zu fahren und dort an seiner statt positive Energie zu spenden. Und so sitze ich bald darauf im minzfarbenen Seminarraum unter einer gigantischen Landesflagge. Vorne der Freiherr Benjamin. Er knetet seine Hände, sein Blick wandert ruhelos umher, er sieht mitgenommen aus.

Die Zukunft des Reichs mag so ungewiss sein wie noch nie, aber dennoch sind zwölf Gäste erschienen. Neulinge wie Langzeitunterstützer, fast alles Männer. Sie sitzen vereinzelt, die Arme vor Bauch und Brust verschränkt. Die Zuneigung zum Königreich eint, genauso wie die Skepsis vor allen anderen. Man lässt mindestens vier Stühle Platz zum Nebenmann. In der dritten Reihe eine junge Frau mit hippem Pagenschnitt und stilsicherer Brille. Sie zieht die Blicke der Männer auf sich, will irgendwie nicht ins Bild passen.

Benjamin begrüßt uns zum Infoabend und dem anstehenden Wochenende, und er beteuert, dass der »angebliche« Verkauf des Geländes kein Grund zur Sorge sei. Es gebe Lösungen, sagt er, viele Lösungen, gute Lösungen, alle zum Greifen nah, der Käufer sei »nicht glaubwürdig« und sowieso, eine Gemüse GmbH werde sie nicht vertreiben: »Wir sollen hier weg wegen Paprika und Tomaten? Nein, alles kein Grund zur Sorge.«

Viele hatten von den Neuigkeiten noch nicht gehört. Neben mir schimpft Mirko leise vor sich hin. Der Malermeister aus Brandenburg ist für das »Seminar für freies Unternehmertum im Königreich« gekommen. 225 Euro hat er dafür gezahlt. »Wirklich, kein Grund zur Sorge«, wiederholt Benjamin ein weiteres Mal, und als sich das Gemurmel legt, beginnt er seinen Vortrag.

Freiherr Benjamin will uns vom Königreich als dem besseren Deutschland überzeugen und darlegen, weshalb wir Zeit, Energie und Geld investieren sollen. Aber es will ihm nicht so recht gelingen. Seine kontrollierten Bewegungen wirken hölzern, seine überdeutliche Aussprache künstlich, immer wieder gerät er ins Stottern. Vom gruseligen Demagogen, der mir letztens am Lagerfeuer begegnet ist, ist kaum noch was zu erkennen. Und dann, nach nur wenigen Minuten, gibt sich auch noch die junge Frau mit der geschmackvollen Frisur und der modischen Brille als Wissenschaftlerin zu erkennen – eine Vertreterin des Systems, eine Soziologin, aus Jena angereist, um über das sterbende Königreich zu forschen. Dem Freiherrn verschlägt es die Sprache. Sie hatte sich wohl angekündigt, aber in der allgemeinen Aufregung hat ihm niemand Bescheid gegeben.

Beunruhigt starren die beiden einander an, versichern sich atemlos gegenseitig, nichts Böses voneinander zu wollen. Dann versucht Benjamin, zurück in seinen Vortrag zu finden. Aber der gerät zusehends zu einem flehentlichen Apell, gerichtet an alle und niemanden, an uns, an die Soziologin, ans Universum: Man wolle doch nichts Böses, man mache doch nichts Illegales und man habe doch nichts gegen die BRD … warum lässt die das kleine Reich einfach nicht in Ruhe?

»Es geht darum, als Alternative neben der Bundesrepublik zu existieren«, sagt Benjamin und malt auf eine Tafel einen Kreis und in den noch mal zwei kleinere. Der eine kleine Kreis ist die BRD, der andere das Königreich, und seht doch her, wie diese niedlichen Kreise friedlich nebeneinander herwohnen in guter Nachbarschaft. Der Freiherr schaut mit großen Augen ins Publikum. Das sei legal, das sei Menschenrecht, sagt er, denn wie heißt der große Kreis, in dem die beiden kleinen gleichermaßen existieren dürfen?

»Deutsches Reich«, ruft einer.

»Neue Weltordnung«, ein anderer.

»Lügen-BRD« oder sowas Ähnliches murmelt der mürrische Mirko.

Benjamin schaut etwas gequält. »Mutter Erde« wäre die richtige Antwort gewesen. In seiner Weste und mit dem bordeauxroten Hemd wirkt er wie ein Zauberkünstler, dem das Kaninchen im Hut verhungert ist. Tapfer macht er weiter, aber seine Vortragsweise basiert auf dem Frage-Antwort-Spiel mit dem Publikum. Als er von uns wissen will, an wen man alles Steuern abgeben muss, ruft einer: »Washington«, und als er nach unseren Hoffnungen fragt, murmelt Mirko: »Umsturz«.

Schon nach der ersten Razzia 2015 hatten Fitzek und sein Königreich die Reichsbürgerrhetorik runtergeschraubt. Die Zeit der »Provokationen« und »krassen Aktionen« sei vorbei, erklärte der König auf Youtube, und man vermied fortan, in der Öffentlichkeit die Existenz der Bundesrepublik zu leugnen, von den Grenzen von 1937 zu faseln oder Beamte der Stadt Wittenberg »festzunehmen« – was der König gleich zweimal versucht hatte. Und nun steht der Freiherr im zerfledderten Nervenkostüm im Seminarraum und versucht, das Königreich als gänzlich harmloses Gesellschaftsprojekt zu verkaufen und Reichsideologie als kapitalismuskritische Hippieutopie. Nur gefällt das dem griesgrämigen Mirko zu meiner Linken so rein gar nicht: »Ich lass mich doch nicht von der BRD verarschen«, knurrt er dräuend, »natürlich geht's ums Reich.«

Historisch gesehen hat Mirko damit völlig recht.

Historisch gesehen

Es ist schwierig, einen geschichtlichen Anfangspunkt für das Phänomen Reichsbürger zu finden. Der Politikwissenschaftler Jan Rathje von der Amadeo Antonio Stiftung gibt mit seinem Buch »Reichsbürger, Selbstverwalter und Souveränisten« einen umfassenden Überblick. Aber diesen Überblick nicht zu verlieren, ist verflucht schwer. Die tödlichen Schüsse von Georgensgmünd haben die öffentliche Aufmerksamkeit auf eine Gedankenwelt gelenkt, die schon seit sehr langer Zeit vor sich hin gärt.

Los ging es in der unmittelbaren Nachkriegszeit. Viele Altnazis wollten nicht von ihrem Reich lassen, wenig verwunderlich, denn das währte 988 Jahre kürzer als angekündigt. Also begannen sie mit einer Kampagne zu seiner Wiederherstellung. 1949 und 1950 gründeten sich zu diesem Zwecke zwei Parteien, erst die Sozialistische, dann die Deutsche Reichspartei, beides im Wesentlichen Parteien alter Nazis. Wirklich erfolgreich war zum Glück keine von beiden. Die DRP war im ersten Bundestag bis 1953 vertreten, schaffte es in Rheinland-Pfalz und in Bremen je einmal über die Fünfprozenthürde und dümpelte ansonsten wenig beachtet vor sich hin, bis sie 1964 in der NPD aufging. Die ganz offen neonazistische SRP war anfangs erfolgreicher, zog 1951 mit elf Prozent der Stimmen in den niedersächsischen Landtag ein, wurde aber 1952 vom Bundesverfassungsgericht verboten. Ihre Gedanken und Verschwörungstheorien verbissen sich allerdings fest in der rechtsradikalen Szene.

Aber damit will das Königreich nicht in Verbindung gebracht werden.

Der Freiherr Benjamin hatte mir auf Anfrage schon erklärt, dass das Königreich nichts, aber so rein gar nichts mit rechtem Gedankengut zu tun habe. Mit der Frage verspielte ich mir eine ganze Menge Sympathie.

Das Königreich hatte immer eine lose Beziehung zur rechtsextremen Szene. Da war der ehemals militante Neonazi Nick Greger, der eine Zeit lang zur Entourage des Königs gehörte; Peter selbst konnte man auch schon auf einer NPD-Demo antreffen, und im Internet kursiert eine judenfeindliche E-Mail des Königs. Und natürlich sind da auch Kontakte vom Königreich zu anderen Reichsbürgern und Gruppierungen, die ganz klar Farbe bekennen. Trotz allem glaube ich Benjamin: Ich glaube ihm, dass er das selber glaubt. Und Benjamin ist immerhin der Generalsekretär seines Reiches. Dazu hat er sich erst vor kurzem ernennen lassen.

Der wohl erste Reichsbürger, der sich selbst einen hohen Titel verlieh, war der ausgesprochene Neonazi Manfred Roeder. 1974 verfiel der Rechtsanwalt und emsige Holocaustleugner der Vorstellung, das Grundgesetz sei ungültig und das Deutsche Reich würde noch andauern. Er nahm Kontakt zu dem inzwischen uralten Großadmiral Karl Dönitz auf – nach Hitlers Tod war Dönitz 1945 zumindest nominell das letzte Staatsoberhaupt des Deutschen Reiches gewesen. Dem greisen Führergünstling waren Roeders reichsbürgerliche Wahnideen allerdings zu doof: »Ich erkläre Ihnen … ausdrücklich, dass ich mich nicht als Reichspräsident des Deutschen Reiches betrachte.« Roeder wiederum betrachtete diese Antwort als offiziellen Rücktritt des Ex-Admirals und ernannte sich selbst prompt zum »Reichsverweser«: also zum neuen Oberhaupt der Deutschen. Seine »Freiheitsbewegung Deutsches Reich« erklärte er zur neuen Inhaberin der Staatsgewalt. Das war wenige Jahre, bevor Roeder sich in den Untergrund zurückzog, um mit seiner Terrororganisation mörderische Sprengstoffanschläge auf Flüchtlingswohnheime zu unternehmen.

Aber damit will das Königreich nicht in Verbindung gebracht werden.

Martin zum Beispiel, exaltierter Sänger einer Berliner A-cappella-Band und esoterischer Künstlertyp, macht lautstark Witze über den Ruf, den das Königreich bei denen-da-draußen genießt: »Wir sind hier ja nur, weil bei den Anonymen Nazis kein Platz mehr war«, ruft er und erntet ein kollektiv-gutturales »Höhöhö!«. Sogar der Freiherr grinst ein wenig, obwohl er das Wort »Nazi« ungern in seinem Reich ausgesprochen hört. Aber wenn Martin das sagt, ist das lustig. Wenn Martin das sagt, ist das Absolution. Martin ist hier, also kann keiner von uns rechts, geschweige denn ein Nazi sein, so die Logik des Gelächters. Martin ist ja schwarz.

Den größten Zulauf fand die Reichsbewegung ab Mitte der Achtzigerjahre, als sich der selbsternannte Reichskanzler Wolfgang Günter Ebel der Öffentlichkeit präsentierte. Der ehemalige Bahnbeamte aus Berlin-Zehlendorf ging juristisch gegen die Bundesrepublik vor, verklagte alles um sich herum, verkaufte selbstgedruckte Dokumente und bot völkerrechtliche Lehrgänge an. Die Öffentlichkeitswirksamkeit war so groß, dass Ebel oft als erster Reichsbürger bezeichnet wird: Befeuert durch die massive Verbreitung im Internet hatte sich bis zur Jahrtausendwende eine Szene aus Dutzenden konkurrierenden Reichsregierungen mit Reichspräsidenten und Reichskanzlern gebildet, alle mit ihrem eigenen reichen Angebot an Ausweisen, Dokumenten, Seminaren und Krimskrams. Die vielen kommissarischen Reichsregenten verweigerten sich dem Gerichtsvollzieher, indem sie sich zum jeweils einzig wirklich wahren Nachfolger Bismarcks oder Hitlers erklärten. Ebel selbst verurteilte an seinem »Reichsgerichtshof« auch gerne unliebsame Politiker und Beamte zum Tode.

»Es ist doch klar, dass das System da draußen gegen mich als Deutschen arbeitet«, erklärt mir später der Malermeister Mirko. Deshalb besucht er das teure Seminar.

»Ich will doch keine Steuern an ein Land ohne Verfassung zahlen. Ich bin ein Mensch und kein Sklave.«

Aber auch mit den Reichsregierungen will das Königreich Deutschland nicht in Verbindung gebracht werden.

Seit 2010 zieht besonders die Selbstverwalterbewegung die Menschen an: Der Glaube, man könne sich kurzerhand vom Staat abmelden, denn der sei nichts weiter als eine Fassade, eine Firma, ein Verwaltungsorgan. Die Verschwörungstheorie über die BRD GmbH vermischte sich mit irgendwie kapitalismus- und systemkritischen Haltungen, Esoterik und Aussteigerfantasien und verbreitete sich in Milieus auch abseits des rechtsradikalen Spektrums. Aber die pseudojuristischen Begründungen und völkerrechtlichen Verirrungen, mit denen sich Leute zu »freien Menschen« erklären, ihr Heim als souveränen Dreiraum-Wohnungs-Staat ausrufen oder Krankenhausgelände zu Königreichen, die stammen von all diesen dunklen Vordenkern. Die ideologischen Versatzstücke vermischen sich, passen sich neu an, werden schwer erkennbar.

Wer barfuß gegen die Globalisierung und den entfesselten Kapitalismus anschreit und danach die selbstgezogenen Zucchini erntet, erscheint einem in der Regel nicht als rechts. Die gefühlte politische Zugehörigkeit ist eben oft nur eine Frage der Ästhetik. Da kann die Hautfarbe eines einzigen A-cappella-Sängers eine ganze Abendveranstaltung des Naziverdachts entheben, auch wenn alle das Gefühl eint, fremdbestimmt zu sein, unsouverän, die BRD besetzt und ein autoritärer Alleinherrscher eine feine Idee.

In erster Linie wolle die BRD den Menschen verunsichern, sagt Benjamin. Mit all den komplizierten Regeln und Institutionen, den Systemen, die niemand durchschauen kann. »Unverständnis bringt Angst, und das ist der Plan der BRD«, sagt er.

Wenn wir einen Startpunkt dieser kuriosen Reichs-bürgerei suchen, dann müssen wir wahrscheinlich doch ganz an den Anfang zurückkehren. Zum 8. Mai 1945, als die bedingungslose Kapitulation des Deutschen Reichs in Kraft trat. Denn in diesem Moment stellte sich eine entscheidende Frage, und offenbar stellt sich die leider noch immer: Wurde da ein Krieg verloren und das Land besetzt, oder wurden wir befreit?

»Das Königreich bietet den Menschen eine Möglich-keit, sich zu befreien«, erklärt der Freiherr Benjamin später der Soziologin, knetet seine Finger und lächelt schief. Er gibt sich redlich Mühe, nichts Falsches zu sagen.

Die Ronnys und die Bagger

Zwei Tage später scheint die Sonne auf das Königreich, und Benjamins Stimmung hat sich gebessert. Er lächelt und geht federnden Schritts voran, führt uns über das Gelände. Es ist Tag der offenen Tür, noch mehr Gäste sind gekommen, von nah und fern.

Und dazwischen fünf Menschen. Dick und breit und nicht zu übersehen. Und doch scheint keiner richtig hin-zuschauen. Als wären sie schon immer da gewesen.

Stolz zeigt uns Benjamin die Bienenstöcke und das Birkenwäldchen, die Werkstätten und den alten Hub-schrauberlandeplatz. Die Gruppe folgt ihm gutgelaunt, selbst der mürrische Mirko wirkt nach dem gestrigen Unternehmerseminar zufrieden. Die 225 Euro scheinen sich ausgezahlt haben. Vielleicht auch Benjamins Appell ans Universum.

Aber die fünf Menschen: fünf dicke Bäuche, fünf di-cke Hälse und fünf breite Rücken, verpackt in schwarze Shirts und Cargohosen. Die Unterschenkel tätowiert, die Kiefer vorgeschoben. Benjamin lächelt ihnen zu, wech-selt ein paar Worte mit ihnen.

Es gibt selbstgebackenen Blechkuchen und frisch-gebrühten Filterkaffee. Es riecht nach Sommer. Ulrike spielt mit ihrem Töchterchen zwischen Gemüsebeet und Bärlauch, die Prinzessin fläzt auf der Wiese, der Öster-reicher begrüßt mich mit Umarmung. Und alle sagen sie mehr oder weniger im Wortlaut das Mantra des Frei-herrn: Kein Grund zur Sorge. Warum auch?

Und die fünf dicken Menschen?

Der Österreicher kennt sie nicht. Aber das Königreich ist ja für alle da.

Die fünf Menschen essen viele Kuchenstücke, dann gehen sie rauchen. Sie stehen im Schatten des Grenz-häuschens auf dem Parkplatz. Je näher ich mich heran-pirsche, desto offensichtlicher wird es: Das sind echte Nazis in freier Wildbahn. Nicht die kleinen Skinhead-Teenies, die man schon mal in einer Kneipe antrifft, und keine prolligen Onkelz-Fans. Das hier ist nicht Lifestyle, das ist Lebensentwurf. Ein alter Mann in Windjacke ge-hört auch zu ihnen, dackelt murmelnd um sie herum. Sie erspähen mich, starren mich an in bewegungsloser Alarmbereitschaft wie ein Rudel adipöser Erdmännchen.

Hallo.

Als müssten sie zunächst meine Schädelstruktur auf arische Rassemerkmale hin untersuchen, glotzen sie einen unerträglich langen Moment. Dann, endlich, stampft der größte und dickste der großen dicken Män-ner zwei Schritte auf mich zu. Er heißt Ronny. Wie auch sonst. Die anderen nennen mir ihre Namen nicht. Nicht schlimm. Ich gehe davon aus, dass sie alle Ronny hei-ßen. Auch die Frau.

Ronny ist ein rosa runder Gigant mit Glatze, ein gi-gantisches, schlechtgelauntes Ei. Biodeutsch und hart-gekocht. Einschüchternd, sicherlich. Aber noch eine ganze Spur einschüchternder finde ich seinen Kamera-den, dem eine Narbe senkrecht über die linke Gesichtshälfte läuft, mitten über das Auge. Milchig weiß starrt mich das Auge an.

Die Ronnys sind zum ersten Mal im Königreich.

Wie sie es finden?

Die Ronnys zucken ihre dicken Schultern.

»Gut«, sagt Ronny.

»Habt ihr viel mit Reichsbürgern zu tun?«

Stille.

Mein Gott, was für eine Scheißfrage.

Einer der Ronnys spuckt auf den Boden. Ein zweiter Ronny spuckt auf den Boden. Ich zeige mich solidarisch und spucke ebenfalls. Nur knapp verfehle ich meinen eigenen Schuh.

»Was soll das denn sein, ›Reichsbürger‹?« fragt der gigantische Haupt-Ronny und schiebt mir sein dickes Ronny-Kinn noch etwas stärker entgegen. »Versteh ich nicht. Was soll das sein? Entweder du bist ein richtiger Deutscher oder nicht, oder?«

»Ein Volksdeutscher«, fügt ein Ronny hinzu.

Aber das hier im Königreich sind doch richtige Deutsche?

»Das sind schon richtige Deutsche«, bestimmt Haupt-Ronny. »Warum willst du das wissen?«

Keine Ahnung. Nur so … Find ich eben wichtig.

Ronny sieht noch unzufriedener und hungriger aus als ohnehin schon. Das milchige Auge des Augennarben-Ronnys verengt sich zu einem kalten, stechenden Blick, und ein dritter Ronny kommt einen so kleinen wie unangenehmen Schritt auf mich zu.

Rauchen!

Ich Idiot habe vergessen zu rauchen! Schnell präsentiere ich meine Schachtel und bitte um Feuer. Ich rauche nicht nur, ich zelebriere den ersten Zug, rauche auf tiefste Lunge und blase den Rauch theatral aus dem Mundwinkel. Jetzt sind wir einfach sechs dicke Deutsche, die zusammen qualmen, quarzen, schmöken. Kein Grund für Argwohn. Und tatsächlich scheinen sich die Ronnys zu entspannen.

Ich wage einen neuen Vorstoß und preise das Königreich für den Versuch, wieder ein souveränes Deutschland zu schaffen.

»Die Frage ist, ob die hier nur labern können oder auch was unternehmen.«

Ich bin mir nicht sicher, was er meint.

»Keine Ahnung. Nicht nur labern.«

Der Alte in der Windjacke gesellt sich dazu, kramt Unmengen von Quittungen und vollgerotzten Papiertaschentüchern heraus. »Der Alte, der macht sein Ding, wa?«, brüllt Augennarben-Ronny den Alten an. »Der hält sich gut, dabei is er ja auch schon über achtzig. Issa doch, oder? Alter, biste doch!« Gemeinsam mit dem Alten sind sie alle aus einem nahgelegenen Städtchen angereist, und sie sind genuin entsetzt, dass ich den Ort nicht kenne. Musikfestivals finden dort im Sommer statt, inmitten eines Geländes, das Eisenstadt genannt wird. Gigantische Bagger stehen dort: Schaufelradbagger und Eimerkettenbagger und Raupensäulenschwenkbagger und noch andere Bagger – kolossale Maschinen, tausend Tonnen schwere Monstrositäten aus Stahl, Eisen und Rost, die sich hunderte Meter tief in den Planeten reinfräsen, grausam, gewaltig, wunderschön. Die Ronnys geraten beim Erzählen ganz ins Schwärmen. Die Bagger werden zwar leider nicht mehr genutzt, der ganze Bergbau in der Gegend wurde ja eingestellt, aber dafür kann man sich die Bagger da jetzt aus der Nähe ansehen. »Das ist halt geil«, sagt ein Ronny, und sogar der tatterige Alte wackelt begeistert mit dem Kopf.

Wenn man die Ronnys aus dem richtigen Winkel betrachtet, wirken sie selbst wie solche Bagger. Brutale Stahlmaschinen, die früher im Tagebau eingesetzt wurden. Heute fühlen sie sich nutzlos, haben ihre Aufgabe, vielleicht auch ihren Stolz verloren. Stehen in der Eisenstadt herum, und mit einer Mischung aus Ehrfurcht und Abscheu kann man ihnen beim Verrosten zuschauen. Aber weg bekommt man die nicht mehr. Dafür sind sie und ihresgleichen zu groß, zu schwer und schon viel zu lange da. Haben sich viel zu tief in den deutschen Boden eingefräst.

Da kann sich der Freiherr Benjamin noch so sehr anstellen. Auch für das Königreich Deutschland haben sie den Boden geebnet. Es wird auch immer ihr Reich bleiben. Geschichte lässt sich nicht abschütteln.

Deutschland kann es nicht. Das zeigt das Königreich.

Das Königreich kann es nicht. Das zeigen die Ronnys.

Die Ronnys finden sich im Seminarraum ein, ich bin auch da. Drei Vorträge werden gehalten. Lange, ausführliche, mäandernde Vorträge. Der Freiherr Benjamin malt wieder seine Kreise auf die Tafel, dann erläutert Sandro, ein junger, bärtiger Schweizer, das quasi neoliberale Konzept der königlichen Gesundheitskasse. Jeder Mensch sei für seine Gesundheit selbst verantwortlich und könne diese allein mit gesunder Ernährung und der Macht des Geistes erhalten. Sandro ist ein wenig erkältet. Er entschuldigt sich dafür. Schuld ist er selbst, sagt er. Er habe gestern zu viel Kaffee getrunken. Dann warnt er noch vor der Schulmedizin und dem giftigen Fluorid in Grundwasser und Zahnpasta.

Die Ronnys sitzen neben mir, die Gesichter leer, die Münder ein wenig offen. Aber als dann auch noch Dr. Thomas Herb, der Chefakademiker des Königreichs, hinter das Rednerpult tritt, da scheinen die dicken Arier doch genug zu haben. Während Dr. Thomas alternative Schulkonzepte aus Russland referiert, erheben sich die Ronnys und marschieren hinaus. Sie winken mir zum Abschied.

Tanz der Teufel

»Tobi, du fällst da auf die Spinner rein.«

Ich stehe auf dem Bahnsteig in Wittenberg. Bis der Zug kommt, habe ich eine knappe Stunde totzuschlagen. Ich rufe also eine gute Freundin an, will ihr von dem frisch erlebten Wahnsinn erzählen. Diese Freundin war nie ein großer Fan meiner Idee, zu Reichsbürgern zu reisen, erst recht nicht zu den Psychosekten. Auch jetzt am Telefon ist sie wenig begeistert: »Komm da weg. Das sind gefährliche Antisemiten und arme Säue. Fertig.«

»Gefährlich kommen die mir nicht vor – zumindest nicht für andere. Also wahrscheinlich nicht«, sag ich. »Und das mit dem Antisemitismus ist gar nicht so einfach.« Und dann erzähle ich ihr von meinem Gespräch mit Dr. Thomas Herb.

Dr. Thomas, ein Mann um die fünfzig, eher älter, mit gräulicher Haut und düsteren Gedanken. Als junger Mann war er wissenschaftlicher Assistent für Mathematik. Dann wechselte er von Hochschule zu Hochesoterik. Anfangs ziert er sich noch, mit mir über die *eigentlichen* Themen zu sprechen, aber ich schmeichle ihm ein wenig, lobe seinen Vortrag und rühme seine Bücher – Dr. Thomas ist Autor von »Steuerrecht ungültig« und der kruden Königreich-Propaganda »Besuch in einer besseren Welt«. »Die Bücher haben mir die Augen geöffnet«, behaupte ich, und schon beginnt der stolze Autor zu reden, und zwar tatsächlich von Wahnvorstellungen, wie sie auch im Kopf von Johannes spuken.

George W. Bush, sagt Dr. Thomas, war beispielsweise in der Studentenverbindung »Skulls & Bones«. Es sei ja klar, für wen der arbeite. Und auch Hitler war ja bloß eine Marionette. Die richtig Mächtigen? Die Strippenzieher? Die bekommt man nicht zu Gesicht. König Peter, der habe das allerdings durchblicken können, aber der sei ja auch ein Kämpfer des Lichts gewesen. Der Peter, sagt Dr. Thomas, habe sich mal ein Schwert in die Brust rammen lassen. Keinen Kratzer habe er abbekommen! Die Materialstruktur des Schwerts habe sich geändert, und es habe sich an seiner Brust verbogen. Der Peter sei was Besonderes. Aber die Normalos könnten das alles nicht erkennen: die Dunkelwelt mit ihren finsteren Mächten, blutigen Ritualen und Dämonen, zwei Meter hoch mit geschwungenen Hörnern.

Zum Schluss legt er mir ein Youtube-Video ans Herz, von der Eröffnung des Gotthardtunnels. All die Politiker, Bankenchefs und Wirtschaftsbosse seien dort gewesen, und in ihrer Mitte, getarnt als Kunstperformance, habe man den Teufel tanzen gesehen.

Meine Freundin am Telefon lacht: »Finstere Gestalten schlachten also Christenkinder, und das reicht dir nicht. Muss ich dir Antisemitismus erklären?«

Das muss sie natürlich nicht. »Aber die glauben wirklich an die zwei Meter hohen Dämonen! Die glauben ja nicht, dass ich die Kinder austrinke. Die glauben, der Teufel und seine Blutmagier tun das.«

»Vielleicht glaubt er ja, dass die Juden eigentlich Blutmagier sind.«

»So direkt hab ich nicht nachgefragt.«

»Vielleicht hast du Angst vor der Antwort?«

Es fällt mir schwer, ihr recht zu geben. Natürlich kann man das alles systemischen Antisemitismus nennen. Natürlich kenne ich inzwischen die Ursprünge der ganzen Reichsbürgerei. Natürlich hat der Freiherr Benjamin auch was von einer jüdischen Weltverschwörung gemurmelt. Aber Dr. Thomas und Johannes fürchten sich vor Monstern, nicht vor Menschen. Sind ihre antisemitischen Horrorfantasien nicht zu weit von ihrem ursprünglichen Realitätsbezug abgewandert, um noch gefährlich zu sein? Sie meinen ja nicht mehr mich.

Hoffe ich zumindest.

Kann man ein Nazi sein, ohne es zu wissen? Ich will das gerade meine Freundin fragen, da tippt mir jemand auf die Schulter.

Der Alte

»Hallo? Hallo! Sie sind's!«

Mein Herz setzt einen Schlag aus. Ich fahre herum und sehe eine Ansammlung von Zornesfalten und Haut-furchen, zusammengehalten von einer dunkelblauen Windjacke. Ich brauche einen Moment, um das Gesicht einzuordnen: Es gehört dem senilen Alten aus dem Städtchen mit den Baggern. Wie hat er sich mit einer so bestialischen Bierfahne anschleichen können? Und was hat er gehört? Und wo sind Ronny und seine Kamera-den? Letzteres frage ich ihn direkt.

»Was?«

Selten habe ich mich so sehr über die körperlichen Beschwerden alter Menschen gefreut. Ich bin erleichtert und wiederhole meine Frage laut in sein Ohr.

Die Ronnys seien schon längst zurück, er habe sich noch ein paar Bierchen auf dem Wittenberger Stadtfest genehmigt. Das riecht man. Der säuerliche Gestank beißt in den Augen, als habe sich der Opa tagelang in schalen Bierlachen und Erbrochenem mariniert. Er scheint sich aufrichtig zu freuen, einen Gesprächspartner gefunden zu haben. Vielleicht sieht er in mir, dem vermeintlichen Reichsbürger, eine verwandte Seele. Vielleicht ist er nur dankbar, mit irgendwem seine verkrusteten Gedanken teilen zu können. Um seinen mit Altersflecken übersäten Hals trägt er eine babyblaue AfD-Schlüsselkette. Er zupft an ihr herum, während er von früher erzählt. Wovon auch sonst?

Früher hat er im Bau malocht, Braunkohle. Er ist ein alter Kumpel, der traurig ist, weil aus seinem Tagebau ein Baggersee gemacht wurde, und wütend, weil niemand die Merkel wegmacht.

Der Zug fährt ein. Der Alte lässt sich nicht abschütteln und plumpst auf den Platz neben mir. Die Ronnys kennt er von Veranstaltungen, von der NPD und AfD und so. Ronny und die Jungs sind ja auch in der Kameradschaft aktiv, sagt der Alte. Er ist dafür ja schon zu alt.

Was ist das denn genau, die Kameradschaft?

»Was die ist? Rechts. Ganz rechts ist die. Aber anständig.«

Der Alte grinst und stinkt nach Bier und Leberflecken und Hass. Nach altem, altem Hass. Er freut sich über die wenigen Anständigen, die es hier noch gibt. Die AfD ist ganz anständig, sagt er. »Die hat bei uns jetzt auch bald dreißig Prozent.« Sein Städtchen ist anständig. Die Bagger da sind anständig. Ronny ist anständig. Und das Königreich ist auch anständig, da ist er sich sicher, auch wenn er das Konzept nicht so ganz versteht. Im Grunde würden die schon das Richtige wollen, das Reich zurück, aber ... Er kommt ins Grübeln. »Die reden alle zu viel.«

In dem Punkt kann ich ihm zustimmen.

Solange es Initiativen wie das Königreich gibt, sagt der Alte, muss man sich keine Sorgen machen. Große Männer, die was bewirken wollen, das ist immer wichtig, sagt er. Aber er halte sich da jetzt größtenteils raus: Er habe eine erwachsene Tochter, er habe einen blühenden Schrebergarten, das sei ihm genug. Was wolle man mehr im Leben? »Aber die Merkel und ihre Moslems, die würde ich noch in den Baggersee schmeißen! Ersaufen sollen die. Pack.«

Irgendwann erreichen wir das Städtchen, und der Alte verabschiedet sich. Er hinterlässt im Waggon den Geruch von schalem Bier und ein Gefühl von Erschöpfung. Als ich bald darauf in Bitterfeld umsteige, vergesse ich meinen Koffer auf dem Bahnsteig. Das Bahnpersonal kann mir nicht weiterhelfen, ich rufe die Fundstelle an, der Anruf kostet 1,90 Euro pro Minute, ich schreibe eine E-Mail hinterher, bitte um dringende Hilfe. Ein paar Tage später schicke ich eine zweite. Ich bekomme keine Antwort. Mein Koffer bleibt verschollen in Bitterfeld.

Scheiß Nazis.

Untergang

Die Straße vor dem Königreich Deutschland ist voll mit festlich blinkenden Mannschaftswagen der Polizei. Vollvermummt, in schwarzer Einsatzkleidung nähern sich die Beamten dem Grenzhäuschen, die Maschinengewehre in der Faust, die Rammböcke geschultert. Ein Fahrzeug mit Baggerschaufel rollt auf den Maschendraht zu, auf die Grenze zwischen Wahnsinn und Normalität. Johannes schickt mir noch in derselben Nacht das Video, zusammen mit einer verzweifelten Nachricht.

Das war's. Das Königreich ist geräumt.

Ich weiß nicht genau, warum ich nach Wittenberg fahre. Vielleicht habe ich die Hoffnung, doch noch einen Untertan auf dem Handy zu erreichen, vielleicht doch noch irgendetwas Spektakuläres zu Gesicht zu bekommen. Aber keiner geht ans Telefon, und ein Spektakel ist nicht mehr zu finden. Nur ein abgesperrtes, videoüberwachtes und leicht verlottertes Krankenhausgelände, ein frisch angelegtes Gemüsebeet und schwüler Sommerregen. Und ein sehr alter, kaffeetrinkender Nachbar auf einer Veranda. Die Königskinder seien wirklich sehr nett gewesen, da könnte ich jeden auf der Straße fragen, sagt er, solche hätte er lieber hier gehabt als diese ganzen Flüchtlinge aus Arabien. Aber gegen diese Ganoven würde die Polizei natürlich nicht vorgehen.

Noch ist das Königreich nicht ganz untergegangen. Bald erreiche ich den Freiherrn Benjamin. Man habe sich nur auf die »Liegenschaft« zurückgezogen, ein Gelände, ganz in der Nähe des alten Reichs. So leicht lasse man sich nicht unterkriegen, sagt er.

Ich gebe zu: Als ich von der Räumung hörte, habe ich mir Sorgen um all die kuriosen Untertanen gemacht. Aber nun, als Benjamin mir sagt, dass man weitermachen werde, sind meine Sorgen um sie bedeutend größer.

Das verdammte Reich ist zäh. Und es ist groß. Es wird Zeit, es ein wenig weitläufiger zu bereisen.

Patera erwacht

Patera hegt einen außerordentlich tiefen Widerwillen gegen alles Fortschrittliche im Allgemeinen. Ich sage nochmals, gegen alles Fortschrittliche, namentlich auf wissenschaftlichem Gebiete. Bitte meine Worte hier möglichst buchstäblich aufzufassen, denn in ihnen liegt der Hauptgedanke des Traumreiches.

Alfred Kubin

Nachts im Netz

Tobias Patera ist Journalist der alternativen Szene, Verschwörungstheoretiker, Reichsdeutscher und Betreiber der Webseite *Der-Widerstand.com*. Benannt ist er nach einer Romanfigur, dem Herrscher über das Traumreich in Alfred Kubins »Die andere Seite« aus dem Jahr 1909, in dem Menschen in Pateras unheilvolles Land reisen und dort zusehends dem Wahnsinn verfallen. Ist mein neuer Name prätentiös? Klar ist er das, aber irgendeinen brauche ich. Außerdem gehe ich davon aus, dass der durchschnittliche Reichsbürger nicht allzu viele expressionistische Romane liest.

Abgesehen vom Namen ist mir mein Alter Ego ähnlich: Mein Gesicht, meine Biografie, zehn Jahre in der Kulturszene, dann der Absturz. Patera ist aber bedeutend tiefer gefallen, und während des langen Falls ist er aufgewacht. Hat also ganz viele Videos im Netz geguckt,

Internetforen durchforstet, die Lügen der Mainstreampresse durchschaut und die Neue Weltordnung erkannt.
Tobias Patera bin ich, nur verzweifelter, wirrer, wütender
und sicherheitshalber kein Jude. Diesen Tobias Patera
lasse ich Realität werden. Im frühen 21. Jahrhundert
ist das einfach: Er braucht nur eine Webseite und ein
Facebook-Profil.

Zuerst die Webseite.

www.der-Widerstand.com.
Wahrheit, Freiheit, Souveränität
Die Sendung über politischen und spirituellen Widerstand! Ab dem 30. Oktober 2017 jede Woche neu! Hier,
auf Youtube und überall, wo es Podcasts gibt. Außergewöhnliche Menschen verschreiben sich dem Kampf
für Wahrheit, Freiheit und Souveränität. Der Widerstand
wird sie porträtieren und ihnen eine neue Plattform bieten: Den Kämpfern, Querdenkern, freiheitsliebenden
Dissidenten und Wahrheitssuchenden! Ihr Leben, Weg
und Wissen sollen aufklären, inspirieren und anstecken.
Auf dass Wahrheit, Freiheit und Souveränität in diesem
Land wieder eine Chance haben!

Dann Facebook.

Profilfoto wird der dritte Treffer der Google-Bilder-
suche »Freiheit«, Hintergrundbild der erste Treffer der
Suche nach dem Begriff »Lügenpresse«. Noch ein Foto
von Deutschem Schäferhund auf grüner Wiese. Dann
versende ich die ersten Freundschaftseinladungen an
alle halbwegs bekannten Staatsleugner: von rechtsesote-
rischen und rechtsradikalen Buchautoren über Betreiber
von Verschwörungsblogs bis hin zum selbsternannten
»Reichsbürger Nr. 1«, dem psychotisch grimassieren-
den Youtube-Nazi Dennis Ingo Schulz. Ich wusste bis
vor kurzem nicht, dass es ihn gibt. Innerhalb weniger

Minuten wird dieser Mensch, der in abgewandelter SA-Uniform vor der Kamera herumkreischt, mein erster digitaler Kamerad.

Am ersten Abend habe ich meine ersten zwanzig Kontakte beisammen. Die Szene ist vernetzt. Mir werden »gemeinsame Freunde« vorgeschlagen, im Minutentakt werden meine Anfragen angenommen, bald bekomme ich welche zurück. Am Ende von Tag zwei sind es knapp hundert Freunde, nach Tag drei schon 420. Die Algorithmen arbeiten für mich, 590 Freunde, 760 Freunde, nach einer Woche ist die Tausendergrenze geknackt. Keine Ahnung, wie genau sich mein neu gefundener Freundeskreis zusammensetzt, aber die Nachrichten und Posts, die ich zu lesen bekomme, klingen vielversprechend.

Da wird gewarnt vor den Parteisoldaten im Bundestag und vor Flüchtlingen und Propaganda, aufgerufen zu Vernetzung und Spiritualität und Frieden, da wird mir gratuliert zu meinem hübschen Deutschen Schäferhund. Patera ist jetzt schon um ein Vielfaches beliebter als Ginsburg. Und Patera mag auch mehr Sachen als Ginsburg, klickt Like auf alle alternativen Blogs und Webseiten, die ihm vorgeschlagen und angeboten werden: Bewusst TV, Nuoviso TV, Secret TV, Quer-Denken TV, Steinzeit TV, Alpenparlament TV, Klagemauer TV, Neue Horizonte TV und RT Deutsch, Epoch Times, Extremnews und die Deutschen Wirtschafts Nachrichten, die sich tatsächlich so schreiben, und die Liste hört nicht auf.

WakeNewsRadio: Für alle, die aufwachen wollen. Hintergründe über die Neue Weltordnung, die uns alle in die Versklavung führen soll ... Werdet aktiv, macht mit!

Es ist schon spät. Ich sollte schlafen, ich will schlafen, aber ich habe das Handy in der Hand, scrolle mich durch den Wahnsinn und den Dreck, aus dem jetzt Pateras Timeline besteht, vielleicht in der leisen Hoffnung, dass die Timeline irgendwo ein Ende finden könnte.

> Deutschland foltert Aufrechte Bürger und Kritiker wie mich, die dieses sehr sehr Antidemokratische System kritisieren seit Jahren mit physischer und psychischer Folter. Mann wird Sie einfach nicht Los ... Trauriges Emoji

Es ist kurz nach Mitternacht, Pateras Freunde sind nachtaktiv, teilen Artikel, Links, Videos, noch mehr Videos.

> **MMNews:** Deutschland – Terrorstaat oder Strafkolonie?
> **Mythenmetzger:** Die Bruderschaft des Blutes: Kann sie die Kirche stürzen?
> **Pravda TV:** Spontanheilung von Krebs durch Nahtoderfahrung.
> **Ken FM:** Die Sprache der Macht. Der Begriff »Verschwörungstheorie« wird als Waffe im Kampf gegen freies Denken benutzt.

Natürlich laufen soziale Netzwerke immer Gefahr, zur Echokammer zu werden, zum Raum, in dem all unsere Überzeugungen ständig von anderen Leuten, die denselben Überzeugungen anhängen, beglaubigt werden. Ganz leicht wird man zum Gefangenen der eigenen Weltsicht. Aber das hier ist eine Echokammer aus Stahlbeton.

> Kein Mensch, den ich kenne würde, jemals für die CDU stimmen – wie kann es sein, dass Merkel immer gewinnt? Das ist VOLKSBETRUG! Wütendes Emoji

Pateras Freunde sind davon überzeugt, dass sämtliche Überzeugungen außerhalb dieser Blase Lügen sind, diese Blase hier der letzte verbleibende Ort der Wahrheit. Nur hier, in den richtigen Gruppen der sozialen Medien, nachts um halb zwei, da regiert das wirkliche Wissen.

Wenn du wissen willst, wer dich beherrscht, musst du nur herausfinden, wen du nicht kritisieren darfst. *Voltaire*

Immer und immer wieder dieses Zitat. Facebook warnt vor Fake News und rät dazu, alle Quellen zu hinterfragen. Meine Facebook-Freunde warnen vor Fake News und raten dazu, die Systempresse zu hinterfragen und teilen dann dieses Voltaire-Zitat. Hier sind alle kritisch und posten im Zeichen der Aufklärung. Das Zitat, das finde ich Wochen später heraus, stammt übrigens nicht vom Monsieur de Voltaire, sondern von dem amerikanischen Neonazi Kevin Alfred Strom.

Zweimal mit dem Finger wischen, und schon wird der Selbstmord eines Popstars diskutiert. Wollte er einen Pädophilenring enttarnen und wurde darum Opfer der Freimaurer? Apropos:

Journalistenwatch: **Eilmeldung** Putin: »Der Westen wird von satanischen Pädophilen kontrolliert«
Der Wächter: Der russische Präsident Putin warnt, dass sich die Neue Weltordnung im letzten Stadium ihres »70-jährigen Masterplans für Europa« befindet.
Die Unbestechlichen: Putin als Retter des Christentums?

Ich werde markiert in einem Video, das den Terroranschlag in Barcelona als False-Flag-Operation der CIA entlarven will, und dann erscheinen Links zu druidischen und keltischen Sekten auf dem Display und Texte vom wahren »arisch-slawischen Germanentum«, und ich trete in geschlossene Gruppen für bärtige Männer und Frauen in Röcken ein, die mit schwieligen Händen ihre Schollen bestellen, mit feurigem Furor das BRD-GmbH-

Lügenkonstrukt ablehnen und Bilder von modifizierten Hakenkreuzen hochladen. Nazis wollen sie aber keine sein.

Wir sind Germanen: vergesst nicht eure wahre Heimat und eure wahren Werte. WACHT AUF! Herzchen Emoji

Alle wollen sie, dass ich aufwache, noch mehr aufwache, und je mehr ich aufwachen soll, umso müder werde ich. Es ist auch schon furchtbar spät. Aber meine mittlerweile 1347 Freunde liken, teilen, kommentieren, schreiben die gelesenen Gedanken in einer etwas kürzeren Form noch mal nieder, die Vereinfachung der Vereinfachung des Missverstandenen. Der Verweis auf sich selbst. Niklas Luhmanns Medientheorie auf Steroiden. »LÜGEN-PRESSE« schreiben meine neuen Facebook-Freunde mit Caps-Lock-Tourrette und verlinken als Beweis das, was andere Facebook-Freunde von mir vorher auf ihren Blogs und systemkritischen Facebook-Gruppen gepostet haben.

Nachts um halb vier gibt es keine Realität mehr außerhalb von Facebook, da kann einem schwindelig werden.

Tobias Patera muss raus aus dem Netz, rein in die Welt.

Germanische Fürsten auf Schloss Krampfer
Pateras erste Gehversuche sind zwar ungelenk und tapsig, aber für eine neugeborene Kreatur gar nicht übel: Man lädt ihn gerne ein, den vermeintlich alternativen Journalisten, man gibt gerne Interviews oder lernt sich zumindest mal kennen. Ein, zwei E-Mails und ein Telefonat reichen in der Regel, schon sitze ich in griechischen Restaurants, schummrigen Kneipen und veganen Cafés, bei alternativen Stammtischen und Reichsbürgergrüppchen. Einige haben sich neu gegründet, andere haben

Tradition. Gemein haben sie die Struktur. In ihrer Mitte steht eine Autoritätsfigur, die eine Person, die das letzte Wort hat. Der Völkerrechtsexperte, der Organisator, der oberste Souverän. Derjenige, der den anderen und sich selber das Versprechen gibt, dass man normal ist und nur die Welt verrückt.

Königreich geht auch ohne Staatsgebiet.

Oder man proklamiert für die eigenen vier Wände die autarke Selbstverwaltung. Das hat zum Beispiel Thomas Patzlaff getan, und weil er recht früh einen Internetauftritt hatte, ist er damit bekannt geworden.

Patzlaff bestätigt jedes Klischee eines Reichsbürgers: Er ist ein finanziell gleich mehrfach gescheiterter, arbeitsloser Wirrkopf, der sich von der BRD GmbH losgesagt hat und nun die Nächte rauchend vor dem Computer verbringt. Als »souveräner Deutscher« lebt der Sechzigjährige in einem Gestrüpp aus Verschwörungstheorien, Arbeitslosengeld und Pappkartons voller Zahlungsaufforderungen und Gerichtsbeschlüsse. Logisch, dass der Staat hinter ihm her ist, sagt Patzlaff, denn er ist ja ein deutscher Mann und damit Teil der unterdrücktesten Bevölkerung auf diesem Planeten. Er ist xenophob, rassistisch, homophob, antisemitisch, deutschtümelnd und ziemlich beknackt.

Aber als ich an einem frühsommerlichen Samstagvormittag bei ihm in seiner Dreizimmerwohnung im Berliner Wedding sitze, auf einem durchgesessenen Achtzigerjahre-Sofa, inmitten besagter Pappkartons, da bin ich gutgelaunt. »Das ist die VIP-Couch«, sagt Patzlaff im brummelnden Berlinerisch. Da hätten alle wichtigen Menschen der Szene schon mal gesessen, und jetzt eben auch Tobias Patera. Patzlaff hat Witz und kleine schwarze Augen, die funkeln, wenn er was Lustiges sagt. Er ist mir sympathisch. Vielleicht will ich auch deswegen von ihm erzählen. Die Geschichten ähneln sich ja ohnehin alle.

Da sind die Schicksalsschläge, die Trümmer der eigenen Biografie, dann kommt das Aufwachen. Die Reichsbürgerideologie. Sinnstiftung durch Verschwörungstheorien, Staatsverleugnung, Realitätsboykott. Es sind Geschichten, die mir so regelmäßig wie verlässlich begegnen. Eine der häufigsten handelt vom Tod einer geliebten Person. Oft ist es Krebs, oft kommt eine langwierige, vergebliche Therapie in dieser Geschichte vor. Am Ende kann der Hinterbliebene den Verlust nicht akzeptieren. »Das war kein Zufall, das war Mord«, sagt mir irgendwann ein Witwer, der seine Trauer in Wut verwandeln konnte. Schicksal? Pech? Menschliches Versagen? Nein, der Witwer fühlt sich betrogen, beginnt im Internet zu recherchieren, findet so viele Seiten, die ihm seine vagen Gefühle bestätigen. Aus ohnmächtiger Verzweiflung wird paranoider Hass: Die Schulmedizin ist eine Lüge, und das Internet verrät ihm auch, was sonst noch alles eine Lüge gewesen ist: alles andere.

Thomas Patzlaffs Schicksalsschlag war ein Knastaufenthalt wegen Betrugs. Dann noch ein kurzer wegen fahrlässiger Körperverletzung. Freundlich schwatzend serviert er Schweinebraten mit Kartoffeln, Rotkohl und brauner Soße. Es ist halb zwölf Uhr vormittags. Draußen spaziert eine Familie mit ihrem Terrier durch die Sonne, drinnen hängen Fleischgeruch und Tabakqualm schwer im Raum. Patzlaff tut großzügig auf, da sagt man nicht nein und lässt sich vom starken, schwarzen Kaffee nachschenken. Später noch dreierlei Kuchen. Alle zwei Wochen lädt Patzlaff zum Treffen ein. Neben mir sind drei weitere Gäste gekommen: die gepflegte grauhaarige Frau, der lachende Mann mit Spiegelglatze, der schweigende Junge. Der Junge verdient seinen Lebensunterhalt als Industriekletterer, die anderen arbeiten nicht. »Warum auch, geht auch so«, sagt Patzlaff, und der Mann mit Spiegelglatze lacht herzlich. So weit, so gewöhnlich für die Szene.

Ungewöhnlich an Patzlaff ist hingegen, dass er der Systempresse freizügig Interviews gewährt. Ein paar Fernsehteams haben schon mit ihm gesprochen, das ZDF war da, die *taz* hat ihn porträtiert. Bekloppt, harmlos und ein wenig bemitleidenswert, so kommt er in den diversen Beiträgen am ehesten rüber, wenn er darüber spricht, wie er mit der übrigen Reichsszene gebrochen hat (die sei ihm zu aggressiv), und sich dann als Opfer des verhassten und verleugneten deutschen Staates stilisiert. Die Schulden. Die Arbeitslosigkeit. Aber wenn Reichsbürger eine Sache können, das habe ich schon gelernt, ist es eben, sich in Opferpose zu werfen. Außerdem gibt es da eine Sache, über die er öffentlich kein Wort verliert: die Esoterik.

»Ich war schon oft tot, habe die materielle Ebene verlassen, ich kenne die Struktur des Universums«, sagt Patzlaff. Der Mann mit Spiegelglatze nickt. Er hat auch schon mehrere Reinkarnationen hinter sich. Der Junge bricht sein Schweigen: Wenn er die Augen zusammenkneift, sieht er zwischen den Wimpern die Weltenergie tanzen.

Und wer wart ihr so in euren früheren Leben?

»Ich war Thomas Jefferson, der dritte Präsident der USA«, verkündet Patzlaff, der die anderen nur selten zu Wort kommen lässt.

»Wow«, ich lache, aber das nimmt mir keiner krumm. Patera ist ja erst vor kurzem aufgewacht und kommt eher aus der politischen Richtung, dem muss man das alles noch erklären. »Aber sag mal, Thomas Jefferson, der hat doch damals Sklaven besessen, oder? Hat der nicht sogar eine Sklavin geschwängert?«

Patzlaff gabelt in seinem Schweinebraten herum. »Ich hab nichts gegen Sklaverei.«

»Das kannst du doch nicht ernst meinen.«

»Ich sag das mit einer gewissen Ironie. Aber die Menschen wollen versklavt sein. Die können mit Freiheit nicht umgehen. Merkst du ja auch heute, die wollen nicht aufwachen. Und der Jefferson hat die Sklaven ja gut behandelt.«

»Meinst du das immer noch ironisch?«

Thomas funkelt mich mit seinen schwarzen Augen an und steckt sich eine Kartoffel in den Mund. »Nicht alle Menschen sind für Freiheit gemacht.« Darüber hält er dann ein kurzes Impulsreferat, in dem er auch klarstellt, dass sie alle keine Rassisten sein könnten: Der lachende Mann sei ja der wiedergeborene Widerstandskämpfer Dietrich Bonhoeffer. Und er selber, Patzlaff, sehe dass alles gelassener, von einer höheren, ewigen Ebene aus. Er sei mittlerweile auch in diesem Körper eine unsterbliche Entität. Nicht, dass er Angst vorm Sterben hätte, das habe er oft genug getan, aber Patzlaff hat fürs Erste einfach Lust, Patzlaff zu bleiben.

Das Königreich Deutschland sei als esoterische Politsekte etwas Besonderes in der Reichsbürgerszene, heißt es in den meisten Artikeln und behördlichen Einschätzungen. Meine Treffen und Kontakte lassen etwas anderes vermuten. Ein erheblicher Teil meiner Reisebekanntschaften fanden über die Esoterik zu den Reichsbürgern oder über die Reichsbürgerei zur Esoterik. So war es ja auch beim wütenden Witwer: Erst ist da das Interesse für alternative Medizin, Homöopathie und glitzernde Steinchen, dann die Frage, wer einem diese wunderbaren Heilmethoden vorenthalten will.

Eine beachtliche und verstaubte Sammlung alter esoterischer Fachzeitschriften stapelt sich unter Patzlaffs Beistelltisch. Besonders zu schätzen scheint er die zweimonatlich erscheinende »Raum & Zeit« (9,50 Euro, Auflage: 30 000 Stück). Während Patzlaff den Kuchen aus der Küche holt, schlage ich eine Ausgabe auf, lese über Tom Cruise, Außerirdische und Rückenheilmethoden, überfliege noch eine Anzeige für TimeWaver-Maschinen mit Lichtquanteneffekten, dann schlage ich die Zeitschrift wieder zu.

Verschwörungstheorien und Esoterik bieten gleichermaßen Sinnstiftung, versprechen Heilung und Macht. Schon oft wurde Tobias Patera in lange Diskussionen über feinstoffliche Lichtwesen, Numerologie und Meditation gezogen. Besonders gefiel mir ein schwerstbesoffener Ufologe, der wusste, dass die Juden alle Außerirdische seien, Saturnisten, vom Gasplaneten Saturn, dass die deswegen Gas im Kopf hätten, echt, Gas, und deswegen auch die KZs, verstehste? Gas? Verstehste? Verstehste?

Und Patzlaff spricht. Von Zeichen um uns herum. Sieht sie an Häuserwänden, erkennt sie in Filmen, hört sie im Radio: Alles geheime Nachrichten, Symbole, Klangwellen, um uns zu programmieren. »Achte mal auf die Schmetterlinge in den Musikvideos. Die stehen für satanische Transformation. So kontrollieren uns die Eliten! Das ist die subliminale Transformation des Bewussten!«

Ach, was ist das für eine traurige Welt, in der herumfliegende Farbklekse mit langen Insektenrüsselchen nicht schön sein dürfen, nicht einfach harmlose Tierchen, sondern Zeichen des Teufels?

Der Mann mit der Spiegelglatze lacht jetzt auch ein bisschen, und Patzlaff ist sauer. Nicht nur, dass ich widerspreche, ich störe die natürliche Struktur der kleinen Gruppe. Patera selbst stellt hier eine Autorität dar. Der schweigende Junge nickt, wann immer ich etwas sage. Nicht weil Patera klug wäre oder lustig oder irgendwas, aber er spricht in ganzen Sätzen und gibt an, ein Macher der Szene zu sein. Das schindet Eindruck, auch wenn es bislang keine einzige Folge von Pateras Sendung gab und niemals eine geben wird.

»Man merkt, du hast keine Ahnung«, brummelt Patzlaff und sagt etwas Verschwurbeltes über die Funktionsweisen von satanischer Programmierung. Seine Gäste folgen ihm aufmerksam, und ich widerspreche nicht mehr.

Am Anfang hätte sie den Thomas anstrengend gefunden, erklärt mir später die gepflegte Frau mit den grauen Haaren. Er habe nicht nur viel geredet, sondern sei auch so herrisch gewesen. Kopfschmerzen habe sie nach den Treffen gehabt. Aber sie hat das durchgestanden, ist immer wiedergekommen, und dann habe sie angefangen zu verstehen. Jetzt erträgt sie es kaum, die zwei Wochen bis zum nächsten Treffen abzuwarten. Nach ein paar Tagen bekäme sie körperliche Entzugserscheinungen.

Auch ich bekomme das Bedürfnis, Patzlaffs Selbstverwaltung ein weiteres Mal zu besuchen. Patzlaff hatte in den vergangenen vierzehn Jahren mit so ziemlich der gesamten Reichsbürgerszene irgendwann Kontakt, damit prahlt er, also bitte ich ihn, mir von der Geschichte der Bewegung zu erzählen. Ich bringe auch den Kuchen mit.

Er sieht müde aus, blass, das Gesicht zerknautschter als beim letzten Mal. Hing wieder bis spät in der Nacht vorm Rechner. »Gibt immer viel zu tun«, sagt er. Den ganzen Nachmittag sitze ich auf der VIP-Couch und stelle ihm Fragen. Das Ergebnis ist enttäuschend. Die Geschichten über all seine Weggefährten sind wenig mehr als elaborierte Beschimpfungen: Alle sind sie Idioten, gekauft, korrumpiert, Spione oder einfach Arschlöcher. Über den mittlerweile verstorbenen Wolfgang Ebel etwa, den Bahnbeamten, der in den Achtzigern die erste »kommissarische Reichsregierung« überhaupt gegründet hatte, lässt Patzlaff sich so richtig aus: Für die Öffentlichkeit der Bewegung mag er wichtig gewesen sein, aber seine »Regierung« sei von Saboteuren infiltriert gewesen und Ebel womöglich selbst ein »Special Agent« der Alliierten. Dann trinkt Patzlaff seinen Kaffee in einem Zug aus.

So ist das bei den meisten Verschwörungstheoretikern: Jeder vermutet, dass der andere ein potenzieller Verräter, Überläufer oder Agent sein könnte, wenn er ihm widerspricht. Und da sich die meisten Akteure, wie ja auch Patzlaff selbst, für die größten Rechtsgelehrten des nichtexistenten Landes halten, widersprechen sie einander ziemlich oft. Ich frage mich, ob diese Dynamik vielleicht ganz allgemein auf alle Revolutionäre zutrifft.

»Völlig bescheuert!« Patzlaff pumpt sich frischen Kaffee aus einer gigantischen Thermoskanne in seine schwarz-rot-goldene Tasse. »Die Reichsleute können keinen Furz lassen, wenn sie kein Gesetz haben. Das zeigt ihren Sklavenstatus.« Nein, er sieht keine Hoffnung mehr für die Bewegung, mit diesen Sklavenmenschen will er auch keine Revolution machen.

Auch über das Fürstentum Germania hat er nicht viel Gutes zu sagen. 2009 war das, als eine Gruppe Reichsbürger das Schloss Krampfer in der brandenburgischen Prignitz kauften. Es war das erste Mal, dass Reichsbürger ihre eigene souveräne Mikronation ausriefen – die Blaupause für das Königreich Deutschland. Patzlaff war mit dabei, saß im Volksrat des Fürstentums und ließ sich zum Ritter schlagen. Er pickt sich die Tabakbrösel von der Zunge und erinnert sich an das riesige, feuchte und schwer baufällige Gemäuer, die ewig kaputte Elektronik, die morschen Rohre und das Abwasser, das meterhoch im Keller stand. Gelebt hätten da nur die »alternativen Öko-Freaks, die mit nem Schlafsack zufrieden sind und sich auf der Wiese das Frühstück gezupft haben«.

König Peter Fitzek, fällt mir da ein, lebte ja auch nie in seinem Königreich: Früher hatte er eine Wohnung in Wittenberg, nun eine Zelle in der JVA Halle.

Einer der Initiatoren des Fürstentums Germania war Jo Conrad – mit der »Lusche« hat sich Patzlaff mittlerweile auch richtig verkracht. Conrad ist heute einer der erfolgreicheren deutschen Verschwörungstheoretiker, Betreiber der Seite Bewusst TV und Autor allerhand rechtsesoterischer Bücher. Patzlaff scheint ein wenig eifersüchtig.

Vielleicht hätte aus dem Fürstentum was werden können, glaubt er. Da sei hinterm Schloss dieser »hochenergetische Baum« gestanden, eine Kastanie oder eine Buche oder so, und der habe Lebensenergie ausgestrahlt »wie ein Atommeiler«. Und ein Rehabilitationszentrum für missbrauchte Kinder wollten sie dort einrichten. Dem zweiten Initiator des Fürstentums, dem mittlerweile untergetauchten Jessy Marsson, lag das sehr am Herzen: Marsson erzählte immer gerne davon, wie er als Kind auf einer US-Militärbasis von BRD-Politikern vergewaltigt und später rituell von Satanisten geschändet worden sei. Ein paar Jahre später wurde Marsson wegen Besitzes von Kinderpornografie und Volksverhetzung verurteilt. Ach ja.

Patzlaff hatte jedenfalls durchaus Hoffnung für das kleine, souveräne Fürstentum. Die Bürgermeisterin des Ortes habe sie damals unterstützt, und mehrere Unternehmer wären an einer Zusammenarbeit interessiert gewesen. Aber dann hätten Conrad und Marsson ihren Mund nicht halten können. Beim großen Sommerfest quatschten die beiden Gründerväter freiweg mit der Presse, auch über die Tabuthemen. Das war's dann: Sie alle waren auf einen Schlag als rechte Verschwörungstheoretiker gebrandmarkt, die Bürgermeisterin stellte sich gegen das Projekt, und ein paar Monate später war's vorbei.

»Welches Tabuthema?«, frage ich und kenne doch die Antwort.

»Na ja, Auschwitz, ist ja klar. Judenverfolgung ist Tabuthema Nummer eins.«

Ihn wollten die »blöden Journalisten« auch austricksen, aber Patzlaff redet über das Thema nicht. Aus Prinzip nicht.

Für Tobias Patera macht er eine Ausnahme.

Der harmlose Herr Patzlaff, der Holocaust und warum Morden okay ist

Hat der Holocaust stattgefunden? Der unsterbliche Thomas Patzlaff will nur von »Glauben« sprechen, »weil Wissen ist ja unter Strafe gestellt. Ich hab ja keine Lust auf zwölf Jahre Zwangskur. Aber alle Beweise sprechen dagegen.«

Holocaustleugnung ist ein grassierendes Problem in der lichtdurchfluteten Welt der Esoterik. Denn wenn das Weltgeschehen *karmisch* vorherbestimmt sein soll, dann muss alles Sinn machen. Gerecht sein. Gut sein. Auch die industrielle Ermordung von sechs Millionen Menschen. Einige Esoteriker glauben das auch tatsächlich: »Natürlich war das damals gerecht«, sagt mir später auf einer Friedensdemo eine dünne Frau mit fransigen Haaren und wehenden Klamotten. »Ich weiß das. Ich war damals dabei. Ich war ein kleines Mädchen und wurde vergast, aber das war in Ordnung.« Das sei nur die gerechte Strafe für ihre Leben zuvor gewesen. Andere Esoteriker machen sich dagegen das Leben leichter – und die Schoah in ihren Köpfen ungeschehen.

Bei Patzlaff ist das Ganze noch ein wenig schwachsinniger. Er unterteilt das Judentum in Jiden, Juden, Zionisten und Leviten. Diese Bezeichnungen beschreiben mehr oder minder den Grad der Bösartigkeit, und ich frage mich, wo Patzlaff mich auf der Skala verorten würde.

Jedenfalls stecken die Leviten gemeinsam mit den Jesu-
iten hinter allen Verschwörungen auf der Welt, die Zionisten, die eigentlich alle Asiaten sind, stecken hinterm
Zweiten Weltkrieg, und was Jiden sein sollen, habe ich
schlichtweg nicht begriffen. Ist auch völlig egal. Es sind
wirre Idiotien, die Patzlaff die Vorstellung erlauben, dass
sein Volk unschuldig, rein und gerecht ist.

»Thomas, gibt es irgendwelche Gewissheiten in deinem Leben, an denen du zweifelst? Die womöglich
falsch sind?«

Nein, diese Option gibt es für Patzlaff nicht. Patzlaffs
Gewissheiten sind gewiss.

Später, als ich mir die Aufzeichnung noch einmal
anhöre, werde ich mich sehr über diesen Moment wundern. Denn plötzlich ist da ein lautes und feuchtes und
gieriges Geräusch zu hören: Es ist ein obszön lautes
Schmatzen und Schnaufen. Da frisst jemand in Win-
deseile und offensichtlich mit offenem Mund. Patzlaff
spricht gerade davon, wie Adolf den Krieg vermeiden
wollte, und ich, dem Geräusch nach zu urteilen, muss
mir mindestens ein Stück Schwarzwälder Kirsch komplett ins Gesicht gestopft haben. Ich kann mich nicht
mehr daran erinnern.

Ich weiß schon, es ist total populär, wenn Juden
meiner Generation Witze über den Holocaust machen,
darüber, wie sie selber vor siebzig Jahren ein Lampen-
schirm oder ein semitisches Stück Seife geworden wären,
und wie albern und verklemmt sich die Deutschen mit
dem Thema anstellen, und dann wird von allen ein fieses
Lachen gelacht, und ein Nazienkel, der Kulturredakteur
bei einem hippen Onlineformat ist, schreibt was von
erfrischend schwarzem Humor. Mit Verlaub, fickt euch.
Ich find's immer noch nicht lustig. Ich habe Schnapp-
atmung bei dem Thema. Ich bin dünnhäutig. Mir wird
zum Heulen zumute. Und wenn ein zerknautschter Tho-

mas Patzlaff mit Kippe im Maul mir erklärt, dass es in den KZs logistisch gar nicht möglich gewesen sei »die alle zu verheizen«, dann fallen mir keine Witze ein. Soll er doch den ganzen Schwachsinn glauben über magische Monsterjuden und levitische Geheimlogen, mich meinetwegen für einen Vampir halten – das mag vielleicht gefährlich sein, aber es sind nur böse Märchen. Das ist mir allerhöchstens unangenehm.

Aber das hier, das tut weh.

Und zum ersten Mal in meinem Leben debattiere ich mit einem Hololeugner.

Ich schlage mich nicht gut. Ich bin aufgeregt. Ab und zu verspreche ich mich, sage »Schoah«, nicht »Holocaust«. Ich beiß mir das erste Mal auf die Zunge, aber die Zunge kümmert das nicht. Patera funktioniert grad nicht.

»Mumpe! Dit Janze is Propaganda, von Hacke bis Nacke«, sagt Patzlaff, der merkt, dass was nicht stimmt, und zusehends mehr und mehr berlinert.

»Was meinst du, ›das Ganze‹?«

»Na allet! Die janze Jeschichte stimmt nich!«

»Hast du mal einen KZ-Überlebenden getroffen?«

»Nö.« Aber er kennt ganz tolle Holocaustexperten, habe da ein sehr gutes Youtube-Video gesehen, dreieinhalb Stunden dauert das, aber es lohne sich.

Eine Stampede tollwütiger Nashörner zerfetzt den Berliner Wedding.

Eigentlich debattiere ich nicht wirklich. Ich stelle Fragen und lasse Patzlaff dann absurde Sachen sagen (Skinheads sind Schauspieler von den Amis, und »Nazi« steht für »Nationalzionist«, »Nationalsozialist« müsste ja »Naso« heißen), und dann biete ich Patzlaff einen Ausweg an: Könnte es nicht sein, dass er Opfer einer Verschwörung geworden ist? Einer Verschwörung von irgendwelchen Nazis, die wirre Esoteriker wie ihn dazu brächten, ihre braunen, rassistischen und sackgefährlichen Ideen wiederzugeben, ohne es zu merken? Wäre es möglich, dass er Nazipropaganda aufgesessen ist? Nazipropaganda, zu der das Faseln von einem reinen Deutschland und der Holocaustlüge einfach dazugehöre?

Patzlaff erstarrt.

»Du wiederholst Nazidreck«, sag ich.

Und Patzlaff: »Du hast deine Position verraten. Du sitzt uff! Auf Schwarz-Weiß-Denke. Und du stellst dich auf die jute Seite und sagst ›Allet andere is Dreck‹. Coole Nummer. Wo ist deine differenzierte Betrachtung?«

Es ist immens schwierig, eine Debatte gegen eine intelligente Person zu gewinnen. Gegen eine dumme ist es so gut wie unmöglich: »Differenziert betrachten« bedeutet bei ihm nur, dass die Nazis, pardon, Nasos eben nicht die Bösen sind. Die Schlafschafe und Sklavenmenschen würden da auf die Geschichtsschreibung der Zionisten oder Leviten oder wen auch immer reinfallen.

»Also sind die Juden doch die Bösen?«, frag ich.

»Das müsst ich differenziert betrachten, aber ich krieg ja keinen von denen an die Leine. Interessieren würde mich das schon, hier mal einen Rothschild auf der Couch zu haben. Einen von denen, die in den oberen Teilen der Pyramide sitzen.«

Es ist zum Verzweifeln, ermüdend, bringt nichts.

»Thomas, ich glaub, ich muss los. Vielen Dank für deine Zeit.«

Patzlaff schert das nicht, er redet weiter, er dreht Zigaretten. Der Tabak bröselt mehr auf den Boden als aufs Papier. Er will offensichtlich nicht, dass ich schon gehe. Erzählt irgendwas, ich hör nur halb zu, stell auch keine Fragen mehr.

Ein neuer Gedanke formt sich in seinem Kopf.

»Es gibt in der Unsterblichkeit kein Gut und Böse. Es ist völlig legitim, jemanden umzuknallen oder ermordet zu werden. Wir sind unsterblich.« Aus der Position der Göttlichkeit, findet Patzlaff, sei Mord völlig okay.

Legitimiert er jetzt ein Verbrechen, an dessen Existenz er nicht glaubt?

Nur für die Sklaven gelte sowas wie das Rechtssystem, sagt er, er stehe da drüber.

Will er mir drohen? Droht er mir? Will er irgendwen umbringen? Der zerknautschte Mann mit den schwarzen Augen wirkt nervös. Schüttet noch eine Tasse Kaffee in sich hinein.

»Thomas, vielen Dank.« Ich sollte gehen.

»Kannst du das nachvollziehen? Wenigstens ein bisschen?«

»Ich glaub, ich weiß, wo du herkommst.«

Er würde sich viel mit dieser Frage herumschlagen, sagt Patzlaff. Besonders, wenn er alleine ist. »Warum tu ich mir das an? Warum bin ich ethisch und lasse jemand anders unethisch gegen mich vorgehen und sonst tu ich nüscht – obwohl das ja nüscht schaden würde. Holt der sich halt nen anderen Körper. Na und? Machen doch alle, regelmäßig.«

»Alles klar.«

Will Thomas Patzlaff mir was antun? Irgendwem?

Mir fallen ein paar Geschichten ein. Im Januar 2016 foltert ein Reichsbürger seine Frau zu Tode. Er hielt sie für eine BND-Agentin. Oder im Dezember desselben Jahres ersticht ein junger Mann seine beiden Nachbarinnen mit einem Küchenmesser. Die Ermittler können kein Motiv feststellen, nur, dass der Mörder sich mit Reichsbürgerideologie beschäftigt hat. Solche Fälle gelten in der Regel nicht als politisch motiviert. Dann ist da auch Usama, der sudanesische Straßenprediger, der vor der »zionistischen Weltregierung« warnt und in diesem Buch nicht vorkommt, weil er zunächst ein schwerkranker Mann ist, dann ganz lange nichts, und dann erst irgendwann Judenhasser und Reichsideologe. Aber Usama traf sich mit Patera in einem McDonald's und beichtete, wie er vor Jahren seine Freundin im Streit erschlug. Er hielt sie für eine Jüdin. Seitdem sind alle Juden hinter ihm her, sagt er, denn die wissen, was er getan hat, und lassen ihn nicht mehr in Ruhe.

Ist Thomas Patzlaff gefährlich? Wer weiß. Ich glaube nicht. Ich habe keine Angst. Wirklich nicht. Ich stehe trotzdem auf. Ich schalte das Aufnahmegerät aus.

Patzlaff scheint durch den Wind zu sein. Beim Aufstehen haut er seine riesige Thermoskanne mit dem starken Kaffee um. Wir schauen beide stumm auf sie herunter. Sie läuft nicht aus, sie liegt nur da, zwischen uns beiden. Zwischen dem Antisemiten, der Mord in Ordnung findet, und mir, dem Juden. Ich geh dann mal.

Im Hauseingang noch mal Patzlaff: »Du weißt ja, ich war neunzehn Jahre in Einzelhaft.« Aufgeregt, laut, die schmalen, schwarzen Augen noch schmaler und schwärzer als sonst. Er versucht, sich wieder in Opferposition zu bringen. Er hatte schon vorher darüber gesprochen, wie seine Mutter (die er ausschließlich »Mutter« nennt) ihn nie rausließ. Keine Freundin, keine Freunde, nichts durfte er damals haben. Jetzt fängt er wieder davon an. Hat er Angst, dass ich ihn verpfeife? Erst drohen, jetzt betteln? Ich habe die Nase voll, und Patera hat auch keine Lust mehr. Patera umarmt den nervösen Mann mit dem zerknautschten Gesicht. »Alles Gute, Thomas. Pass auf dich auf.«

Thomas Patzlaff, der Mann, der amerikanischer Präsident war und niemals sterben wird, sieht furchtbar müde aus.

Tobias Patera, der aufstrebende Reporter der alternativen Medienszene, muss sich in Zukunft mehr Mühe geben. Dickhäutiger sein. Lauter. Aber zumindest steht das nächste Ziel fest. Nachdem doch recht deutlich geworden ist, dass Esoterik eine ziemlich fiese Geschichte sein kann, beschließe ich, einem Tipp von Johannes und von Patzlaff zu folgen und Ernst Köwing zu treffen. Wenn schon faschistische Esoteriker, dann richtig.

Ernie und die Esofaschisten

Der bösartige Opa

Eine Landstraße führt nach Seedorf zum Gasthof Rose, Gemeinde Dunningen, tief im Süden Baden-Württembergs, wo die Welt aus Fachwerk, Feldern und Windrädern besteht. Traktoren rattern keuchend vorbei und ziehen Wolken leichten Düngergeruchs hinter sich her. Hier sitzt ein bösartiger Opa auf einem Rollator. Die Trainingshose ist über den Bauch gezogen, der Rücken gekrümmt. Glattes, feminines Altmännergesicht. Erinnert an den alten Ernst Jünger, das mag aber auch am Kontext liegen.

Der böse Opa sitzt, hüstelt und assoziiert frei. Er beginnt, so wie man es bei einem alten Mann mit Rollator auch erwartet, mit einem Bericht über seinen dürftigen Gesundheitszustand und die akuten Gebrechlichkeiten: 15 Kilo habe er verloren, Nierenvergiftung, seit Tagen nicht richtig geschlafen. Geräusche aufrichtigen Mitleids füllen die Stube, und Steffi zu meiner Linken schlägt teilnahmsvoll die Hände zusammen. Aber der bösartige Opa will kein Mitleid. Der bösartige Opa ist der Honigmann, eine feste Größe in der alternativen Medienszene. »Der Honigmann sagt« heißt sein Blog, denn der Honigmann hat viel zu sagen. Ernst Köwing heißt er wirklich, aber ich darf ihn nach nur einem langen Telefonat Ernie nennen. Ernie, der böseste Opa, den man sich vorstellen kann, die Trainingshose überm

Bauch, gekrümmt auf dem Rollator, sitzt im vollbesetzten Veranstaltungsraum des Gasthauses Rose, und obwohl er krank, vergiftet und ausgetrocknet ist, teilt er mit uns jetzt sein Wissen über Neger, Juden, Frauen und Schwuchteln. Die Zeichnung einer lachenden Biene mit schwarzer Knubbelnase wird von einem summenden Beamer an die Wand geworfen.

Wir, seine Anhänger, die siebzig Euro »Energieausgleich« gezahlt haben, um ihn und die von ihm geladenen Experten sprechen zu hören, wir sitzen dicht an dicht an langen Holztischen und lauschen. Denn Ernie weiß ja alles, und das, was er nicht weiß, das weiß niemand und er immer noch am besten. Das Wissen der Welt unterteilt er in drei Kategorien: »Das weiß man nicht«, »Das ist ganz sicher« und »Das ist absolut unbestritten«. So ist es etwa »absolut unbestritten«, dass bald die große Katastrophe eintreten wird, eine große, notwendige Säuberung, die alles minderwertige Leben auslöschen wird. Wann genau es so weit ist, »das weiß man nicht«, aber wir werden uns darauf vorbereiten müssen, und der Russe wird uns nach der Katastrophe beim großen Reinemachen helfen, »das ist ganz sicher.« Ernie fummelt an seinem Headset-Mikrofon rum: »Wenn der Russe kommt, dann rennen die Maximalpigmentierten.«

Die versammelte Gesellschaft schaut den bösen Opa auf dem Rollator mit einer Mischung aus Ehrerbietung und Vertrautheit an. Man mag ihn, den Ernie, der aus Friesland den langen Weg in den tiefen Süden angetreten hat, selbstlos, obwohl so krank, nur um die Wahrheit zu verkünden. Alle zwei, drei Wochen macht er das an einem anderen Ort, organisiert ein Honigmann-Treffen oder fährt zu einer vergleichbaren Veranstaltung. Steffi, regelrecht gerührt, sagt, dass es doch ein Wunder sei, dass der kranke Honigmann noch so wunderschön reden könne. Sie sieht ihn zum ersten Mal, wie die meisten hier. Man kommt aus der Gegend, Dunningen, Tuttlingen, Villingen-Schwenningen oder Haigerloch.

Ernie hat es schon überall hingeschafft, erzählt er uns. »Einige wissen's ja, ich bin zur See gefahren. Ich hab diese Länder alle selbst gesehen, Libanon, Amerika, Südafrika.« Die Abenteuergeschichte, die er zum Besten gibt, dreht sich um die Afrikaner, die er durchgängig Halbaffen nennt, die man wie Tiere behandeln müsse, die einen IQ wie Schweine hätten. Er spricht diese Worte überlegt, kühl, norddeutsch. Er weiß, was er sagt, er meint, was er sagt, und er meint auch seinen nächsten Satz: »Jagen muss man die, denn sonst jagen sie dich.« Das sagt er in Minute sechs seiner Ansprache, für die mindestens eine Stunde angesetzt ist. Ich atme ein. Ich atme aus. Ich bin mir nicht sicher, was ich mir notieren soll. Es gibt Worte, die will man nicht niederschreiben.

Meine unmittelbaren Tischgenossen sind die teilnahmsvolle Steffi – mittelblond, mittelgroß, mittelschlank, mittelsympathisch, Sekretärin mittleren Alters in einem mittelständischen Betrieb – und zur anderen Seite Niko, ein verzottelter Handwerker Anfang dreißig, der Berufsunfähigkeitsrente bezieht und in seinem Keller Konservenbüchsen und Schusswaffen für den kommenden nuklearen Holocaust hortet. Der Zottelschrat Niko fällt ein wenig raus aus der übrigen Gesellschaft. Die allermeisten hier sehen so verflucht, verdammt, verstörend normal aus. Alltagsmenschen, Öko-Bauern, blumengemusterte Frauen, dunkelbraune Sakkos, eine Handvoll alkoholverzehrte Arbeitslose, ein pickeliger Teenager, zwei Kleinkinder, ein Baby von wenigen Monaten. Wer sind diese Reichsbürger? Wer seid ihr bloß?

Ernie nimmt jetzt so richtig Tempo auf. Innerhalb der nächsten halben Stunde erklärt er die »Protokolle der Weisen von Zion«, den Klassiker der antisemitischen

Hetzpropaganda, für ein »absolut unbestritten« authentisches Dokument, die jüdischen »Geld- und Werteverteiler« der NWO zu »unmenschlichen Mistviechern« und den Genderwahn zur größten akuten Gefahr in Deutschland. Wissendes Kopfnicken überall, das ist bekannt, das versteht sich von selbst. Dann überlegt Ernie, ob die Erde womöglich eine Scheibe sein könnte, und die-da-oben uns auch diese Wahrheit vorenthalten wollen.

Ich werde lockerer. Wie gefährlich können diese Gestalten sein, wenn sie so etwas glauben? Ich klammere mich an diesen Gedanken, und gleich lässt es sich viel leichter atmen: Das sind nur ein paar Dorftrottel, die glauben, auf einer flachen Erde zu leben, von der sie jederzeit runterfallen könnten.

»Das mag ich am Honigmann«, sagt Steffi. »Er schließt keine Hypothese völlig aus, auch wenn sie unwahrscheinlich erscheint.«

Scheiß Steffi! Diese durchschnittliche Person aus der Mitte der Gesellschaft, mittleren Einkommens, mittleren Intellekts. Was um alles in der Welt tut sie hier? Eine nette Oma mit Dutt und Apfelbäckchen schaufelt sich Würfelzucker in die Kaffeetasse und lächelt mich an.

Wenn man Ernie Glauben schenkt, muss man den Eindruck bekommen, dass es sehr schlecht um Deutschland bestellt ist. Wenn man es nicht tut und sich nur diese Veranstaltung anschaut, kommt man zum selben Ergebnis. Ernie spricht nebenbei ausschließlich von der BRiD, der Bundesrepublik *in* Deutschland. Dass der Staat nicht existiert, ist hier allen klar. Das und der Hass auf alles Nicht-Weiße und Nicht-Heterosexuelle sind die beiden Grundüberzeugungen.

Fragen dürfen nun gestellt werden, und die meisten beginnen mit den Sätzen »Ich hab gelesen« oder »Ich habe da ein PDF«. PDFs scheinen eine ganz besonders vertrauenswürdige Quelle zu sein, verständlich, denn immerhin sind PDFs Dateiformate für den Adobe Reader, und das ist ja eine unbestritten prima Software. Und so fragt man, ob die Nazis wirklich Reichsflugscheiben gebaut haben, ob sämtliche Regierungschefs wirklich in der Arktis ihre Befehle abholen, ob Bonn wirklich die geheime Pseudohauptstadt dieses Pseudostaates sei.

»Das weiß man nicht«, sagt Ernie.

»Das ist ganz sicher«, sagt Ernie.

»Das ist absolut unbestritten«, sagt Ernie.

Die Umvolkung

Die Gläser und Tassen heben und senken sich in einer minimalistischen Choreografie, und Ernie setzt ein letztes Mal groß an: Mit aller Härte und Konsequenz müsse man gegen die scheinbaren Flüchtlinge und »Halbaffen« vorgehen, von denen mehr in Deutschland seien, als wir uns vorstellen könnten: Die NWO werde immer größere Horden nach Deutschland schleusen und so die Deutschen nach und nach ersetzen. Mit vergewaltigenden Migranten und ultimativ einer neuen, »leicht zu regierenden Mischmaschrasse«. Der Plan habe bereits begonnen. Die große Umvolkung sei im Gange.

Niko zu meiner Rechten schaut und horcht gebannt hin, nur seine Finger spielen mit dem Bierdeckel, während Steffi die Luft scharf zwischen ihren Zähnen einzieht, als verlese ihr ein Arzt gerade eine ganz grauenvolle Diagnose.

Es ist nicht das erste Mal, dass ich von dieser Verschwörungstheorie höre. An allen möglichen Stammtischen war vom »großen Austausch« und der »Umvolkung« die Rede. Aber bislang schenkte ich dieser Wahnvorstellung wenig Beachtung. Sie ging etwas unter zwischen all den anderen, den Giftwolken, Logen und Echsenmenschen. Aber an diesem 12. August 2017, als Ernie Köwing davor warnt, die Deutschen würden von

»Asylanten« und »braunen Einheitsmenschen« ersetzt werden, da schüttelt es mich durch.

6800 Kilometer von uns entfernt marschieren am selben Tag hunderte brüllende Männer durch die Straßen der kleinen Universitätsstadt Charlottesville im amerikanischen Bundesstaat Virginia. Die Männer sind wütend. Sie tragen Fackeln. Sie sind Anhänger der Alt-Right, Neonazis und Mitglieder des Ku-Klux-Klans. Unter dem Motto »Vereint die Rechte« skandieren sie »Heil Trump!« und »Blood and soil« – also Blut und Boden – und dann »You will not replace us! Jews will not replace us!«

Ihr werdet uns nicht ersetzen. Juden werden uns nicht ersetzen.

Warum sollten wir? Als ich auf der ewig langen Autofahrt nach Seedorf-Dunningen im Radio von diesen brüllenden und marschierenden Männern höre, begreife ich nicht, was sie damit meinen. Erst der bösartige, alte Ernie Köwing erklärt es mir.

Dieser Verschwörungsmythos ist ein internationaler. Als Urheber wird zumeist der französische Autor Renaud Camus genannt. Seit 2010 schreibt und spricht er über »le grand remplacement«, und, wie ich zu Beginn bereits erwähnt habe, hat diese Verschwörungstheorie eine beachtliche Karriere hingelegt. In Frankreich ist sie nicht nur beim rechtsradikalen Front National, sondern auch bei den Republikanern salonfähig geworden, in Deutschland hat sie sich in die rechte und neurechte Szene reingefräst, vom Neonazi über Pegida bis zum besorgten Bürger. Sie ist regelmäßig bei diversen AfD-Politikern zu vernehmen, und der deutsch-türkische Katzenkrimiautor Akif Pirinçci leistete mit seinem Buch »Umvolkung. Wie die Deutschen still und leise ausgetauscht werden« seinen Beitrag. Mit dem Hashtag Umvolkung twitterte auch eine aufgewachte (und kurz darauf: ehemalige) CDU-Abgeordnete.

Dass Umvolkung ein Begriff der Nazis ist, ist den deutschen Vertretern der Theorie durchaus bewusst: Die Verschwörer seien eben die neuen, die eigentlichen Nazis.

Ernie wirkt nach einer Stunde der Hassregurgation erschöpft und schrumpft auf seinem Rollator ein wenig zusammen. »Ich bin stur, ich werde überleben«, sagt er und fordert uns auf, durchzuhalten. Bald komme der große Knall, sehr bald. »Der Knall ist gut! Es muss aussortiert werden. So kann es ja nicht mehr weitergehen.« Applaus. Steffi fiept erleichtert, und sogar das Baby gibt ein zufriedenes Glucksen von sich.

Einige Stunden später, am Nachmittag des 12. August, rast in Charlottesville ein Auto in eine Menschenmenge der antirassistischen Gegendemonstration. Neunzehn Menschen werden verletzt, viele schwer, die zweiunddreißigjährige Anwaltsgehilfin und Aktivistin Heather Heyer wird getötet. Am Steuer des Wagens sitzt ein zwanzigjähriger Junge, einer der wütenden Männer, ein bekennender Bewunderer Adolf Hitlers.

Donald Trump verurteilt Hass und Gewalt von beiden Seiten.

Ziegenhoden und russische Weltraummedizin

Der Übergang von hasserfüllter Menschenverachtung zur Werbeveranstaltung ist nahtlos. Eben noch rief Ernie zur Jagd auf Afrikaner auf, jetzt knöpft sich ein fettleibiger Mann aus seinem Hemd heraus, wälzt sich stöhnend auf eine Liege und lässt sich von Herrn Greiner, dem »Chiropraktiker mit den gesegneten Händen« seine Rückenwirbel und Chakren wieder einrenken. Applaus. Nun schwenkt Frau Görgner aus München eine Apparatur irgendwo zwischen Fernbedienung, Vibrator und Folterwerkzeug herum, eines der vielen Qualitätsprodukte der Firma EMG Vitalität. »Energiemedizin aus der russischen Weltraumforschung«, verkündet sie und er-

läutert deren wundersame Heilkräfte auf Schwingungsbasis.

»Auf Schwingungsbasis?«, frage ich Steffi.

»Wir Menschen müssen im Einklang mit uns selber
sein. Einklang bedeutet Ein-Klang, denn alles ist in
Schwingung«, und sie schenkt mir ein feines Lächeln.
»Du musst dich nur öffnen.«

Die Esoterikbranche in Deutschland hat einen jähr-
lichen Umsatz von 15 bis 20 Milliarden Euro. So ganz
genau lässt sich das nicht einschätzen, es gibt wenig ver-
lässliche Zahlen. So wie in der Esoterik insgesamt wenig
verlässlich ist.

Die von Frau Görgner beworbenen Nahrungsergän-
zungsmittel, Schwingungsbrillen und Resonanzappli-
katoren werden im Nebenzimmer zum Kauf angeboten.
Hier geht es »dank des günstigen Rubelkurses« schon bei
99 Euro mit dem Diadens Cardio Blutdruckregulierer los,
über das PCM 6 Selbstdiagnosegerät für 449 Euro bis hin
zur Vertebra-Amethyst-Rücken-Zaubermatte für lässige
1890 Euro.

Natürlich will die Welt betrogen sein: Im Shampoo
sind Aminopeptide, sagt die Werbung, in der Schminke
tummeln sich Mikrobioten, im Schokoriegel steckt das
Beste aus einem Liter Milch, und im Saft ist Spinat, drum
ist der detox. Allerdings kosten diese Produkte nicht
449 Euro. Und diese Produkte muss ich auch nicht unbedingt erwerben, um mich vor Weltverschwörung und
Weltuntergang zu schützen. »Glauben Sie nicht den Ärz-
ten«, warnt Frau Görgner und bringt nun das schönste
Wortspiel der gesamten Verschwörungstheoretikerszene:
»All die Kardiologen und Urologen und Onkologen … Alles, was auf ›-logen‹ endet, da ist ja auch das Wort ›Logen‹
drin.« Ich klatsche, ehrlich begeistert.

Steffi sagt, dass sie so einen Blutdruckregulierer be-
sitzt. »Wenn der Tag X da ist, dann müssen wir uns und

unseren Familien selbst helfen können«, sagt sie. Sie nennt mir ein paar Youtube-Kanäle, auf denen ich mich informieren kann.

Ziemlich genau 99 Jahre zuvor begann der amerikanische Quacksalber John Romulus Brinkley seine wunderliche Karriere. Brinkley machte sich einen Namen mit seiner speziellen Heilmethode gegen Impotenz: Er implantierte seinen schlaffen Patienten Ziegenhoden. Die Nachfrage war immens. Bald erklärte der Scharlatan die Hodenimplantation zum Allheilmittel für sämtliche Gebrechen, die Mann so erleiden kann. Aber der enorme Erfolg von Brinkleys Methode lag weder an dessen Charme noch an der Operation selbst, die in erster Linie bloß zu fiesen Infektionen oder zum Tod führte: Brinkley war schlicht der erste Wunderheiler, der die Möglichkeiten der neuen Medien für sich entdeckte. 1924 startete er seinen eigenen Radiosender, auf dem er unablässig für seine Ziegenhoden und Heiltinkturen warb. Reden konnte er, die Leute hörten gerne zu. Zunächst sprach er alleine stundenlang und mit sanfter Stimme auf seine Zuhörer ein, bald gab seine Frau astrologische Ratschläge, dann waren Countrymusiker auf Brinkleys Sender zu hören. Brinkley war ein Pionier.

Pseudowissenschaft und Esoterik sind Heilsversprechen und Entertainment, Politik und einfache Antworten in schwierigen Zeiten. Vor allem ist es aber ein Geschäft. Ich kann hier nicht die Namen der Youtube-Kanäle auflisten. Es sind zu viele.

Im Nebenzimmer des Gasthofs Rose wird eingekauft, als gäbe es kein Morgen mehr. Logisch, viele der Käufer glauben ja in der Tat, dass es kein Morgen geben wird. Und nichts ist umsonst, nicht mal das Ende der Welt. Die Leute sitzen dann stolz vor ihren frischerworbenen Päckchen mit Diadens Massageelektronen (189 Euro), Magnetfeldgeneratoren (298 Euro) und Schungit-Heilsteinen (ab 39,90 Euro) und blättern in ihren neuen Büchern mit Titeln wie »Germaniens reine Seele«, »Drehbuch für den Dritten Weltkrieg« und »Kriegswaffe Planet Erde«.

Als John R. Brinkley 1933, auf dem Zenit seines Erfolgs, nach Deutschland reiste, war er vom jungen Nationalsozialismus begeistert. Besonders angetan war er von der ästhetischen Präsentation, der Wertschätzung von Autorität und dem Führer selbst. Auch Brinkley zog es in die Politik, ein paar Jahre zuvor hatte er es beinahe zum Gouverneur von Kansas gebracht. Aus Deutschland zurück, ließ Brinkley seinen Swimmingpool mit kleinen Hakenkreuzkacheln verzieren.

Steffi bietet mir ein Bio-Honig-Lutschbonbon an. Auch das verkauft der Ernie hinten im Shop.

Braune Esoterik und ernste Herren

Es treten eine Reihe sehr ernster Herren auf, jeder Herr seine eigene Marke. Wer nichts zu verkaufen hat, verkauft sich selbst. Die Herren haben bleiche Gesichter und stechende Augen, sie sprechen nacheinander über Spirituelles und Okkultes und Verborgenes, all das, was die NWO uns vorenthält. Da ist ein Herr Schall, der über Bioenergie und Blut spricht. Ein Herr Willi, der uns über die heilsame Wirkung germanischer Runen unterrichtet. Herr Schulz belegt, dass sich das biblische Paradies in Mecklenburg befindet. Es hört nicht auf. Es sind viele der sehr ernsten Herren gekommen.

Selbst die ernsten Herren, deren Thema sich nicht unmittelbar mit dem arischen Wesen oder der eliminatorischen Gefahr durch NWO, Ausländer oder Feministinnen beschäftigt, nehmen Bezug auf Ernies braune Hassfantasie: Die ist die Grundlage, und der angekündigte Tag X wird kommen, da das BRD-Lügenkonstrukt fallen wird. Nun wollen sie mit ihrem jeweiligen Spezialwissen die Zuhörerschaft darauf vorbereiten.

»Das ist ganz altes Wissen«, sagt Steffi, als ich sie frage, ob sie das wirklich alles glaubt. Natürlich müsse das nicht alles stimmen, aber etwas sei da schon dran. Und der zottelige Niko nickt seinen zotteligen Kopf: sehr altes, wahres Wissen und nagelneue technische Erkenntnisse.

Sicher, es klingt mittelalterlich. Und das Mythische und Okkulte erlebt immer dann eine kleine Blüte, wenn ein neuer Modernisierungsschub die Welt erschüttert. Etwa die geografischen Entdeckungen und die neuen Forschungsmethoden im 15. Jahrhundert oder die Aufklärung im 18. Jahrhundert – wann immer sich die Welt schneller dreht, komplexer wird, gibt es auch eine Sehnsucht nach ewigen und einfachen Wahrheiten, Licht gegen Finsternis. Eine Möglichkeit, die Welt zu verstehen, eine Versicherung, dass *wir* die Guten sind.

Aber das, was wir hier zu hören bekommen, ist alles andere als alt. Es war Madame Helena Petrovna Blavatsky, die den modernen Okkultismus begründete. Sie verband den herumwabernden Geisterglauben der Zeit mit Mythologie aus aller Welt und Dämonologie, verknetete das mit Versatzstücken des Hinduismus und gründete 1875 in New York ihre »Theosophische Gesellschaft«. Es dauerte nicht lange, bis moderne Rassentheorie in ihrem Kopf Einzug hielt, und schon bald fantasierte Madame von einer überlegenen arischen Rasse aus einem sagenumwobenen Norden.

Die Leute fantasierten gerne mit.

Besonders taten das zwei Männer, der Deutsche Jörg Lanz von Liebenfels und der Österreicher Guido von List. In den Jahren vor dem Ersten Weltkrieg gaben sie Madames Rassistenesoterik einen völkischen Anstrich und artikulierten ihre jeweils eigenen Wunschvorstellungen. Diese weißblonden Visionen der Ariosophen, der »Bewahrer der arischen Weisheit«, drehten sich um reinrassige Dorfgemeinschaften, reinblütige Ehen und den richtigen Umgang mit den »niederen Rassen«. Bei Lanz und Liebenfels hieß das Verbannung, Sterilisierung oder Vernichtung. Sie beschworen den Kampf von Licht gegen Finsternis, und die Finsternis war die Weltverschwörung der Juden, Freimaurer und – je nachdem, wen von den beiden Sie fragen – Sozialisten oder Kapitalisten. Ich muss nicht erwähnen, dass diese Ideen in den folgenden Jahren ganz gut ankamen, auch bei einem jungen Adolf Hitler, der Lanz' Zeitschrift regelmäßig gelesen und den Ariosophen in seiner Wiener Redaktion besucht haben soll.

Hitler brach irgendwann mit der Esoterik. Schon in »Mein Kampf« äußert er sich spöttisch über die Okkultisten, 1938 erteilt er dann eine »scharfe Absage an kultische Verirrungen«, denn der Nationalsozialismus sei »eine kühle Wirklichkeitslehre schärfster wissenschaftlicher Erkenntnisse«. Mystisches und Okkultes dürfe da keinesfalls geduldet werden. Die rechtsgerichtete, geradarmige Swastika, das Hakenkreuz, behielt er dann aber doch – und den Fiebertraum einer auserwählten arischen Rasse, der die Welt zu Füßen liegen soll.

Ernie sitzt während der Vorträge neben mir am Kassentisch und schläft. Hatte er nicht anfangs gesagt, dass er seit Tagen oder Wochen nicht mehr schlafen kann, sich nachts ruhelos im Bett wälzt und an die Verschwulung und Degeneration seiner blonden Hetenheimat denkt? Er atmet tief und gleichmäßig, leise schnarchend, das Kinn auf der Brust, die Schultern runtergesackt, als würde sich der Rumpf zusammenfalten. Vielleicht gibt es für einen Ernie keinen Unterschied zwischen Schlafen und Wachen. Er hat seine Albträume in die Stube dieses Gasthauses gehetzt und in die Köpfe seiner Jünger. Ernie ist berühmt dafür, auch selbst Verschwörungstheorien zu erfinden. Etwa, dass syrische Flüchtlinge eigentlich IS-Kämpfer sind, die in unterirdischen Tunneln nun auf den Befehl der NWO warten, die deutschen Männer abzuschlachten und die Frauen zu versklaven. Bald muss er mal wieder ins Gefängnis. Volksverhetzung. Ernies Atem setzt eine Sekunde lang aus, dann schnarcht er laut auf, wimmert und schläft weiter.

Ich habe noch nie einem Menschen den Tod gewünscht. Aber ich glaube, wenn Ernst Köwings Atem jetzt endgültig aufhören würde, dann wäre ich damit einverstanden.

Jagd auf einen Vampirjäger

Sechs Männer stehen vor der Gaststätte und erzählen sich schmutzige Witze. Ich stelle mich dazu, jetzt sind wir sieben. Die Witze werden laut, aber in diesem konspirativ-rauen Nur-für-echte-Männer-Ton vorgetragen. Die Männerwitze handeln von Männern, die ihre Pimmel in Melkmaschinen, Tiere oder Töchter reinstecken. Die Witze sind alt, aber ihre Pointen schlagen ein wie Artilleriegranaten.

»Gar nicht, der Biobauer darf nicht spritzen!«

Volltreffer! Vereinzeltes Lachen.

»Das war nicht meine Alte, das war die Ziege!«

Der Kalauer zerschellt in einer vulkanischen Explosion der guten Laune. Ein fetter Mann krümmt sich und hat noch einen in petto.

»Das war die Melkmaschine, die lässt unter 20 Liter nicht los!«

Heulendes Gelächter, rau und guttural und tief aus dem Hodensack. Puh, was haben wir gelacht. Kurze Feuerpause. Verschnaufen.

Inspiriert vom Ziegenfickerwitz ergreift ein Mann mit einem gesellschaftskritischen Kommentar das Wort: »Die Deutschen sind jetzt wirklich so krank, hier mit ›Ehe für alle‹, schräge Sache, oder? Bald kannst du wirklich alles heiraten.«

Auf diesen Mann habe ich es abgesehen. Das ist Reiner Feistle, Reichsbürger, Ufologe, B-Prominenter der Szene. Sein mächtiger, aschgrauer Vokuhila ist hi so la, dass er ihm über die Schultern reicht. Auch Feistle soll noch einen Vortrag halten, wie immer will er über die Aldebaraner sprechen. Das sind arisch-blonde Außerirdische, freundliche Gesellen und intergalaktische Vorfahren der Germanen. Feistle würde mich nicht interessieren, wenn er nur zu den Aliens Kontakt hätte, aber Feistle ist auch ein guter Freund und Kollaborateur von Jan Udo Holey.

Jan Udo Holey war es, der in den Neunzigerjahren den ganzen braunesoterischen Mist der Ariosophen mit dem NWO-Verschwörungsglauben aus dem angelsächsischen Raum vermischte und in Deutschland wieder popularisierte. Sein Buch »Geheimgesellschaften und ihre Macht im 20. Jahrhundert« wurde 1993 veröffentlicht und entwickelte sich rasch zum Bestseller. Bis zu seiner Indizierung drei Jahre später verkaufte es sich über 100 000 Mal in Deutschland, Österreich und der Schweiz. Jetzt lässt es sich immer noch als PDF herunterladen. Holey lebt zurückgezogen in Mittelfranken, betreibt einen Verlag und eine Fake-News-Seite, schreibt und publiziert weiterhin Bücher und, wen wundert's, klärt eifrig über die Nichtexistenz der »sogenannten BRD« auf.

Holey veröffentlicht seine Bücher als Jan van Helsing, benannt nach Bram Stokers berühmten Vampirjäger. Er will die Blutsauger hinter den Kulissen jagen, die Illuminaten, Freimaurer, Juden. Tobias Patera, ebenfalls nach literarischer Vorlage benannt, würde nun gerne auf van Helsing Jagd machen, denn der hat sich mittlerweile komplett aus der Öffentlichkeit zurückgezogen. Also lache ich so gut es geht über die Witze, die dem Vokuhila-Ufologen Feistle zur gleichgeschlechtlichen Ehe einfallen.

Feistle und sein Kumpan stehen die meiste Zeit auf der Terrasse des Gasthofs, rauchen, lassen die Traktoren vorbeikeuchen und schimpfen auf den aktuellen Redner. Da kann ich gut mitmachen.

Wer sich lange genug in der Szene aufhält, wird versuchen, mit seinem Wahn einen Lebensunterhalt zu verdienen. Wer seinen Lebensunterhalt mit Wahn verdient, wird versuchen zu wachsen. Die ernsten Herren sind erbitterte Konkurrenten und zugleich aufeinander angewiesen, laden einander zu den esoterischen, verschwörerischen und verschwörungstheoretischen Veranstaltungen ein. Es geht um Macht. Es geht um Rudelstruktur und Nahrungskette, um Autorität.

Auch Patera hat Autorität. Ich erfinde einen anonymen Mäzen für Pateras Internetprojekt, und so wie Feistle seinen Kumpan hat, hat Patera den verzottelten Niko. Der steht unruhig neben mir und bittet in regelmäßigen Abständen um Filterzigaretten. Wir stehen auf der Terasse, rauchen und schimpfen auf den sehr ernsten Herrn Müller, der drinnen einen hypnotischen Singsang über kosmische Verbundenheit und göttliche Kräfte vorträgt.

Feistle akzeptiert mich, schätzt Pateras Pläne. Interview macht er gerne mit mir.

Und Jan Udo Holey?

Klar sei er im Kontakt, sagt Feistle.

Klar könne er Kontakt herstellen, sagt Feistle.

Nicht jetzt, lass da später drüber sprechen, sagt Feistle.

Später.

An der Bar sitzen Feistle mit seinem Kumpan, Ernie mit offenem Mund, ein paar Speichellecker scharwenzeln herum. Kein Platz mehr an der Theke, zumindest rückt keiner für mich zur Seite. Feistle könnte rutschen. Tut er nicht. Er sitzt bei Ernie, da will er mich doch nicht im Weg haben. Rudelstruktur, Nahrungskette. Ich quetsche mich an die äußere Ecke.

Noch fünf Bier werden bestellt. Der Feistle-Kumpan will einen Aperol Spritz, erzählt von seinem Vortrag über Ufos. »War'n guter Vortrag«, meint Feistle und informiert Ernie über seine jüngste Ufo-Sichtung, hat er öfters in letzter Zeit, aber diesmal war's ein dickes Ding: »Ein Riesenteil war das, zweitausend Menschen auf dem Festival, aber das Ding ist plötzlich genau über mir, Riesending, das war so ne Zigarre!«

In Ernies Mund ein Zigarillo, im Himmel eine Zigarre, Feistle zündet sich eine Zigarette an und streicht sich durch den mächtigen Vokuhila. Die Männer bechern wie bescheuert, Ernie ist schon ziemlich durch oder hat gerade einen Hirnschlag. Die Herren hauen sich auf die Schultern, die Speichellecker hauen einen Spruch nach dem anderen raus.

»Aperol Spritz, haha, was ihr da wieder sauft.«

»Marianne, mach uns allen doch noch mal ne Williamsbirne.«

»Mach zwei draus, haha.«

»Ernie, Prost!«

Ernie schweigt. Das Zigarillo hängt von seiner Unterlippe, gehalten nur vom Speichel, und glimmt vor sich hin.

»Ernie, hier, Prost.«

Ernie grunzt. »Ja ja. Prost.«

»Jawohl Ernie, runter damit.«

Die Ohren glühen, die Augen sind wässrig. Birnenstücke aus der Dose schwimmen im Schnaps und werden mit bunten Plastikgäbelchen herausgestochert. Der hintere Teil der Kneipe ist gut gefüllt, Bierkrüge schlagen dumpf aneinander, Biergelalle und aggressive Kumpelhaftigkeit. Die Demarkationslinie zwischen saufender Dorfbevölkerung und saufenden Reichsdeutschen ist verschwunden. Ein dicker Mann in Schürze klopft Ernie auf den gebogenen Rücken, vom Skattisch wabern Blondinenwitze zu uns herüber.

Feistle warnt Ernie vor einem, den man in Zukunft nicht mehr als Redner einladen sollte: »Bei meiner letzten politischen Veranstaltung, da redet der dann über Holocaust. Auf der Bühne, vor allen. Dieser Idiot.«

Kumpan: »Vor allen?«

Feistle: »Ins Mikrofon!«

Kumpan #2: »Was für ein Vollidiot!«

Ernie: »Was?«

Feistle: »Was der sagt, ich geb dem ja Recht. Aber das machst du nicht bei mir auf der Bühne! Arschloch! Braucht nur einer mit dem Handy aufnehmen, und ich bin im Arsch.«

Kumpan: »Scheiße!«

Feistle: »Machst du uns noch zwei Willys?«

Ernie: »Mein Vater ist auch in Auschwitz umgekommen. Besoffen vom Wachturm gefallen. Ich lach mich tot.«

Kumpan lacht.

Ernie: »Ist doch zum Kotzen, was mit diesem Land passiert.«

Feistle: »Zum Kotzen!«

Ein Kellner: »Nur Neger!«

Ernie, der Honigmann, fällt nicht vornüber um. Er atmet, hustet und hasst weiter. Das Bienensterben lässt auf sich warten.

»Noch ein Bierchen?«

»Nochn Aperol! Ernie, willst dun Aperol?«

»Ernie?«

»Mach no ma ne Runde Willys. Gib auf zwanzig raus.«

»Prost.«

»Ernie? Prost!«

Ernie starrt vor sich hin.

»Ernie!«

Ernie: »Jau. Prost.«

»Das brennt gut!«

Und Feistle schüttet sich seinen x-ten Obstler samt Birnenstückchen in die Kehle, gibt genüssliche Geräusche des Wohlgefallens von sich und grient: »Das sind die besten Treffen, an der Tür und an der Theke, bei der Kippe und Schnaps, oder, Ernie? Da kommen einem die so richtig guten Gedanken. Ich liebe diese Gespräche!«

Ich trinke meinen Obstler und verabschiede mich für den Abend.

Feistle wird mich nicht mehr mit dem Vampirjäger Jan Udo Holey zusammenbringen. Feistle säuft zu viel. Taucht am nächsten Morgen einfach nicht auf. Verpasst seinen eigenen Vortrag.

Wenn ich mir Reiner Feistle und Ernie Köwing so ansehe, dann muss ich Jan Udo Holey auch gar nicht treffen. Ich glaube, ich weiß genug.

Der serbische Nazi

Noch vor dem Mittagessen verabschiede ich mich. Steffi empfiehlt mir noch kolloidales Silber als Ersatz für Antibiotika, und Niko begleitet mich auf eine letzte Zigarette vor die Tür. Raucherlunge sei eine Erfindung der Zionisten und Tabakkonsum völlig ungefährlich, hat mir vorhin irgendwer erzählt. Niko scheint der Abschied von mir schwerzufallen. Er hat nicht viele Freunde, sagt er, und man könne ja niemandem sagen, was man denkt, sonst heißt es ja gleich, man sei rechts oder ein Nazi.

»Aber Niko, du bist doch ein Nazi.«

»Nein, bin ich nicht.«

Ich kann es nicht mehr hören. Diese astralleibigen Esofaschisten und finsterbraunen Okkultisten, die keine Nazis sein wollen. Am Abend zuvor hatte mir Niko noch erklärt, dass er nach dem großen Knall auch im Wald überleben könne, »wenn mich nicht eine Horde Bären oder Neger erwischt«.

»Natürlich bist du einer, Niko. Steh doch einfach dazu. Du magst keine Ausländer, oder?«

»Ja, schon.«

»Eben, ist doch völlig in Ordnung. Du findest, dass jeder in seinem Land bleiben soll. Und findest du Juden super?«

»Nee, das nicht.«

»Also, dann bist du halt ein Nazi. Was ist dein Problem? Wieso traust du dich nicht, das zu sagen? Steh doch zu dem, was du bist.«

»Ja, vielleicht.« Niko ist verlegen, streicht sich immer wieder durch den wuscheligen Bart.

»Nein, Niko, sag das jetzt.«

»Ja, richtig.«

»Nein, sag jetzt: Ich bin ein Nazi.«

Dann sagt er es und lächelt stolz. Ich fühle mich schlecht, aber Patera ist noch nicht fertig. Fragt den haarigen Mann, wo er herkomme. »Nein, Niko, ich meine, wo kommst du eigentlich her?« Das bin nicht ich, das ist jetzt wirklich Tobias Patera, der da spricht.

Niko hatte mir bereits erzählt, dass seine Eltern als Gastarbeiter aus Serbien gekommen sind, nun schaut er mich an wie ein geschlagener Hund. »Ich glaube, die deutsche und die serbische Seele sind sich sehr ähnlich.«

»Das mag sein. Aber bist du Deutscher?«

Er gräbt sich die Finger ins struwwelige Haar, als würde er etwas suchen. Eine Öffnung im Schädel vielleicht, um sich die Antworten direkt aus dem Hirn rauszureißen.

»Also, wo gehörst du hin?«

»Ja, ich hab ja auch vor, nach Serbien zurückzugehen.«

»Wann denn?«

»Ja, bald.«

Und dann verabschiedet sich Tobias Patera von dem serbischen Nazi. Er klopft ihm auf die Schulter oder macht irgendwas Vergleichbares.

Dann verlasse ich diesen grässlichen Ort.

Am nächsten Tag äußert sich Donald Trump ein weiteres Mal zu den Vorfällen in Charlottesville. Nicht alle Demonstranten seien Nazis gewesen, sagt der amerikanische Präsident, »you also had some very fine people on both sides«.

Das Königreich und die Zukunft

Die Liegenschaft

Die Autofenster des tuberkulös hustenden Mercedes sind heruntergekurbelt, und ein warmer Sommerwind lässt die langen Mähnen der Reichsbürgerjugend wehen. Die Bubblegumhymne »Sugar, Sugar« plärrt aus dem CD-Player, und Ryu singt mit: »Honey, honey, you are my candy girl ...« Dann kann er den Text nicht weiter, aber er pfeift und trommelt den Takt auf seinem nackten Bauch. Mich überkommen angenehme Hippiegefühle mit einem schaurigen Schuss Charles-Manson-Romantik. »Honey – oh, sugar, sugar« stimmen alle mit ein, und ich halte meinen Kopf aus dem Fenster in den Fahrtwind, bis meine Augen tränen. Ryu schreibt gerade ein Selbsthilfebuch: Gesundheit, Spiritualität, Ernährung. In seinem Werk geht es um alles und noch mehr. Ryu hat ja auch viel mitgemacht, bereits eine üble Depression besiegt, indem er jetzt nur noch Chiasamen anstelle von Mandelmousse zu sich nimmt.

Ich bin mir nicht sicher, weshalb ich immer wieder ins Königreich zurückkehre. Pateras Kontakte reichen schon in weit finsterere Kreise hinein – braunere Kreise, bewaffnetere Kreise, geschlossenere Kreise –, und das Königreich selbst besteht seit der Räumung des Krankenhauses nur mehr aus zwei Dutzend Menschen in einer ehemaligen DDR-Konservendosenfabrik. Das ist die sogenannte Liegenschaft: eine Betonlandschaft mit schmutziggelben Gebäuden, keine vier Kilometer vom alten Staatsgebiet entfernt, hinter stillgelegten Bahngleisen und einem Metalltor. In der Mitte die unheimliche Lagerhalle mit befremdlich rülpsenden Installationsrohren und über ihr ein paar Zimmer, in denen die Untertanen zu zweit, zu dritt, zu viert schlafen.

»Das ist das Beste, was uns passieren konnte«, sagt der Freiherr Benjamin, als er mich dort begrüßt. »Wir sind uns alle so viel nähergekommen.« Ein Mädchen, das vor ihrer Migration ins Reich eine Berliner Schauspielschule besucht hat, umarmt mich ungelenk: »So viele Menschen wie du, auf die wir uns verlassen können. Es passiert wirklich alles aus einem Grund.« Ulrike bringt selbst gebackenen Erdbeerkuchen, und ihr Töchterchen umklammert einen Karton Schoko-Cornflakes, als hinge ihr Leben davon ab. Ich werde rührenderweise im Gästezimmer untergebracht, muss es mit niemandem teilen.

Anfangs halte ich mich noch für den Sterbebegleiter einer untergehenden Sekte: Auch die Liegenschaft wurde nicht abbezahlt, und obwohl die Unterstützer des Königreichs fleißig spenden, sieht es dunkel aus. Trotzdem will das Königreich einfach nicht sterben.

Wir haben zwei Wochen, alles Hab und Gut vom Krankenhausgelände zu räumen. Was wir nicht rausbekommen, wird verschrottet. Klobige Hotelschränke, metallene Arbeitstische, Bettgestelle, aberhunderte Stühle und Sessel und die alte Ikeaküche des Königs, alles soll rausgeschleppt werden, eingelagert oder verkauft. Peters Ikea-Küche wird natürlich aufbewahrt. Es ist heiß. Knochenarbeit. Angestellte der Wittenberger Gemüse GmbH beobachten uns mit strengem Blick. Gelegentlich stehle ich mich in die ehemaligen Büroräume und durchforste alte Aktenordner. Ich weiß nicht, wonach ich suche.

»Du hast das Stockholmsyndrom«, sagt mir meine gute Freundin, der ich erzähle, dass ich den Untertanen beim Umziehen helfe. Sie lacht mich ein wenig aus. Das ist wichtige investigative Arbeit, sag ich.

Während der Mittagspause an der alten Feuerstelle erscheint der verhasste Herr Dr. Rehhahn, der ehemalige SPD-Landwirtschaftsminister von Sachsen-Anhalt und jetzige Projektleiter der ebenso verhassten Wittenberger Gemüse GmbH. Sein Name wird von den Untertanen nur in leise fauchender Verachtung rausgewürgt, aber nun steht er da, gewichtig mit einem Schriftstück wedelnd, und bittet den Vizekönig Martin zu sich. Alles hört auf zu essen, die Hälse werden gereckt, Ohren gespitzt, aber die beiden stehen außer Hörweite. Martin wirkt nervös. Dann kommt Rehhahn zu uns: »Na, Pause ist dann aber langsam mal vorbei, oder? An die Arbeit!« Was für ein arrogantes Systemarschloch, denke ich mir, wie redet der mit uns? »Komm, wir gehen«, flüstert ein Untertan, »ich hau dem sonst eine rein«, und wir machen uns wieder an die Arbeit.

Ja, ich bin auf der Seite der Untertanen. Irgendwer muss denen doch helfen, oder? Das sind Menschen, die auf einen Karatelehrer mit Hermelinmantel aus Polyester hereingefallen sind und jetzt in einer alten Fabrik für Fleischkonserven wohnen. Die brauchen dringend Hilfe!

»Na, Elron, du brauchst jetzt ein neues Revier«, sagt der ehemalige Architekt zu seinem Hund. Der letzte beladene Lkw des Tages ist abgefahren, und wir stehen in Melancholie und Abendsonne vor der Klinik. »Ein Schloss brauchst du, oder? Bist doch der König Elron. Ich werde uns ein Schloss finden. Mit Zinnen und Türmen und ganz dicken Mauern.« Dann gibt der dürre Lebenskünstler Patrick, den ich sehr gerne habe, einen entsetzlich lauten Furz von sich, und wir lachen. Später zeigt mir Patrick den Chembuster: einen klassischen Orgonitsockel mit Kupferrohren und Bergkristallen, mit dem man Wolken und Chemtrails aus dem Himmel wegbe-

kommt. Mit anderen Worten: irgendein Klotz, aus dem
ein paar Stangen ragen. Über uns zwei Kondensstreifen
am Horizont. Patrick wirkt besorgt: »Die Chemtrails
kreuzen sich, das ist gar nicht gut.«

Die Stimme des Königs

Mit rasselnden Fußfesseln und scheelem Siegerlächeln
schlurft König Peter Fitzek in den Saal. Er zwinkert ins
Publikum und grüßt beiläufig die Richterin, als habe
man sich bloß auf ein Bier verabredet. Der König steht
vor Gericht, ist in einem Nebenverfahren in Berufung
gegangen. Der Gerichtssaal darf nur mit gültigem Pass
oder Personalausweis betreten werden, viele Untertanen
können also nicht mitkommen. Ich glaube, so kommt
mir die Ehre zuteil, gemeinsam mit Ulrike das Verfahren
fürs Königreich zu protokollieren.

Peters Mischung aus rotzigem Rumgeprolle und nar-
zisstischer Megalomanie steht ihm gut: Während er das
Landgericht Dessau-Roßlau als Bühne für sein Ego missbraucht und im staatstragenden Ton über die Legalität
seines Reiches spricht, verstehe ich, wie es der Mann
mit dem albernen Zopf zum Sektenführer gebracht hat.
Seine Grandezza steht gegen die erbärmliche Alltäglich-
keit des Prozesses: Verstöße gegen das Versicherungs-
aufsichtsgesetz, mehrfaches Fahren ohne Fahrerlaubnis
in Tateinheit mit Urkundenfälschung. Während Staats-
anwaltschaft und Richterin damit beschäftigt sind, die
königlichen Handlungen in Betrug und Inkompetenz zu
unterteilen und die Untertanen und ich heimlich Bon-
bons essen, versucht Fitzek, sich selbst als politischen
Häftling darzustellen, und erzählt von seiner »basis-
demokratischen Räterepublik mit Wahlmonarchie«.

Aus Dankbarkeit für meine Mithilfe schenkt mir der
Österreicher die DVD »Die Macht der Gedanken 3+4«,

Audioaufnahmen von König Peter Fitzeks Seminaren, acht Stunden Material zu 127 Euro, die Stimme des Königs:

»Das ist ein Naturgesetz, Führerprinzip, ja? Egal ob Wolfsrudel oder egal, was auch immer, ja? ... Und das ist das förderlichste Prinzip für eure Entwicklung: Diktatur und Hierarchie. Aber euch wird erzählt, dass es das Schlimmste wär, das irgendwie sein kann.«

Ich höre die Aufnahmen in doppelter Geschwindigkeit. Immer noch vier lange Stunden. Dann wieder: Sekten, Ritualmorde, Kinderschändung und »Wesenheiten, die zwovierzig hoch sind und Hörner an den Seiten haben, rechts und links am Kopp«. Aber an der Stärke der Dunkelwelt seien ausschließlich wir, seine Jünger, schuld:

»Die dunkle Seite hat deswegen so viel Macht, weil ihr der Macht gebt ... Weil ihr ständig diese Strukturen nutzt, habt ihr euch selbst mit denen verstrickt. Deswegen können die euch so leicht lenken, leiten und steuern, euch auslutschen, auf gut Deutsch gesagt.«

Ihn selbst treffe keine Schuld. Der König handele nicht nur nach göttlicher Weisung, sei nicht bloß ein guter Kumpel vom Erzengel Uriel, nein: Er macht deutlich, selbst eine Art göttliches Wesen zu sein. Aber das neue Deutschland könne erst entstehen, wenn wir, die Käufer der 127 Euro teuren DVD, uns mehr Mühe gäben. Er dürfe nicht eingreifen, obwohl er eigentlich könnte.

»Das ist ein Graus für mich ... Manchmal fühl ich mich hilflos und werd dann auch wütend. Manchmal würd ich euch am liebsten die Birne einschlagen. Nicht als Individuum, sondern kollektiv. *(Pause)* Von da oben. Und alles neu ordnen. Und selber machen.«

Ein ohnmächtiger Gott. Ein Arschlochgott.

Am Ende der langen acht Stunden fordert er die Untertanen auf, ihre »Ressourcen zusammenzulegen«, dafür habe er die königliche Reichsbank geschaffen.

»Eine Totalfälschung«, sagt der Gerichtsgutachter am nächsten Verhandlungstag angesichts von Fitzeks paraguyanischem Führerschein. Aber Fitzek lässt das nicht gelten. Fitzek erzählt von seinen Abenteuern im fernen Südamerika. Erzählt, wie er dort mit brillanten Wissenschaftlern und dem Lehmpapst, einem erzreichen deutschen Unternehmer, Pläne ausgeheckt habe, um in einem bahnbrechenden Verfahren aus Plastikabfällen Benzin zu gewinnen, und er erzählt von Staatszeremonien und begeisterten Bürgermeistern und holperigen Dschungelstraßen. Es sei völlig klar, argumentiert er, dass man ihm, dem reisenden König, einen Führerschein ausgestellt habe. Ein müdes Lächeln im Gesicht der Staatsanwältin, geduldiges Seufzen der Richterin, aber die Untertanen haben sich entführen lassen, sind dem gefesselten König aus dem kleinen Dessauer Gerichtssaal in den großen Dschungel gefolgt. Die Geschichte war grandios und kleinteilig und völlig unglaubwürdig, aber wenn man groß genug lügt, wird Wahrheit egal. Das ist Eskapismus. Das ist Politik. Und Fitzek lässt dann sogar seinen Vizekönig als Zeugen auftreten, will sich die Abenteuergeschichte von ihm, warum auch immer, bestätigen lassen. Mit fackelnder Intensität stellt Fitzek ihm eine Suggestivfrage nach der anderen. Aber Martin ist nervös. Martin verhaspelt sich. Martin will seinem Monarchen gerecht werden, aber er schafft es einfach nicht. Er sieht aus, als würde er gleich heulen. Der Justizwachtmeister, als würde er gleich losprusten.

Die Obsession
Hinten, in der letzten Reihe des Dessauer Gerichtssaals, sitzt unübersehbar Jörn Beckmann, ein so großer wie schwerer Mann, der eifriger Protokoll führt als die Gerichtsschreiberin. Beckmann nimmt die Reichsbürgerszene ernst. Er weiß auch mehr über diese Bewegung

und über Verschwörungstheorien als die meisten Reichsbürger.

Beckmann ist Chemiker, Experte für die Entsorgung von Sonderabfällen, und 2011 bekommt er einen Anruf. Staatsleugner Daniel Schwartz ist am Telefon und wütend, ist ganz und gar nicht einverstanden, dass man ihm seine massig gehorteten Chemikalien weggenommen hat. Also droht er Beckmann mit Sprengstoffanschlägen und Giftgasattacken.

Beckmann landet im Krankenhaus. Zweimal. Verdacht auf Herzinfarkt. Dann schlägt er zurück.

Er unternimmt akribische Recherchen, liest Texte, schaut Videos. Verbringt Nächte vorm Computer, wird Mitglied der satirischen Internetaktivisten vom Sonnenstaatland, beginnt ein Jurafernstudium, um dem völkerrechtlichen Unsinn mit Fakten begegnen zu können, beginnt für die Aufklärungsinitiative »Der goldene Aluhut« zu arbeiten, schreibt Broschüren und Berichte, fährt zu Prozessen, fährt zu Anti-Impfdemos, fährt ins Königreich, diskutiert mit Staatsverweigerern. Und sitzt dann irgendwann mit mir in einem Café in Berlin am Potsdamer Platz, trinkt einen gigantischen Vanillecappuccino und spricht über Reichsbürger so, als würde er sie alle persönlich kennen. Bei einigen stimmt das auch.

Aktivisten wie Jörn Beckmann widmeten sich diesem Thema schon lange vor dem Verfassungsschutz oder der medialen Öffentlichkeit. Mittlerweile hat Beckmann seine Beschäftigung etwas zurückgeschraubt. »Dabei wohn ich jetzt alleine, jetzt hätte ich die Zeit.« Obsessionen und Familie vertragen sich in der Regel nicht gut. Irgendwann hat er sogar Frau und Kind mit ins Königreich genommen. Familie Beckmann war in Wittenberg, und im Königreich war gerade Tag der offenen Tür – da zeigte er seiner Kleinen, mit was für einem Quatsch sich

Papa die ganze Zeit befasst. Vizekönig Martin gab den Beckmanns eine Tour über das Krankenhausgelände.

Klar, Freiherr Benjamin sei schon ein ziemlich fieser Antisemit, aber rechtsextrem würde Beckmann das Königreich nicht nennen. Kann man ein Nazi sein, ohne es zu wissen, frage ich, und Beckmann lacht. Er spricht über die Untertanen und all die anderen Verwirrten und Verzweifelten mit einem gewissen Mitleid: »Viele von dieser Reichsbürgertruppe sind die, die als erste ins Lager kommen, wenn die Stiefelnazis die Macht ergreifen.«

Hoffnung

Vielleicht schaffen sie es, denke ich mir, vielleicht schaffen sie es raus. Weg vom König, weg vom Freiherrn, weg von den Ronnys.

Das Urteil über den König ist gesprochen: Zwei Jahre und sechs Monate Freiheitsstrafe kommen auf die drei Jahre und acht Monate des vorherigen Prozesses drauf. Und mehr gute Nachrichten: Die Prinzessin kommt frei. Sie hat einen Job auf einer Nordseeinsel angenommen. Sie wird als Barista Kaffee zubereiten. »Italienischen Kaffee. Und wenn ich genug Geld zusammen habe, dann mach ich eine Ausbildung zur Yoga-Lehrerin. Das ist also vermutlich das letzte Mal, dass wir uns hier sehen«, und ich umarme sie vor Freude. »Zumindest für längere Zeit.«

Es stellt sich Alltag in der Konservendosenliegenschaft der Untertanen ein. »Ich habe das Gefühl, dass der Umgangston immer sanfter wird, seitdem Peter nicht mehr hier ist«, sagt Ulrike. Und obwohl ihr der Architekt energisch widerspricht, hoffe ich, dass sie recht hat. Zum Glück werden auch die Pläne zur Gründung einer eigenen Partei (»Die Goldene Mitte – Konvent zur Reformation Deutschlands«) bald wieder verworfen. Man hatte gehofft, verrät mir Ulrike, dass die Wähler Vizekönig Martin Schulz mit dem SPD-Kanzlerkandidaten verwechseln würden. Einige Untertanen haben sich Ein-Euro-Jobs gesucht, und Marco, der königliche Medienbeauftragte, erzählt mir lange von Plänen zur Deeskalation: Man müsse sich mehr auf die Spielregeln der BRD einlassen, sagt er, sich ein wenig von der Reichsbürgeridee verabschieden. Marco ist ein kluger Kerl. Hat Ingenieurwesen studiert, bevor er einen psychischen Zusammenbruch erlitt und dann zu Peter und Gott fand. Zwei Stunden spreche ich mit ihm. Ich bin hoffnungsvoll.

Und eine halbe Stunde später sitzen wir am Esstisch. Die Heilpraktikerin Brigitte Doneyer-Perius ist mit ihren Söhnen zu Gast. Fröhlich berichtet sie, dass sie bald ins Gefängnis muss. Holocaustleugnung. Und ihre beiden Söhne, pubertierende Jungs in Bayern-München-Trikots, sitzen am Tisch und starren ins Nichts. Und der Architekt sagt, dass er mal in der Gedenkstätte Auschwitz gewesen sei, und als Architekt könne er bestätigen, da sei niemand umgebracht worden. Und die pubertierenden Jungs starren vor sich hin. Und der Architekt regt sich über die israelischen Schulklassen auf, die er in der Gedenkstätte gesehen hat, da sei ihm der Kragen geplatzt, und die Heilpraktikerin gibt ihm recht, diese Holocaustpropaganda sei fürchterlich, und einer von der Öko-Reichsbürgerjugend sagt »Schrecklich! Armes Deutschland«, und Marco, der an seinem Computer sitzt, schaut zu uns rüber und nickt und findet das auch. Später empfiehlt er mir ein Buch über die wahren, okkulten Hintergründe des Zweiten Weltkriegs.

Und die beiden Söhne sitzen da am Tisch und starren ins Nichts.

◆ ◆ ◆

Zur Jubiläumsfeier des Königreichs fahre ich ein letztes Mal hin. Fünfjähriges Bestehen. Ich bringe zwei Flaschen veganen Wein. Tschüss sagen.

Eine kleine Bühne wurde aufgebaut, die Lagerhalle so liebevoll wie vergeblich schön gemacht. Es kommen einige neue Gesichter, legen ihre Staatsangehörigkeitsprüfungen für 397 Euro ab und probieren sich durchs Kuchenbüffet. »Die Rettung der Welt muss von Deutschland ausgehen«, sagt eine Frau, die extra aus den USA angereist ist, »und hier im Königreich, da leuchtet Deutschland.«

Dr. Thomas hält einen astrologischen Vortrag über die Zukunft, Freiherr Benjamin spricht über die Zukunft, Vizekönig Martin bettelt um Geld für die Zukunft. Eine ältere Dame steht auf und verspricht, 10 000 Euro zu spenden.

Man will weitermachen, sagen alle. Man wird weitermachen. Für Peter. Und Deutschland.

Martin, der exaltierte A-cappella-Sänger aus Berlin, setzt sich auf die Bühne und singt »Age of Aquarius«.

Ich gehe, ohne mich zu verabschieden.

2.

DIE REISE AN DIE QUERFRONT.
ODER:
DER STURZ DER BRD GMBH

Staatenlos

Der Fall der Faschisten

Während die Selbstverwaltersekten, Esoterikgurus und Braunokkultisten den Verzweifelten und Einsamen das restliche Kleingeld aus der Tasche ziehen und das Königreich um sein Überleben kämpft, gibt es Reichsideologen, die sehr viel brisantere Pläne schmieden. Die sich vernetzen und davon träumen, die Regierung zu stürzen.

Natürlich will ich auch zu denen.

Warum?

Wenn ich schon das Reich bereise, dann richtig.

»Gut, bitte sehr, aber warum?«

Die Frage stellt meine gute Freundin, die etwas besorgt festgestellt hat, dass ich mich schon sehr viel länger im Reich herumtreibe, als ich es ursprünglich angekündigt hatte.

Aber ich kann jetzt nicht aufhören. Es geht doch erst richtig los: Patera hat jetzt eine gewisse Glaubwürdigkeit in der Szene. Hat seine Internetseite ein wenig ausgebaut. Hat sich den Schädel glattrasiert. Ich kann mit Patera das Reich gründlich bereisen, wer außer mir kann das sonst? Und Patera zieht es eben in die dunkleren Gefilde. Patera folgt einer eigenen Logik, der Logik von Reich und Radikalisierung, und ich muss Patera folgen.

»Aber warum?«

Immer dieses warum. Meine gute Freundin kann einem auch wahnsinnig gut auf die Nerven gehen. Ich weiß nicht genau, warum. Vielleicht, weil ich in dieser Gegenwelt, wo sich Reichsbürger in Camouflage hüllen und Antisemiten in Verkleidung herumlaufen, den unkostümierten Hass erleben will. Vielleicht will ich verstehen, wo die Grenze zwischen uns und ihnen verläuft. Womöglich habe ich Angst, dass es eine solche Grenze nicht gibt.

»Oder du willst dir selbst etwas beweisen.«

Kann sein. Weiß nicht. Gut möglich. Aber was?

Ich mach weiter, weil ich muss, und ich greife zum Telefon und rufe den Menschen an, mit der wahrscheinlich kuriosesten Kostümierung im ganzen Reich.

»Rüdiger Hoffmann am Apparat.«

Mit dem ersten Klingeln geht Hoffmann ans Telefon, und fast genauso schnell ist er zu einem Interview bereit: über die Szene, über seine Vergangenheit, über die BRD-Lüge. Aber auch wenn er sich geschmeichelt fühlt, am Telefon will er sich nicht äußern: »Wir treffen uns vor dem Reichstag, und dann bekämpfen wir gemeinsam den Faschismus! Am 20. Juli, am Tag vom Attentat auf Adolf Hitler. Sind Sie dabei?«

Natürlich bin ich das.

Hoffmann war mal NPD-Kreisvorsitzender und »Ortsjugendführer« irgendwo in Mecklenburg-Vorpommern, hat Jugendliche zu einem Brandanschlag auf eine Flüchtlingsunterkunft angestiftet. Das war 1992. Lange her, könnte man sagen, und damals war das in Mode. Jetzt, nach 25 Jahren, von denen er zwei im Gefängnis verbracht hat, gibt sich der ehemalige Naziterrorist als geläuterter Mensch und Antifaschist: Oben auf seiner Webseite *Staatenlos.info* läuft ein Textbanner in roten Buchstaben durchs Bild: »Das Bollwerk der Faschisten steht vor dem Fall – HELFEN SIE MIT – Jeder Euro zählt!« Ich finde es tendenziell immer gut, wenn faschistische

Bollwerke fallen, aber Hoffmann hat eine sehr spezielle Faschismusdefinition.

Die Seite ist in derselben Neunzigerjahre-HTML-Ästhetik gehalten wie die meisten, auf denen ich mich gerade herumtreibe. Textmengen und Unterpunkte und Grafiken in miserabler Auflösung bilden ein Labyrinth, aus dem man nur schwer wieder herausfindet: Hinter jeder Verzweigung lauert die nächste Unglaublichkeit in Großbuchstaben, und man will dann doch wissen, wie tief der Kaninchenbau noch geht. Für Rüdiger Hoffmann gilt es, gleich drei koexistierende Reiche zu bekämpfen: Das Dritte Reich habe niemals aufgehört zu existieren, die Europäische Union sei das Vierte Reich, das Fünfte die Weltkolonie der NWO. Die Faschisten sind überall.

Die Nazis sind immer die anderen.

Vielleicht fand das ja auch Xavier Naidoo und ließ sich deshalb bei Rüdigers zweitem »Sturm auf den Reichstag« im Jahre 2014 bereitwillig ans Mikrofon bitten. Er sei gekommen, um »die Liebe zu repräsentieren« und wolle »Ordnung schaffen in diesem Land«.

Die Belagerung

Es ist schon vormittags blödsinnig heiß, und ich überquere den Platz der Republik. Rüdigers Truppe ist nicht zu übersehen. Inmitten von Touristenströmen mit Sonnenbrillen, Selfiesticks und kurzen Hosen steht ein Dutzend schwer beschäftigter Menschen. Sie errichten gleich vis-à-vis dem Reichstagsgebäude ein kleines, dicht mit einem Manifest bedrucktes Zelt: Auf Deutsch, Englisch, Russisch und Französisch wird vor der andauernden Nazidiktatur gewarnt. Nationalfahnen an den Ecken des Zeltes. Auch die deutsche ist dabei, allerdings verkehrt herum aufgehängt: Gold-Rot-Schwarz. »Bei uns geht die Sonne golden auf, in der BRD ist der Himmel schwarz«, hat Johannes mir mal erklärt.

Ich grüße, und aus der werkelnden Gemeinschaft schält sich ein großer, schlanker Mann heraus, stakst auf mich zu, schaut auf mich herunter. Ich schau zu ihm hinauf. Pockennarbiges Gesicht, eingefallene Wangen, marineblaue Kapitänsmütze. Die Sonne blendet. Er steht mir näher, als mir lieb ist, ich will nicht zurückweichen.

Mit zusammengekniffenen Augen erkläre ich, wer ich bin: Tobias Patera, alternativer Journalist.

»Hm«, sagt der Mann.

Experte in Sachen Souveränität.

»Hm«, wiederholt er.

Rüdiger hat mich eingeladen.

»Mhm.« Er tritt ein Stück zurück, wischt sich den Schweiß von der Stirn und reicht mir die Hand. »Ich bin der Käpt'n. Einfach: der Käpt'n.«

Fester Händedruck, sehr männlich, sehr formell, sehr norddeutsch. Rüdiger komme etwas später, der müsse immer erst aus Mecklenburg-Vorpommern anreisen. Er, der Käpt'n, sei es, der hier in der besetzten Hauptstadt seit 1408 Tagen die Stellung halte. Die beeindruckende Zahl mit Kreide und unsicherer Schrift auf eine kleine Schiefertafel gekrakelt. »Unsere Belagerung des Reichstages findet seit dem Jahre 2013 statt. Bei Wind und Wetter steh ich hier.«

Er winkt seine Truppe herbei, Frauen in bunten Sommerkleidern, Herren mit runtergezogenen Mundwinkeln: die meisten zwischen vierzig und sechzig, freundlich, unauffällig und hauptberuflich staatenlos. Aber die Vorstellungsrunde wird gestört. Mit lautem Rattern wird ein Stromgenerator am Reichstag angeworfen, und Arbeiter beginnen mit einem Hochdruckreiniger, an der Wand rumzumachen. Der Käpt'n blickt auf den Hochdruckreiniger mit grimmiger Ehrfurcht wie Ahab auf den weißen Wal: »Das ist der Verfassungsschutz. Macht mal Musik an, da müssen wir dagegenhalten.« Und schon schnarrt Ernst Buschs Kalte-Krieg-Hymne »Ami Go Home« aus dem Lautsprecher.

»Lauter«, knurrt der Käpt'n und wispert dann scharf in mein Ohr: »Das sind die, ganz sicher. Die wollen uns fertigmachen.« Die plötzliche Intensität seiner Paranoia lässt mich zusammenfahren.

Schiffbrüchig

Der Käpt'n hat die geballte Feindesmacht am eigenen Leib erfahren. Einst hatte er eine eigene Firma und ein eigenes Schiff, bis die Faschisten und der Hamburger Bürgermeister seinen Kahn kaperten. »Da bin ich dann aufgewacht, aber wie: Die haben mir nicht nur das Schiff weggenommen, die Faschisten haben uns die Heimat gestohlen! Wir haben gar kein Land mehr. Nichts.«

»Wie verschollen auf offener See, oder, Käpt'n? Kein Land in Sicht?«

»Richtig.« Der Käpt'n bleibt ernst. Er präsentiert mir feierlich ein orange-schwarz-gestreiftes Bändchen, das sich alle Staatenlosen an ihre Hemden gepinnt haben. »Das Sankt-Georgs-Band«, erklärt er: »Sankt Georg und sein weißer Schimmel erschlugen den mächtigen Drachen, und die Russen erschlugen die Nazis. Wir tragen das also in Solidarität mit dem russischen Militär und in der Hoffnung, dass Putin auch die neuen Faschisten vernichtet.«

»Meinst du damit die Kanzlerin?«

»Nicht nur die!«

»Was ist denn für dich ein Nazi?«

Der Käpt'n richtet seine Mütze. »Im Grunde hängen Faschismus und Kapitalismus zusammen. Letztendlich geht es um den Kampf von Gut gegen Böse. Und die Bösen haben festgestellt, dass man die Leute übers Geld versklaven kann. Daran arbeiten die schon seit vielen hundert Jahren.«

»Also meinst du mit dem Wort Faschisten einfach die Bösen?«

»Natürlich sind die Nazis böse, wo denkst du hin!« Er ist ehrlich empört. »Und die Alliierten sind die Faschisten, die sind aber mittlerweile bunt und nicht mehr braun angezogen.«

Gut gegen Böse. Der Käpt'n gegen den Faschismus, der Rechtsterrorist Rüdiger gegen die Nazis. Nicole, blondiert, lustig und langzeitarbeitslos, hat sich zu uns gesellt und hört gespannt zu. »Das ist alles so heftig«, stellt sie atemlos fest: Bevor sie Rüdiger kennenlernte, habe sie von all dem nicht den geringsten Schimmer gehabt, nicht mal das Wort Alliierte habe sie gekannt. »Und die Alliierten stecken ja auch hinterm Kinderklau! Oder, Käpt'n?«

»Theoretisch ja«, sagt der Käpt'n. »Deutschland ist eben die Melkkuh. Deutschland wird ausgenommen.« Nicole bekichert das Wort Melkkuh. »Und dafür haben die Faschisten den Kapitalismus. Drum haben sie das Bankensystem erfunden.«

Und wer genau?

»Die Israelis«, sagt der Käpt'n.

»Die Israelis?!« Nicole ist genauso erstaunt wie ich.

»Ja klar, das gab's davor ja gar nicht. Und die USA mit ihrer Federal Reserve Bank gehören ja Israel. USrael muss man deswegen sagen«, weiß der Käpt'n, und sagt es drum gleich noch mal: »USrael.«

Zwei Berlin-Mitte-Hipster bleiben vor dem Zelt stehen, lachen, beschimpfen uns halbmutig als Nazitrottel. Der Käpt'n reagiert nicht. Gar nicht. Sein hohlwangiges Pockennarbengesicht erstarrt zu einer ausdruckslosen Totenmaske.

»Passiert das häufig, dass jemand sowas ruft?«

Stoisch schüttelt der Käpt'n seinen Kopf. Er wisse gar nicht, was ich meine, habe nichts gehört.

Es ist einfach, sich über den gestrandeten Kapitän lustig zu machen. Vielleicht ist es irgendwie auch notwendig. Aber er glaubt wirklich, den Faschisten die Stirn zu bieten, und versteht wirklich nicht, was ein Nazi ist und was ein Faschist. Er glaubt, die Nazis seien einfach »die Bösen«. Man könnte über den Bildungsstand des Käpt'ns mutmaßen, aber das ist, befürchte ich, nicht das einzige Problem.

Kluge und weniger kluge Leute haben die nationalsozialistische Ideologie interpretiert und auf Schlagworte runtergebrochen: Radikaler Nationalismus, Antisemitismus, Autoritarismus und so weiter. Nicht dass es Mangel an akademischer Forschung zur Ideologie des Nationalsozialismus gäbe – um Gottes willen, nein –, aber in der Öffentlichkeit, Populärkultur und im Geschichtsunterricht dominieren solche Metanarrative. Und das hat Konsequenzen. Wenn wir uns jemanden vorstellen sollen, der Antisemitismus und totalitäre Diktatur gut findet, dann ist das ein naiver Hitlerjunge oder ein genuin böser SS-Mann mit schnieker Uniform. Naivität, Sadismus, Bösartigkeit. Warum sonst sollte jemand an diese menschenverachtenden Konzepte glauben? Was die eigenen Mütter, Väter, Großmütter und Großväter aber eigentlich glaubten, darüber wird ungern geredet. Darüber, dass die Deutschen einem Narrativ der Angst folgten, dass sie glaubten, Opfer einer Verschwörung zu sein, unterdrückt von den Gewinnern des letzten großen Krieges, eine aussterbende Spezies ohne Lebensraum. Dass sie annahmen, mit rabiaten Mitteln für den Fortbestand des eigenen Volkes kämpfen zu müssen, gegen ein raffendes, jüdisches Kapital, mit dem die ganze Welt geknechtet werde.

Wir hören lieber Geschichten von bösen Tätern und mandeläugigen Opfern; Grausiges und Kitschiges aus den Vernichtungslagern, gerne mal was Aufbauendes aus dem Widerstand. Das liefert ein simples Geschichtsbild, befriedigt die Blut- und Tränengeilheit und überhöht den Genozid zum rätselhaften Akt von unfassbaren Monstern. Klar, Deutsche wollen sich lieber mit der kleinen Anne Frank identifizieren als mit der eigenen Familie. Letzteres wäre auch schwerer verdaulich. Denn dann wären die Täter von damals nicht »die Bösen«, sondern einfach nur Menschen. Ängstliche, wütende, panische, menschliche Menschen und besorgte Bürger. Dann wären die Faschisten nicht mehr die anderen. Wenn wir ein wenig drüber nachdenken, ist es gar nicht so einfach, sich über den verwirrten Käpt'n lustig zu machen.

Langsam findet der Käpt'n seine Mimik wieder, schlägt die Hände zusammen. »So, jetzt muss ich mal ein bisschen arbeiten, dass auch alles fertig ist, wenn Rüdiger kommt.«

Comedy und Wahrheit

Elf Uhr durch, und vom großen Rüdiger immer noch keine Spur. Die Sonne brennt aus stahlblauem Himmel. Mit einem jungen Anlagenmechaniker mache ich mich auf, einen Nachschub Wasserflaschen zu besorgen. Ich brauche einen Moment, bis ich merke, dass uns mit ein paar Metern Abstand noch jemand folgt: durchgelatschte Schuhe, uraltes Hoodie mit verwaschener Aufschrift, schmales Mäusegesicht mit ausdruckslosen Knopfaugen hinter randloser Brille. Jung. Zwanzig vielleicht, nicht älter. Ich hatte ihn zuvor nicht zur staatenlosen Truppe zugerechnet, nicht nur wegen seiner dunklen Hautfarbe, auch weil er abseits stand und so teilnahmslos vor sich hin starrte.

»Ich bin Jimmy.« Er spricht leise und langsam und mit großer Anstrengung. »Rüdiger ist mein Freund«, sagt er.

»Nicht schlecht«, gratuliere ich.

Zu dritt marschieren wir das Reichstagsufer entlang. Jimmy und ich schweigen, während der Mechaniker uns erklärt, dass er seinen eigenen Youtube-Channel starten wolle. Ich höre nur halb zu. Ich bin abgelenkt, denn Jimmy stinkt. Das ist kein Schweißgeruch, kein Urin, kein Erbrochenes. Nein, Jimmy riecht nach Schmutz. Nach Verwahrlosung. Es ist ein trauriger Geruch. Ich kann mir nicht vorstellen, was jemand wie er den ganzen Tag lang tut.

»Ich stehe bei Staatenlos vorm Reichstag. Seit ein paar Monaten. Jeden Tag.«

Und abgesehen davon?

Jimmy hat darauf keine Antwort. Sein Blick klebt auf dem Asphalt. Er ist nicht nur staaten-, sondern auch wohnungslos, steht vorm Reichstag, wohnt im Heim. Das war's. Für einen Job hat Jimmy keine Zeit. »Ich muss doch Rüdiger helfen.« Der Mechaniker stöhnt hörbar auf, schaut mich an, als wolle er sich bei mir für Jimmy entschuldigen. Offensichtlich hält er nicht viel von Hartzern. »Du könntest viel mehr helfen, wenn du ein bisschen Geld in der Tasche hättest«, sagt er, aber Jimmy schüttelt entschieden den Kopf.

»Dann bin ich ja nur noch auf Arbeit, Arbeit, Arbeit.«

»Wenn du eine Ausbildung machst, hast du die Wochenenden frei.«

»Aber ich will jeden Tag hier sein.«

»Geh halt kellnern, abends. Oder setz dich halbtags an ne Kasse.«

»Ich will den ganzen Tag hier sein. Jeden Tag. Für Rüdiger und den Frieden.«

Als wir zurückkehren, ist Rüdiger eingetroffen. Da ist er, der Mann, für den Jimmy seit Monaten, der Käpt'n seit Jahren auf der Straße stehen. Ein völlig unscheinbarer Fünfzigjähriger mit Brille auf der Nase und einem kleinen Bäuchlein. Auf allen Vieren kriecht er auf einer ausgebreiteten EU-Flagge herum und arrangiert gelbe Quietscheentchen, WC-Spüler und eine Klobürste.

»Rüdiger, hallo!«

Rüdiger hört nicht, Rüdiger ist beschäftigt: »Wo ist das Grundgesetz? Da kommt noch das Grundgesetz hin, aber bitte, aber schnell!« Er springt auf, bellt seinen Leuten in hektischer Manie Kommandos zu, lässt eine Schaufensterpuppe neben dem Zelt aufstellen und sie mit Deutschlandtrikot, Augenklappe und Piratenhut ausstatten. »Sabine, du machst das jetzt, aber ordentlich.« Er setzt sich selbst einen Piratenhut auf. Soundcheck. »Sabine hinter die Kamera!« Gnadenlose Unruhe. Irritierte Blicke der Passanten auf den wunderlichen Performancekünstler. Es kann losgehen.

»Ich begrüße alle Menschen, die eine deutsche Staatsangehörigkeit haben!«, brüllt Rüdiger. »Herzlich willkommen auf dem Piratenschiff, ha-ha-ha! Ja. Ich weiß, ihr lest nicht. Drum werde ich euch das mit einfachen Worten erklären!«

Rüdiger spricht aus der Perspektive des Bösen, der Piraten, der Besatzer und Verschwörer, verstellt seine Stimme. Affektierter Tonfall und ironisches Pathos: »Ha-ha! Wir kaufen eure Seelen mit eurer Geburtsurkunde! Ihr arbeitet für uns, das haben wir sehr gut eingefädelt. Ha-ha-ha!« Immer wieder dieses Ha-ha-ha, mehr gesprochen als gelacht. Während der ersten Minuten hoffe ich noch, dass er gleich die Rolle und die bumsdoofe Piratenmütze ablegt. Keine Chance. Um sich juristisch vor der verabscheuten BRD abzusichern, nennt sich Rüdiger gerne Comedian und seinen Internetauftritt Satire. Drum hat er auch seine gelben Entchen, drum vielleicht auch sein Name, den er sich mit einem fernsehbekannten Kabarettisten teilt. Hoffmann ist nach Manthey und Klasen der dritte Nachname, den Rüdiger führt.

Rüdiger lacht. Sonst keiner. Die Truppe steht schwitzend im Halbkreis um ihn herum. Keiner rührt sich, alles lauscht. Nur eine Staatenlose, die Hände vor die Brust gedrückt, wiederholt wie im Gebet halblaut einzelne von Rüdigers Sätzen. Die Passanten fliehen vor dem Gezeter, lachend, genervt, verschreckt. Rüdiger macht unbeirrt weiter.

»Ich kann euch die Wahrheit sagen, denn ihr hört ja eh nicht zu!«

Hier ist sie, Rüdigers Wahrheit, die keiner hören will:

Deutschland wurde schon im 19. Jahrhundert nach und nach abgeschafft. Die Verschwörer, die Alliierten und später Hitler (ein Agent der bösen Ausländer!) haben eine staatliche Ebene zwischen die Germanen und ihr Land getrieben. Eine große Gemeinheit, findet Rüdiger, und veranschaulicht diesen Gedanken mit seinen maritimen Metaphern: Ein Piratenschiff hat die Nation gekentert, die staatstreuen Bürger heuerten, ohne es zu wissen, auf diesem Schiff an, wurden selbst zu Seeräubern, die den Rest der Welt ausnehmen. Dabei stehen all die Verbrechen des Kapitalismus im Gegensatz zur reinen germanischen Seele. Er zeigt auf die Schaufensterpiratenpuppe: »Das seid ihr, aber ihr wisst das nicht! Ha-ha-ha! Ihr habt einen internationalen Seerechtsvertrag unterschrieben, und wer Widerspruch übt, ist ein Reichsbürger und wird Kielholen geschickt!«

Schludrig verklebte Bruchstücke völkischer Systemkritik und weißglühende Paranoia. Man hört noch immer den alten NPD-Kader heraus, nur, dass er nun seinen Feind und all die unwissenden Schlafschafe grundsätzlich als Nazis bezeichnet. Man könnte jetzt etwas über das psychologische Konzept der Projektion schreiben, aber das wäre zu offensichtlich.

Der Auschwitzmann

Rüdigers Truppe hat klar verteilte Aufgaben. Die einen stellen sich als Claqueure zum Zuschauen auf, die anderen, allen voran der Käpt'n, verteilen Flyer. Der Mechaniker bewacht das Zelt, dass keiner was klaut, Jimmy steht etwas abseits, einen Turnschuh über den anderen gestellt, und schaut apathisch in die Unendlichkeit. Und hinter Rüdiger steht ein untersetzter Kerl und macht einen auf Security.

Er ist schon etwas älter, früher wird er ein Schrank gewesen sein, jetzt ist er eine Antiquität. »Ich bin der Mann fürs Grobe. Wenn hier wer ankommt, dann, ja ... Wirst sehen. Lass die ruhig kommen, ob die danach wieder gehen, dit is ne andere Frage.«

Auf die Innenseite seines Unterarms ist eine Nummer tätowiert.

»Meine DDR-Personalausweisnummer. Wenn die mich abholen kommen, um mich nach Auschwitz zu bringen, bin ich vorbereitet.«

Ich starre ihn entgeistert an, aber er weiß bestens Bescheid: Wurde ja schon damals im Osten verknackt, weil er in einer versoffenen Nacht einen Kumpel vor versammelter Mannschaft eine Kommunistensau genannt hat. Der Kumpel hat ihn verpfiffen, und er, der Auschwitzmann, saß für acht Monate. »Kommunistensau haste nich sagen gedurft. Genauso, wie du heute nich mit dem Rüdiger vorm Reichstag stehen darfst.«

»Aber wir dürfen hier ja stehen«, versuche ich einzuwenden.

»Das sieht nur so aus. Was wir hier machen, das is die größte Angst von den BRD-Faschisten. Die bringen uns nach Auschwitz. Wirst sehen.« Er knackt seine Knöchel und fletscht sein Gebiss, was er ziemlich gut kann.

Klar, deutsche Rechtsradikale begannen schon unmittelbar nach Kriegsende, sich selbst oder gleich das ganze deutsche Volk als wahres Opfer des Zweiten Weltkriegs zu stilisieren: Da wurde die Bombardierung Dresdens zum »Bombenholocaust«, da wurden die Gefangenenlager der Alliierten zu KZs und zu Vernichtungslagern, da wurde die Vertreibung aus den Ostgebieten mit der Schoah aufgerechnet. Und ganz in dieser Tradition scheint sich der Auschwitzmann schon auf seine Deportation zu freuen. Vielleicht freut er sich darauf, endlich so richtig krass Opfer zu sein oder sich so richtig hart wehren zu dürfen oder einfach mal recht zu haben.

Den Zusammenhang von DDR-Knast, Personalausweisnummer und KZ begreife ich dennoch nicht. Vielleicht muss man das auch nicht verstehen.

Hoffmann, Hitler und die Umvolkung

»Das war das Nonplusultra!«

»Genial. Einfach genial.«

»Sowas Gutes hatten wir lang nicht mehr!«

Kaum hat Rüdiger das Mikro abgesetzt, wird er von seiner schnatternden Truppe umschwärmt. »Wirklich, Rüdiger, ganz fantastisch!« Rüdiger findet das auch, aber Sabine solle sich verdammtnochmal mehr Mühe mit den Kameraschwenks geben.

Ich mach mich bemerkbar. Richtig, da war ja was, das Interview. Konspirativ flüstert der Käpt'n ihm was ins Ohr. Die Evaluation von Tobias Patera.

»Hör dir erst mal die Vorträge an, danach können wir reden.«

Aber das Interview machen wir schon noch, oder?

»Später. Wir müssen ausdauernd sein. Die Menschen wachrütteln, uns zusammenschließen! Schau zu, dabei kannst du was lernen.«

Eine fiepsende Rückkopplung kündigt Rüdigers nächsten Themenblock an. Es geht um Migration. Der große Austausch.

»Liebe Flüchtlinge, liebe Migranten, willkommen auf unserem Schiff! Hier bekommt ihr alles und umsonst: Essen, Frauen, Smartphones und Wein! Dafür wollen wir nur eine Kleinigkeit: Eure Seelen! Ha-ha-ha!«

Rüdiger kommt so richtig in Fahrt: Er lässt die Quietscheenten durch die Luft fahren und den Auschwitzmann eine lila Herzchenfahne hochhalten, droht den Passanten mit seiner EU-Klobürste und rüttelt an der Piratenpuppe. Sein gesamtes Requisitenarsenal ist vonnöten, denn nun will Rüdiger vor der großen Umvolkung warnen, zeigen, wie die faschistische Weltverschwörung mittels Flüchtlingsströmen das Land zerstören will. Ohne Klobürste wäre das höchstens halb so schön.

Wie bereits erwähnt, gilt der neurechte Schriftsteller Renaud Camus als Begründer des Umvolkungsmythos. Allerdings gibt es noch eine etwas frühere Version derselben Hypothese. Und zwar in Adolf Hitlers Megabestseller »Mein Kampf«:

»Juden waren und sind es, die den Neger an den Rhein bringen, immer mit dem gleichen Hintergedanken und klaren Ziele, durch die dadurch zwangsläufig eintretende Bastardierung die ihnen verhaßte weiße Rasse zu zerstören, von ihrer kulturellen und politischen Höhe zu stürzen und selber zu ihren Herren aufzusteigen. Denn ein rassereines Volk, das sich seines Blutes bewußt ist, wird vom Juden niemals unterjocht werden können.«

Renaud Camus und der Großteil der Neuen Rechten formulieren um einiges vorsichtiger als Hitler und sprechen über die Identität der Verschwörer nur in absichtsvollen Andeutungen. Wie diese Theorie bei der AfD vorgebracht wird, werde ich später noch lernen. Aber Ernie Köwing, der Honigmann, erläutert die These des großen Austauschs nicht viel anders als im obigen Zitat. Und Donald Trumps »very fine people« aus Charlottesville wären mit Hitlers Darstellung sicherlich ebenfalls einverstanden.

Und Rüdiger? Auch wenn der antifaschistische Comedian aus der Perspektive des namenlosen Bösen spricht, lässt er keine Zweifel daran, dass die Umvolkung das Ende des deutschen Volkes bedeuten würde. Wer das namenlose Böse ist, das lässt Rüdiger offen, aber er wird mir später noch mehrmals anschaulich darlegen, wie er über mich, pardon, die Juden, pardon, die Zionisten denkt.

So ist das im Leben

Die Gruppe der Staatenlosen wächst zusehends. Immer mehr reihen sich in den Halbkreis ein, spannen Schirme gegen die Sonne auf, kauen an Müsliriegeln. Einer macht es sich auf einem Campingstuhl bequem und öffnet sich eine Flasche Karlskrone. Die meisten hier beziehen Arbeitslosengeld, einer jobbt als Küchenhilfe, einer ab und an im Trockenbau, einer jede zweite Woche als Türsteher. Man spendet trotzdem an *Staatenlos.info*.

Ein junger Ingenieur kommt vorbei, bleibt für eine Sekunde irritiert stehen, schon fegt der langbeinige Käpt'n auf ihn zu und händigt ihm eine Broschüre aus. Es entspinnt sich ein Gespräch, von dem ich leider nur Bruchstücke mitbekomme, aber das, was der Käpt'n über Russland zu sagen hat, findet der Ingenieur offensichtlich richtig. Auch dass Deutschland von den Russen eine Menge lernen könnte, steht für ihn fest. Souveränität? Wichtiges Thema. Sie einigen sich darauf, dass Putin ein Held und den deutschen Lügenmedien nicht zu trauen ist.

Nach zwei Stunden zeigt der Prekariatsprediger Rüdiger ein wenig Gnade: »Ihr seid Sklaven eures Vertrags, aber ihr wisst es nicht! Ha-ha! Ja, so ist das im Leben. Und im Tode! Halbe Stunde Pause!« Aber bevor ich mir Rüdiger schnappen kann, ist der schon auf und davon.

Rüdiger habe jetzt ein wichtiges Treffen, sagt der Käpt'n. »Hochgeheime Sache, Thema Wettermanipulation.«

Ich lehne am Absperrzaun zur Reichstagswiese. Durchatmen. Die Sonne ballert zwar auch hier schatten- und mitleidslos auf mich herunter, aber vielleicht manipulieren die Illuminaten oder wer auch immer eine Wolke herbei.

Kleine Steine und großer Frieden

Jimmy sucht meine Nähe. Wie ein ausgehungerter Schoßhund läuft er zwischen den Touristengruppen auf und ab, wirft mir verstohlene Blicke zu. Die Hände hat er tief in seinem Hoodie vergraben, den Rücken gekrümmt, der Kopf hängt vornüber. Dackelblick.

»Rüdiger ist toll, oder?«

Ich mag nicht lügen und sage gar nichts. Jimmy scheint einverstanden zu sein und stellt sich neben mich. Ich glaube, er hat gar kein Interesse an einem Gespräch. Diese kleine Gestalt mit flaumigem Schnurbart und dunstigem Blick will einfach nur neben mir stehen. Oder neben irgendwem. Aber jetzt bin ich neugierig.

Jimmys Eltern kommen aus Somalia. Als Kind ist er sogar mal dort gewesen, sagt er, aber er kann sich nur noch an die kleinen Steine auf der Straße erinnern. Seine Herkunft hat er hinter sich gelassen, seine Familie auch. Den Kontakt komplett abgebrochen. Der Vater sei im Gefängnis, die Mutter krank. »Die hat was falsch am Kopf. Die schreit und flippt aus und will immer, dass ich immer bei ihr bleiben soll.« Die Tante habe ihn misshandelt, »die ist richtig brutal. Da bin ich dann weg.« Jimmy kam nach Berlin. Er weiß nicht mehr genau, wie alt er da war, nur, dass er von Anfang an mit den Behörden Stress hatte.

Warum der Stress?

»Weil Flüchtlinge kriegen immer Wohnung, und ich steh ohne Wohnung da. Ich hab mal mitbekommen, dass

144

Flüchtlinge tausend, äm, zehntausend Euro bekommen. Find ich echt unfair.«

Ich korrigiere ihn nicht. Ich bin nicht zum Helfen da. Das ist vielleicht das Problem. Denn es gab die Menschen, die ihm helfen wollten. Er fand sie bei den Friedensmahnwachen, und jetzt steht er vor dem Reichstag und stinkt nach Traurigkeit und alten Klamotten.

Eine »neue Friedensbewegung« wollten die Mahnwachen sein, die Lars Mährholz im Frühjahr 2014 ins Leben rief. Man wollte nicht links sein, nicht rechts, nur für den Frieden, hieß es, das gefiel Jimmy, und während sich der Ukraine-Konflikt zuspitzte, entstanden überall in Deutschland solche Mahnwachen: Sie wurden Jimmys Schule, Freundeskreis, Familie. »Ich hab da alles gelernt, mit Nato und den Kriegen und so.« Jetzt stand er nicht einfach nur auf der Straße, jetzt stand er für den Frieden auf der Straße, gegen Die-da-oben, gegen die Lügenpresse, für Russland. Die Mahnwachen wurden schnell zum Magnet für Verschwörungstheoretiker, nicht zuletzt für die Reichsbürgerbewegung, die sich dort der Öffentlichkeit präsentieren konnte. Gegen das System, pauschal gegen den Westen, radikal gegen die verschwörerischen Eliten, das deutsche Volk muss sich befreien – das kam gut an.

Jimmy sagt, Lars Mährholz sei sein bester Freund gewesen. Ich glaube ihm das. Ich glaube, es braucht nicht viel, um Jimmys bester Freund zu werden.

Langsam schlief die Mahnwachenbewegung wieder ein. Jimmy versuchte, sich bei Pegida zu engagieren, kam kurzzeitig bei der Reichsbürgersekte »Amt für Menschenrechte« unter, endete schließlich in einem Wohnheim für Obdachlose. Die anderen Bewohner hätten ihm Geld abgenommen. Einer habe versucht, ihn zu vergewaltigen. Jimmy knibbelt sich Dreck von den Fingernägeln. »Aber ich hab's noch raus geschafft.« Die Worte werden schwer in Jimmys Mund, kommen nur noch langsam und in wirrer Folge.

Jimmy und ich sitzen auf dem Boden. Er ist vom vielen Reden erschöpft. Auf seinem braunen Hoodie noch immer ein Anstecker mit Friedenstaube.

Mir platzt das Herz vor Mitleid. Vielleicht ist es auch nur die Hitze.

»Fühlst du dich staatenlos?«

»Wir sind alle staatenlos.« Touristen auf Segways rollen an uns vorüber. »Aber ich weiß das, und die anderen wissen das nicht.« Und später, irgendwann: »Der Reichstag sieht aus wie ein Teufel.«

Ich gebe Jimmy recht und noch eine Kippe. Irgendwas muss ich ihm ja geben.

Dunkle Gestalten

»Die Kamera macht einen langsamen Schwenk zur Wiese! Einen langsamen!«, befiehlt Rüdiger der armen Sabine. Ist es das, was die Staatenlos-Truppe an ihrem Anführer schätzt? Wollen sie von einem Mann mit gelben Quietscheentchen angeblökt werden?

Als brave Jünger folgen sie mit ihren Blicken dem polternden Propheten. Es geht um die Geheimdienste, sie stecken hinter 9/11, ISIS, Boko Haram. »Die Geheimdienste sind dunkle Gestalten«, ruft Rüdiger und geht auf Jimmy zu, »Ha-ha!«. Er überreicht ihm eine Gummiente, und der empfängt sie wie ein Heiligtum mit beiden Händen. Rüdigers Arm ausgestreckt, der Zeigefinger auf Jimmy: »Die dunklen Gestalten! Sie sind unter uns«, und die Staatenlosen lachen ein wenig über den gelungenen Witz.

Zu einem Interview wird es heute nicht mehr kommen. Rüdiger und der Auschwitzmann haben potenzielle Verfassungsschützer und Geheimagenten in der Menge entdeckt.

»Hier ist es nicht sicher.«

Rüdiger nickt dem Auschwitzmann zu.

»Tobias, du gibst mir deine Mailadresse, und wir machen was anderes aus. Fertig.«

Wir müssen das Interview auch nicht unbedingt machen, sage ich, einsilbig. Meine Arme und Beine sonnenverbrannt, mein Kopf pocht.

Rüdiger schweigt. Rüdiger guckt. Rüdiger grimassiert. Das kann er nicht auf sich sitzenlassen und befiehlt mir, einen Moment zu warten. »Wo ist der Stift, wer ist für den Stift verantwortlich?!« Und er schreibt mir seine Mailadresse auf, ich solle ihm schreiben. Dann würde ich ein Datum und einen geheimen Treffpunkt erhalten. »In Kassel wird das sein. Aber das bleibt unter uns. Verstanden?«

Warum, was ist in Kassel?

»Kassel wird wichtig, wirklich wichtig. Da treffen sich wichtige Leute, mehr kann ich hier nicht sagen.« Er wirft mir einen verschwörerischen Blick zu. »Du kommst da hin, verstanden?«

Rüdiger fragt nicht, ob ich zu diesem Treffen kommen will. Er lässt mich nur wissen, dass ich kommen werde. »Wir müssen zusammenarbeiten, Tobias. Querfronten bilden. Weißt du, was eine Querfront ist?« Und ohne meine Antwort abzuwarten, erklärt er es. Erklärt, dass wir mit allen alternativen Gruppen aus dem gesamten politischen Spektrum gemeinsame Sache machen müssen, um etwas in diesem verrotteten Nicht-Staat zu bewegen, »links, rechts, ganz egal«.

Ich habe den Begriff zum ersten Mal 2014 in Berichten über Jimmys Mahnwachenbewegung gehört. Als »politisch-publizistisches Netzwerk« und eigenständige »Gegenöffentlichkeit« bezeichnet der Sozialwissenschaftler Wolfgang Storz die Querfront, zu der er sowohl die Mahnwachen als auch Pegida zählt, und eigentlich alles, was Tobias Pateras Freunde auf Facebook mögen und als alternative Medien bezeichnen. Eine Nische sei das, schreibt Storz, aber eine wachsende.

Da fällt mir auf: De facto lässt sich der Journalist Patera von *der-widerstand.com* selbst als Teil der Querfront begreifen. Er ist nicht links, er ist nicht rechts, er ist vorne mit dabei, er ist einfach gegen die-da-oben. Für das deutsche Volk, gegen die internationale Elite. Er will über die Themen sprechen, die uns von der Mainstreampresse verschwiegen werden – und bis auf ein paar Reichsbürger der ganz alten Schule zeigen sich alle bereit, mit ihm zu reden. Ich bin Querfront! Und wie! Und das sage ich Rüdiger, und Rüdiger findet das gut.

Jimmy hat sich vorsichtig zu uns vorgewagt, und Rüdiger fährt flink seinen Arm aus, zieht ihn zu sich heran. »Wir müssen zusammenstehen! Ich finde alle Menschen erst mal in Ordnung. Ich sag ja auch nicht: ›Der Dunkle da, schau mal, der hat krause Haare und ein düsteres Gesicht, drum mag ich den nicht‹. Ich frag erst mal: ›Wer bist du, was denkst du, können wir zusammenarbeiten?‹ Ist egal, dass der ein Schwatte ist.« Er hat seinen Arm fest um Jimmys schmale Schultern gelegt und drückt ihn immer wieder brutal an sich. »War doch auch in Ordnung, dass ich dich ne dunkle Gestalt genannt habe, das hast du verstanden, ja? Das hat er verstanden.«

Jimmy funkelt mich aus seinen Knopfaugen an: »Rüdiger und ich sind Freunde«, sagt er. Nicht zu mir. Nicht zu irgendwem. Er sagt es einfach, um es Wahrheit sein zu lassen. Rüdiger lacht ein dummes Lachen, nicht weit entfernt von seinem Piraten-Ha-ha-ha.

Wie kann man den armen Jungen hier rausholen? Wie kann man überhaupt irgendwen aus diesem Wahn rausholen?

»In Kontakt bleiben und den Alltag mit der betroffenen Person möglichst aufrechterhalten«, rät Frau Dietrich von der Leitstelle für Sektenfragen. Was soll man auch sonst tun? Später erzählt sie mir noch, dass die Sektenberatung für ganz Berlin nur anderthalb Mitarbeiterstellen hat.

»Pass auf dich auf, Jimmy«, sag ich, aber Jimmy lacht, man müsse sich keine Sorgen um ihn machen. Er habe ja Rüdiger. Und seit kurzem auch eine Schreckschusspistole.

Die Verschwörung zu Kassel

Rache

Am 22. Oktober 1943 regneten britische Luftminen und Stabbrandbomben auf Kassel. Straßenzüge und Häuserblöcke wurden aufgerissen, ein Feuersturm fegte über die Stadt hinweg, in zwanzig Minuten verwandelte sich der mittelalterliche Stadtkern in einen lodernden Kamin. 7000 Menschen starben. Kassel soll einmal eine der schönsten Städte Europas gewesen sein, heißt es, nun ist da eine urbane Brandnarbe, verheilt, aber irgendwie entstellt, eine Wüste aus sechsspurigen Straßennetzen und Schuhgeschäften aus Beton, eine sogenannte autogerechte Stadt. Beim Wiederaufbau ließ man sich von einem Plan aus den Dreißigerjahren inspirieren: Die Nazis wollten Kassel zur Gauhauptstadt Hessen-Nassau umbauen, effizient und zukunftsfähig. Die Kasseler Innenstadt sieht heute nach nichts aus, so nach rein gar nichts. Aber vielleicht lässt sich gerade deswegen hier eine Art historischer Phantomschmerz spüren.

Ich folge den breiten Straßen, bis ich schließlich an einer ganz besonders tristen Ecke den streng geheimen Treffpunkt erreiche, eingeklemmt zwischen einem Bürogebäude und einem Möbeldiscounter mit radikal reduzierten Mega-Auswahl-Sonderposten: »Karl's – Das außergewöhnliche Restaurant«, deutsche Küche mit gehobenen Preisen und Deppenapostroph. Hier, im Konferenzraum im ersten Stock, plane ich den Sturz der bundesrepublikanischen Regierung. Mich überrumpelt das unweigerliche Gefühl, dass dieser Komplott etwas mit dem Bombenhagel zu tun haben muss. Dass meine Mitverschwörer im Grunde nur auf Rache aus sind.

Kassel hat aber auch eine wirklich hässliche Innenstadt.

Die Deutsche Mitte

Zwei Männer sitzen bereits auf der Terrasse des gutdeutschen Restaurants und gabeln Rindsgulasch von ihren Tellern. Den einen erkenne ich: Christoph Hörstel, ehemals ARD-Sonderkorrespondent und MDR-Moderator. Mir ist er als Gründer und erster Parteivorsitzender der Deutschen Mitte bekannt. Rüdiger hat also nicht gelogen, als er von einer »wichtigen Veranstaltung« mit »wichtigen Menschen« gesprochen hat, denn in der Szene sind Hörstel und seine Zwergpartei riesengroß.

Viele hunderte von Tobias Pateras digitalen Freunden sind von der Deutschen Mitte restlos überzeugt: eine Alternative zur Alternative für Deutschland, zumindest wenn man die AfD zu systemkonform findet und Chemtrails mehr fürchtet als den Islam. Und wenn man davon überzeugt ist, dass hinter jedem islamistischen Terrorakt eigentlich die CIA steckt. Hörstel ist das unbedingt und beruft sich dann gerne auf seine Reisen in die arabische Welt. Auf denen hat er eine Grundsympathie für Taliban und Al Qaida entwickelt und, so sagt er selbst, dicke Freundschaft mit dem afghanischen Kriegsherrn Gulbuddin Hekmatyar geschlossen, dem sogenannten Schlächter von Kabul.

Außerdem – und das ist für meine Facebook-Freunde noch eine ganze Spur wichtiger – findet Hörstel für die Reichsbürgerei immer wieder gute Worte, die er mit dem professionellen Singsang eines Nachrichtensprechers vorbringt: »Unsere Staatsangehörigkeit steht in Zweifel«, verkündet er etwa, »wir leben nun mal in diesem merk-würdigen Staatsderivat oder in einer Staatssimulation oder wie man das nennen möchte.« Man müsse also mit dem Politik machen, was einem zur Verfügung steht: »Wir packen diese Typen, die uns regieren, beim Schla-fittchen und sagen: Pech, ihr Armleuchter! Wir werden eine Partei machen, und dann sitzen wir im Bundestag und machen euch die Hölle heiß, Punkt aus Ende! Egal in welcher Staatssimulation!« Er empfiehlt seinen Wählern auch, sich einen »gelben Schein« zu besorgen, eine offizi-elle Bestätigung, dass man Bürger des Deutschen Reiches sei: »aber bitte den von 1913, nicht später.«

»Herr Hörstel, nicht wahr? Ich glaube, wir sind we-gen derselben Veranstaltung hier.« Ungerührt piekt der Parteivorsitzende Gulaschstücke auf seine Gabel. »Kann gut sein.« Er schaut kaum von seinem Teller auf. Der So-ßenfleck auf seinem laubgrünen Lacoste-Polo ein Symbol gemütlichen Bürgertums: die Deutsche Mitte eben. Seine Begleitung ist Axel Knaak, Generalsekretär der Partei. Her-renblouson, verdunkeltes Brillenglas, Golduhr, alles sehr Mafia. Ich habe die beiden Männer wohl bei einem wich-tigen Gespräch gestört. Sie sind verstummt, jedoch ohne mir Aufmerksamkeit zu schenken. Dafür werde ich nun von einem schwarzgekleideten Typen beobachtet, der über den Parkplatz schleicht. Hörstel gibt ihm ein Zeichen, und der Schwarzgekleidete steigt wieder in den Wagen.

Das Vereinigungstreffen
Nach und nach tröpfeln die weiteren Teilnehmer der Veranstaltung ein, von der ich noch immer nicht weiß, was sie eigentlich ist; zusammengewürfelte Gruppierun-gen, wie willkürlich aus ihren jeweiligen Milieus gerupft.

Ich schüttle Hände und versuche, mir Namen zu merken. Rüdiger ist in Gefolgschaft zweier Männer eingetroffen, die mir schon vorm Reichstag begegnet sind: Einer von ihnen der Auschwitzmann, unschwer an seinem verzierten Unterarm zu erkennen. »Schön, dich wiederzusehen«, lüge ich, und »Hmpf« hmpft der Auschwitzmann. Rüdiger umarmt mich wie einen alten Freund, klopft mir auf den Rücken, knufft mich in die Seite, drückt an mir herum und nennt mich »Mein Guter«, dann beginnt er, während wir auf den Rest der Gesellschaft warten, auf der Terrasse vom Karl's die systematische Untergrabung der deutschen Länder darzulegen. Lautstark fabuliert er, wie diese mit der Einwanderung jüdischer Geldverleiher zusammenfiele. Wenigstens trägt er diesmal keine bescheuerte Mütze.

Schließlich sind wir mit Gesandten von acht verschiedenen Gruppierungen vollständig, jeder Einzelne persönlich ausgewählt und eingeladen, und Marco Kurz, der Initiator der Veranstaltung, begrüßt uns. Meine Anwesenheit hinterfragt niemand, immerhin bürgt Rüdiger für mich, und warum sollte irgendwer Rüdigers Urteilskraft in Zweifel ziehen? Geschlossen begeben wir uns in einen viel zu großen Konferenzraum, in dem man eher das Jahrestreffen einer Versicherungsagentur als einen Reichsbürgerkomplott vermuten würde.

Der Filterkaffee steht bereit.

Das zweite Vereinigungstreffen kann offiziell beginnen.

Die Verschwörer

Hörstel und Rüdiger bedürfen keiner Vorstellung, in unserem Kreis sind der Politiker und der Prekariatsprediger prominent, und prominent setzen sie sich gemeinsam ans selbe Ende des Tisches und gucken wichtig. Hörstel lässt sich einen Teller Kekse bringen. Hörstel ist ungeheuer hungrig.

Den Anfang der Vorstellungsrunde macht die Ortsgruppe Leipzig: Pegida-nah, außen rechts und stylish bis zum Anschlag. Die Delegation erscheint in Nadelstreifensakkos und Goldkettchen, die Dame im Bunde in einem schwarzen, tief ausgeschnittenen Jäckchen, das ihren Busen zwischen dem halboffenen Reißverschluss zu einem beeindruckenden Dekolletee zusammenquetscht. Das ist Marie. Und Marie ist der Kopf der Bande. Die Frau, die so aussieht, als habe sie einen Schlagring in der Handtasche, macht Eindruck auf mich, und ich gebe mir Mühe, nicht in ihren Ausschnitt zu gucken.

Das ästhetische Gegengewicht bietet die Gesandtschaft von Weltfrieden.global, einer Selbstversorger-Hippie-Kommune, angeführt von einer renitenten Esoterikerin, die trotz entsprechender Kleidung keinen sonderlich friedlichen Eindruck macht. Einen Moment befürchte ich, sie womöglich im Königreich oder irgendwo anders bei einem homöopathischen Vortrag getroffen zu haben, so dass sie meinen echten Namen kennen könnte. Meine Sorge ist unbegründet. Es gibt einfach sehr viele friedensbewegte Verschwörungshippies.

Im Schlepptau der tautologisch betitelten Kommune folgen der eingetragene Verein »Liebe versöhnt«, bestehend einzig und allein aus seiner Gründerin (höflich, Selbstverwalterin, langjährige GEZ-Verweigerin und daher finanziell völlig am Arsch) und der finstere Frank aus Siegen, der sich als »souveränen Anarchisten« bezeichnet. Sein gesamtes Hab und Gut habe er anderen Menschen überschrieben. Nun plane er gerade etwas Großes. Etwas Gefährliches.

Man horcht besorgt auf, und Marie aus Leipzig will wissen, was Frank damit meine, ob das auch für die Gruppe gefährlich sei, aber die Hippies erklären, dass Frank das sicherlich nicht so gemeint habe, und alle Anwesenden versichern sich gegenseitig, dass Frank das ganz bestimmt nicht so gemeint haben konnte, und man wird sich einig, dass das Gefährliche nur für ihn selber, für den finsteren Frank, gefährlich sei. Frank schweigt und rümpft den linken Nasenflügel, aber wir sind uns inzwischen sowieso hundertprozentig sicher, dass Frank, ganz wie ein niedlicher Bullterrier, bestimmt nur spielen will.

»Klar, nur gefährlich für mich, sehr gefährlich«, murmelt er schließlich, »aber wenn du immer ins Gesicht geschlagen wirst, dann wehrst du dich. Irgendwann.«

Aber da hört schon keiner mehr richtig hin, da stellt sich schon der Stammtisch aus Halle vor, zwei Männer, die beide so aussehen wie Thilo Sarrazin im Zerrspiegel, einer gestreckt, einer gestaucht, beide irgendwo zwischen Mittelstand und Absturzkneipe. Ihre schweigenden Frauen haben sie auch mitgebracht, neben sich gesetzt, Kaffee vor sie gestellt und abgeschaltet. Mit halbgeschlossenen Dämmeraugen atmen die Frauen vor sich hin, manchmal ein, manchmal aus. Die Männer erzählen, dass der Stammtisch regelmäßig Veranstaltungen mit diversen Größen der Szene organisiere. Vor seiner Inhaftierung war mein König Peter etwa ein oft und gern gesehener Gast, genauso wie die Reichsbürgerlegende Jessy Marsson vom Schloss Krampfer.

Dann sind da die Männer aus dem Dorf: missgelaunt, ostdeutsch, eisenhart. Auch sie haben schon beim Stammtisch in Halle gastiert. Die Männer aus dem Dorf haben eine Partei, Motorräder, Nackenfalten und ganz konkrete Pläne. Sie wollen ihren Heimatort zum autarken Bundesstaat machen. »Wartet mal ab, das wird was Feines«, sagt einer der Männer in Krachlederner und Bikerjacke. Sie berichten von einem anderen Ort, ganz in ihrer Nähe, der sich mehr oder minder geschlossen gegen das BRD-Regime gestellt habe. Nun müsse man im eigenen Dorf nachziehen.

Wir klopfen alle anerkennend auf den Tisch, und ich bekomme ein ungutes Gefühl, weit mehr noch als bei

Frank. Vielleicht wegen ihrer Motorräder. Vielleicht, weil sie alle bedeutend größer und stärker sind als ich.

Da fühle ich mich mit der Dame in Pink schon wohler: Heidi ist mit ihrem rosa Seidenschälchen und geschmackvollen Ohrringen aus Augsburg angereist. Sie ist in den Dreißigern, demonstrativ wohlhabend und Mitglied diverser nationalistischer Initiativen, die Kindergärten und Kampfsportgruppen unterhalten, »wo mia ohne Angst noch Schweinsbratwürschtle essen können«. Auch bei der Patriotischen Plattform ist sie Mitglied, einem Verein des völkisch-nationalistischen AfD-Flügels.

Heidi tritt einen regelrechten Sturm der Begeisterung los, als sie erzählt, sie organisiere regelmäßig Veranstaltungen mit der Grande Dame der Holocaustleugnung, der Altnazisse Ursula Haverbeck. Von allen Seiten werden Loblieder auf die mutige Hololeugnerin Haverbeck gesungen, bis einer der Halleschen Thilo-Sarrazine einwirft, dass mit dem Paragraphen 130 (Volksverhetzung) und dessen Absatz 3 (Holocaustleugnung) nicht zu spaßen sei.

»Sehr richtig«, sagt Hörstel mit keksvollem Mund, »da muss man aufpassen.«

Ich bin entsetzt über mich selbst. Entsetzt, wie wenig mir das alles mittlerweile ausmacht. Was mich zuvor beim unsterblichen Thomas Patzlaff, beim Honigmann-Treffen und im Königreich noch durchgeschüttelt hatte, lässt mich nun vollends kalt. Natürlich leugnen sie die Schoah, denke ich mir. Natürlich wollen sie die Opfer sein. Natürlich werden die Deutschen den Juden Auschwitz niemals verzeihen, wie es in dem alten Witz heißt. Natürlich. Holocaustleugnung und Reichsbürgerideologie sind effiziente, zielführende, befriedigende Verschwörungsmythen: Beide beschwören ein unschuldiges und unterdrücktes Deutschland, eines, das zu seiner eigentlichen Stärke zurückfinden und sich endlich wehren müsse. Dieses Deutschland, dieses Reich, zieht die unterschiedlichsten Menschen an, führt sie zusammen, an einen Tisch: Öko-Hippies, Motorradrocker, Pegida-Rassisten, Hartz-IV-Wutwichte, mittelständische Unternehmer, Verschwörungsesoteriker, besserverdienende Frauen in pinken Sommerkleidern und Kanzlerkandidaten.

Das zeigt der Blick in die Runde.

Alles taub. Hornhaut auf der Seele. Gar nicht schlecht, denn jetzt muss sich noch Patera vorstellen, seine auswendig gelernten Idiotensätze aufsagen. »Ich will die Szene porträtieren, aufklären, zum Kampf aufrufen.« Alles wahrheitsgemäß. Ich spezifiziere ja nicht, auf welcher Seite ich kämpfen werde.

Friedensfördernde Veränderung

Marco Kurz, Initiator des Vereinigungstreffens, ergreift das Wort. Er ist schrecklich aufgeregt, verhaspelt sich ein paar Mal, aber erklärt schließlich doch recht präzise, was unser Treffen eigentlich soll: »Es geht um die Beendigung des Regimes und die Formierung einer neuen Regierung.«

Der kernige Vierzigjährige ist der Begründer von »Der Marsch«, einer Bürgerinitiative, die er sich wie ein interessenübergreifendes Pegida vorstellt. Marco hat Ortsgruppen formiert – die Leipziger Fraktion ist eine solche –, Flyer gedruckt und sich ein Tattoo auf den Unterarm stechen lassen: »Der Marsch 2017 – für meine Tochter.« Allerdings mangelt es an Menschen, Geld und Ideen. Marco fing also an, erfolgreichere Akteure anzuschreiben und organisierte das erste Vereinigungstreffen: um den »kleinsten gemeinsamen Nenner« der Szene zu finden, um Allianzen zu schließen, um die »sogenannte Regierung schlussendlich in die Knie zu zwingen«. Mit welchen Mitteln, das bleibt zunächst ungeklärt, aber mindestens 500 000 Menschen wolle man gemeinsam mobilisieren, das soll der erste Meilenstein sein, und das ist die Grundlage unseres Beisammenseins, der »Mehrstufenplan«, wie Hörstel ihn großspurig nennt. Beim letzten Treffen wären noch weitere Gruppierungen repräsentiert gewesen, aber nicht alle seien wiedergekommen. Die heute Anwesenden seien die, die es ernst meinten. Wir werden zum harten Kern deklariert. Daher soll es heute darum gehen, die weitere Vernetzung zu planen und einen exakten Schlachtplan zu erstellen. Aber zuerst müssen Sicherheitsvorkehrungen getroffen werden. Nach einer halben Stunde intensiver Debatte, kommen wir schließlich zu folgenden Übereinkünften:

- Das Protokoll wird nur von Marco und ausschließlich handschriftlich erstellt.
- Die Kontaktliste mit E-Mail-Adressen und Telefonnummern wird ebenfalls handschriftlich angefertigt. Jeder Gruppe wird nur eine ausgehändigt. Sie darf keinesfalls digitalisiert werden.
- Die Telefonnummern dürfen keinesfalls alle gemeinsam auf einem Handy gespeichert werden.
- Keine Gruppen-E-Mails.
- Alle Telefone haben während des Treffens ausgeschaltet zu bleiben.
- Für Christoph Hörstel wird eine Ausnahme gemacht: Als Politiker im Wahlkampf muss er jederzeit erreichbar bleiben.

»Der wird eh nicht Kanzler«, sagt das Leipziger Nadelstreifensakko zu meiner Rechten im Flüsterton, und ich muss lachen.

Über heimliche Diktiergeräte in der Brusttasche wurde kein Wort verloren, also affirmiere ich jeden einzelnen dieser Punkte übereifrig: »Man kann nicht vorsichtig genug sein«. Ich gebe mir überhaupt Mühe, mich viel zu beteiligen und die anderen zu spiegeln. Meistens wiege ich meinen Kopf bedächtig hin und her, und wenn ganz besonders dummer Stumpfsinn gesagt wird, werfe ich ein »O ja« oder »Richtig, richtig« in den Raum.

»Was wir brauchen, sind Forderungen, mit denen wir die Szene zusammenbringen, aber die breite Masse nicht verschrecken. Genderwahn, Kapitalismus und GEZ-Gebühren zum Beispiel, sowas bewegt die Leute«, sagt Marco.

»Richtig, richtig«, sage ich.

Bislang sei man noch viel zu breit aufgestellt: Lügenpresse, Chemtrails, Frühsexualisierung und 9/11. Man brauche ein klares Thema, eine konkrete Forderung. Man könne die Flüchtlingsepidemie thematisieren, schlägt man aus Leipzig vor. Aber obwohl jeder hier gegen Überfremdung ist, werde man damit sofort in die rechte Ecke gestellt. In diese Ecke will man nicht. Man habe ja auch nichts gegen Flüchtlinge im Einzelnen, versichert man sich gegenseitig. Man müsse sich eben für den Frieden und gegen die Kriegsindustrie einsetzen – damit die ganzen Ausländer auch brav im Ausland bleiben.

Rüdiger schlägt freudig auf den Tisch: »So sieht es aus: Frieden, Friedensverträge, Verfassung, und fertig ist das, schon ist das Problem gelöst!«

Marco guckt mit großen Augen in die Runde: »Soll ich also festhalten, dass wir für Frieden stehen?«

Das ist Hörstel zu schwammig: »Nein, mehr: ›friedliche Veränderung‹. Wir müssen ja friedlich erscheinen, sonst können wir einpacken.«

»Wir brauchen zunächst einen Friedensvertrag und eine Verfassung!«, sagt Rüdiger.

»Wir stehen ja auch für den Frieden«, sagen die Hippies.

»Wir stehen für Frieden und Friedensvertrag«, sagt der Stammtisch Halle.

»Wir wollen natürlich Frieden, aber deswegen sind wir ja nicht nur friedlich«, sagen die Männer aus dem Dorf.

»Klar, wir sind ja nicht naiv«, sagt Rüdiger.

»Wir sind friedensfördernd!«, sagt Hörstel.

»Friedensfördernd? Friedensfördernd. Frie-dens-för-dernd. Hm«, sagt die Ortsgruppe Leipzig.

»Letztendlich sind wir die Einzigen, die in Deutschland für Frieden sind, so kann man das sagen«, sagt Rüdiger.

»So kann man das sagen«, sagt Heidi.

»Wir sind der Frieden!«, sagen die Hippies.

»Frieden find ich gut«, sage ich.

»Aber wir sollten mit den Worten ›Frieden‹ und ›friedlich‹ schon ein wenig aufpassen, die wirken immer so verschwult«, findet Marco.

Die Hippies sind empört. Sie, die Friedensgesandten von Weltfrieden global, können nicht begreifen, was am Wort Frieden verschwult sein soll. Sie leben ja auch im Friedenszentrum Friedensquelle, leiten die Friedensversammlung, das Friedensnetzwerk und die Friedenspartei und verweisen, sie tun es wirklich, auf ihre Friedenswebseite.

»Das ist ziemlich schwul«, flüstert das Leipziger Nadelstreifensakko. Ich mag den Typen.

Wir einigen uns darauf, dass das Wort »Frieden« nicht verschwult ist, aber weder als Hauptforderung noch im Namen unserer Vereinigung vorkommen sollte.

»Also sind wir ›friedensfördernd‹«, beschließt Hörstel, »wir wollen ›das System friedensfördernd verändern‹«, und alle sind einverstanden.

Er fände das mit dem Frieden gut, sagt mir Rüdiger in der Pause. »Wir sind ja eine Querfront, gegen Herrschaftssystem und Nazis.« Eigentlich ist Rüdiger als antifaschistischer Fascho bereits eine Ein-Mann-Querfront.

Die Querfrontidee ist nicht neu. Sie kam den deutschen Rechten schon nach der Novemberrevolution 1918/1919. Anstelle der Weimarer Demokratie ersehnte man einen stramm-autoritären Staat, und statt offener Gesellschaft mit Linken und Rechten sollte da nur noch eine geschlossene Volksgemeinschaft stehen. Auch von Links forderten manche ein Bündnis mit den Nationalisten. Man darf nicht vergessen, dass die NSDAP anfangs auch einen antikapitalistischen, einen »linken« Flügel hatte.

Ich frage den finsteren Frank. Auch der mag den Begriff Querfront. Er sei ja Anarchist. Mit Hörstel sei hier auch die bürgerliche Mitte vertreten, mit dem Friedensdorf die Alternativen, und einige hier wären ja etwas mehr rechts. Daran sehe man, dass diese ganze Rechts-Links-Kategorisierung nicht mehr wichtig sei.

Seit den Siebzigerjahren gab es immer wieder Versuche deutscher Neonazis, Querfrontstrategien umzusetzen. Wirklich erfolgreich waren sie nie. Unmittelbar nach den Anschlägen vom 11. September etwa, da marschierten Glatzen durch Berlin und biederten sich Linksaußen an, skandierten »internationale Solidarität«, und auf den Transparenten standen Sprüche wie »Frieden für Deutschland« und »Gegen US-Imperialismus«. Aber mit Rechtsradikalen und Nazis, egal wie kapitalismus- und globalisierungskritisch, wollte damals keiner zusammenarbeiten.

Das Problem haben wir hier in Kassel nicht. Querfront funktioniert natürlich ausgezeichnet, wenn sie bloß zwischen verschieden gekleideten Rechtsradikalen verläuft. Und wenn diese Rechtsradikalen dann auch noch darauf bestehen, nicht rechts zu sein, umso besser.

Positive Energie

Ich bin unzufrieden. Es gibt Schweineschnitzel in grüner Soße, und das Fleisch ist schuhsohlig totgebraten, die Kräutersoße zu süß und die Tischgesellschaft ziemlich scheiße. Außerdem haben die Hippies Salat bestellt, und ich bin neidisch.

Während wir gegen die zähen Fleischstücke ansägen, besprechen wir, wer für das nächste Treffen noch alles eingeladen werden soll. Die Gruppe soll wachsen, aber geordnet. »Es gibt in Deutschland genug Initiativen mit denselben Anliegen«, schmatzt Hörstel, der mit großem Appetit bereits sein zweites Mittagessen zu sich nimmt, »aber wir brauchen dringend eine Sprache und Struktur, die uns zusammenhält.«

Solche Sätze erschrecken mich schon ein wenig. Ich hatte nicht damit gerechnet, regelrechte PR-Profis anzutreffen, mit ihrem Gerede über Sprache, Struktur, kleinste gemeinsame Nenner, Innen- und Außenwirkungen. In gewisser Weise haben sie sich ja sogar das Wort »alternativ« unter den Nagel gerissen.

Hörstel ermahnt noch mal die Gruppe: »Vernetzt euch aber nur mit Leuten, denen ihr auch wirklich vertraut. Vertrauen, das ist ganz wichtig!«

Ich versuche, mich unauffällig in meinem Beilagensalat zu verstecken.

»Bevor wir weitermachen, machen wir eine kleine Atem- und Energieübung.«

In unseren Konferenzraum zurückgekehrt nehmen wir uns an den Händen und schließen die Augen. Die Hand des Nadelstreifensakkos fest und warm, die Hand des Hippies wie ein toter Fisch. Nadelstreifensakko kichert. Die Esoterikerin gebietet Ruhe: »Wir werden uns zusammen unser Ziel vorstellen. Wie wir mit Millionen vor dem Reichstag stehen. Aber wir werden nicht denken: ›Wir werden das schaffen‹, nein, wir bündeln unsere Gedanken und unseren Atem und denken: »Wir haben das geschafft!« Sagt es einmal mit mir.«

Und alle sagen es einmal mit ihr.

Wir atmen ein und aus, eine Minute lang. Ein. Halten. Positive Energie. Und so fort. Eine Minute kann sehr lange dauern. Die meisten halten die Augen tatsächlich geschlossen und träumen vom Fall der Regierung, dem Ende der GEZ-Zwangsgebühren oder einem Büro im Bundeskanzleramt. Nur einer der Männer aus dem Dorf, ein ganz besonders großes Exemplar, schaut sich um, trifft meinen Blick, und wir müssen beide furchtbar grinsen.

All dem positiven Atem zum Trotz ist die Stimmung gereizt. Vielleicht auch, weil sich die meisten zum Mittagessen ein oder eher zwei Bier gegönnt haben und jetzt fleißig weitergetrunken wird. Die Zungen werden schwerer, der Ton rauer, der gestauchte Thilo Sarrazin aus Halle trinkt sein viertes Bier und beginnt ganz sachte zu lallen.

Die große BRD-Lüge ist schon zuvor Thema gewesen, begleitete die ganze Veranstaltung wie ein Leitmotiv oder ein lästiger Schluckauf. Nun beschließt man, dass Rüdigers Forderung nach »Beseitigung der alliiert-faschistischen Fremdverwaltung Germaniens« in ein internes Positionspapier eingehen soll. Zugleich sind sich die Verschwörer bewusst, dass man mit diesem Stichwort in der Öffentlichkeit sofort unten durch wäre. »Mit so ner Formulierung können wir nicht auf die Straße«, befinden die Leipziger. Rüdiger fühlt sich beleidigt, aber dafür gibt es ja das Schlagwort Souveränität. Die Notiz wird gemacht, Souveränität, das ginge, darüber könne man sprechen, das liege den Menschen am Herzen, und jeder verstehe, was gemeint ist.

Ich hätte bis vor kurzem nicht sagen können, was gemeint ist. Die Frage nach politischer Souveränität ist ja tatsächlich ein legitimes Thema, man denke nur an die

NSA-Überwachungsaffäre. Aber in gewissen Kreisen bedeutet das Stichwort sehr viel mehr. Ich frage mich, wie groß diese Kreise sind.

Die Verschwörer zu Kassel benötigen derartige Codewörter. Es hat schon einige vergleichbare Initiativen gegeben, das weiß man hier. Mit leiser Nostalgie wird an »Aufbruch Gold-Rot-Schwarz« erinnert, den vielleicht prominentesten Versuch, die Szene zu vereinen. Den habe es aber zersetzt, weil sich die Aufbrecher zu sehr und viel zu explizit auf die Reichsbürgerthematik versteift hätten. Große Bestürzung löst auch das Schicksal Peter Fitzeks aus: »Egal was man vom Fitzek hält, jetzt ist er im Knast, und die zersetzen ihn selbst dort immer weiter. Die Zersetzer sind überall, denen müssen wir zuvorkommen.« Der dicke Generalsekretär sagt das, alle wissen das, und dennoch steht jetzt ein Konflikt im Raum.

Rüdiger hält nur bedingt was von strategischen Kompromissen: »Uns läuft die Zeit davon! Wir haben hier eine einzige Chance, ein Pik Ass. Das müssen wir spielen und zwar richtig und zwar bald, wenn wir zu lange warten, dann war's das!«

Hörstel, dessen Hauptaufgabe darin besteht, allen Anwesenden immer wieder zu erklären, dass es hier nicht um eine Machtübernahme (böse, Nazisprech), sondern um einen Regierungswechsel (demokratisch, juristisch nicht belangbar) gehe, hält dagegen. Bis man die kritische Masse von 500 000 Demonstranten habe, sei sowieso an keine Aktion zu denken, so lange müsse man von innen und aus dem Untergrund heraus arbeiten.

»Untergrund ist gut«, finden die Herren aus Halle, aber so lange warten? »Wir brauchen einen Tag X«, sagt einer von ihnen und rührt mit seinem Zeigefinger ungeduldig im Bierglas.

Rüdiger gegen Hörstel also, irgendwie auch Revolution gegen Reformismus. Während in Rüdigers pumpendem

Kopf schon ein paar Millionen den Bundestag stürmen, kündigt Hörstel an, nach der Bundestagswahl geordnete Neuwahlen zu beantragen.

Die Gruppe zeigt sich skeptisch, versteht die übertriebene Vorsicht des Politikers nicht, und auch ich wundere mich über diese Milde der Mitte. Was würde wohl Hörstels afghanischer Warlord-Kumpel dazu sagen? Aber Hörstel hat brandheiße Insiderinformationen: »Wenn wir mit 500 000 Mann vor dem Reichstag stehen, auch mit einer Million, da kennt die Regierung nichts, dafür haben die einen Plan in der Schublade, macht euch ja nichts vor. Ihr wisst alle, was Energiewaffen sind? Ich spreche von Laserkanonen. Die sind schon längst da. Schussbereit und ausgerichtet.« Sein Nachrichtensprecherton bekommt etwas von einer Geisterbahnansage, es wird still. »Die sind eiskalt. Und wenn wir dann vor dem Reichstag auf dem Boden kriechen, mit brennendem Fleisch, und wenn uns das Fett von den Knochen tropft, dann haben wir aber ganz schnell unsere Forderungen vergessen. Dann schreien wir nur noch nach Wasser, das ist dann unsere einzige Forderung.«

Die Macht des Geschichtenerzählens. Hörstels horrende Vorhersage verbreitet sich langsam im Raum, erstickt die revolutionäre Euphorie und kriecht den Verschwörern unter die Haut. Ein Mann aus dem Dorf scheint wie ich zum ersten Mal von dieser höllischen Technologie zu hören und rückt mit seinem Stuhl quietschend zurück.

Klar, Herr Hörstel will keine Probleme mit dem Verfassungsschutz, sondern Wählerstimmen, entsprechend will er uns Angst einjagen. Aber da ist nicht nur Angst, irgendetwas anderes ist zu spüren. Wie mich der gefährliche Frank aus finsteren Augen anblinzelt, glaube ich, auch zu wissen, was: Entschlossenheit.

Dass die Eliten totalitär und gewissenlos sind, das wussten wir schon, aber nun sagt Hörstel, dass sie uns gar bei lebendigem Leib grillen würden! Und dass, obwohl wir doch so friedlich sind. Und der Hörstel muss es ja wissen! Der war ja bei der ARD, der ist ja selbst Politiker, der ist ein Häretiker, genau wie Sarrazin! Der Hörstel, der hat Kontakte, der kennt dieses bösartige System, das für uns Menschen nichts als Verachtung und Strahlenwaffen übrig hat! Was der uns also erzählt, so funkelt es in den finsteren Augen von Frank, das ist eine große Anklage. Die hat es in sich. Die rechtfertigt unser Zusammensein. Die rechtfertigt eine ganze Menge.

Wir sprechen hier über Notwehr.

Patera spricht

Wie gefährlich ist das hier eigentlich? Ein Scheißgedanke, aber er verkeilt sich in meinem Kopf. Natürlich sind die megalomanen Pläne albern, aber mindestens acht der hier Anwesenden könnten mich sicherlich mit nur einem nassforschen Fausthieb kaputtknüppeln. Und was, wenn es hart auf hart käme? Wenn mich doch irgendwer irgendwie erkennt? Oder wenn ein Polizist vor der Tür steht? Oder ich die Gruppe zum militanten Ungehorsam aufrufe? Die Herren aus Halle würden sicherlich ein paar Gewehre in Empfang nehmen, die Männer aus dem Dorf haben bestimmt ihr eigenes Arsenal, und der gefährliche Frank würde doch sicherlich auch durchladen.

Unsinnige Überlegung, aber mein Hirn arbeitet gegen mich, malt blutige Szenarien, schreibt Zeitungsüberschriften, wiederholt die Worte »labiler Einzeltäter« in Dauerschleife. Der Kopf legt vor, der Körper folgt. Meine Hände sind feucht, meine Beinmuskulatur zuckt – ich bin nervös, und der Auschwitzmann guckt mich an, und ich gucke zurück, und die Männer aus dem Dorf gucken, und Frank guckt, und überhaupt gucken alle, und Rüdiger und Hörstel streiten sich noch immer, und ich höre mich selber atmen. Was um alles in der Welt mache ich hier eigentlich?

Ich ergreife das Wort. Beziehungsweise ich lasse Tobias Patera das Wort ergreifen, lasse ihn gar Rüdiger ins Wort fallen, lasse ihn los. Er lehnt sich vor, schlägt auf den Tisch und dröhnt, so gut er nur kann: »Was wir brauchen, ist Solidarität! Wir müssen an die Gruppe glauben und dem Mehrstufenplan folgen, wenn wir die Herzen der Menschen erreichen wollen! Wenn wir den Mächtigen auch nur annähernd Angst machen wollen!«

Patera wiederholt nur, was bereits festgestellt wurde, aber er wiederholt es inbrünstig, und das macht er ziemlich gut, also lasse ich ihn gleich noch mal mit der Hand auf den Tisch krachen. »Denn Rüdiger, du hast es gesagt, wir haben nur ein Pik-Ass, einen Trumpf. Wenn wir den spielen, dann so richtig, dann mit allen Mitteln und jeder Konsequenz. Wir müssen den Spagat schaffen zwischen der Entschiedenheit von Rüdiger und Ihrer Taktik, Herr Hörstel. Sie haben es ja gesagt, solange wir aus dem Untergrund heraus agieren, sind wir klar im Vorteil. Wir müssen den Moment ergreifen, wenn er kommt, und dann zuschlagen!«

Patera hat gesprochen. Mein Hirn und Anus entkrampfen sich. Die Verschwörer sind angetan, klopfen auf den Tisch, Hörstel lobt mich mit einem »Sehr gut«, und Rüdiger quietscht mit seiner Ente.

Ich fürchte, Patera und ich haben soeben einer rechtsradikalen Reichsbürgerbande zu einem größeren Gemeinschaftsgefühl verholfen.

Irgendwann ist auch mal gut. Datum und Uhrzeit für das nächste Treffen werden festgelegt. Marie, die knochenharte Rädelsführerin, entscheidet: eine Sportgaststätte in Leipzig, in vierzehn Tagen, 13 Uhr. Der gefährliche

Frank verspricht, mich noch anzurufen, und die pinke Heidi drückt mich herzlich.

Wir treten vor das Restaurant in einen grauen Abend der betonvernarbten Stadt. Zum Abschied soll ein Gruppenfoto gemacht werden, ein hochgeheimes Dokument, das in Zukunft historischen Wert besitzen werde. Es versteht sich, dass ein solches Dokument unter gar keinen Umständen an die Öffentlichkeit gelangen darf und dass man dem Fotografen uneingeschränkt vertrauen muss. Ich biete mich an, und alle sind einverstanden. Damit ich auch auf dem Bild sein kann, springt Hörstels schwarzgekleideter Lakai herbei und schießt das Foto mit meinem iPhone.

Immer wieder schau ich mir das Foto an. Ich hatte es immer für recht unwahrscheinlich gehalten, mal tatsächlich in einem Hinterzimmer eine Revolution zu planen – aber für ganz und gar ausgeschlossen, dass ich dann der Verräter am Tisch sein würde. Ich bin doch kein Spitzel des Establishments!

Auf dem Foto grinse ich breit in die Kamera. Optisch passe ich eigentlich ganz gut dazu, aber vielleicht würde das auch jeder andere. Mir kommt der Gedanke, beim Verfassungsschutz anzurufen, aber was soll das bringen? Das habe ich schon mal gemacht, ein paar Jahre ist das her, nachdem ich bei einer rechtsradikalen Burschenschaft in München zu Gast gewesen war. Gebracht hat mein Anruf damals nichts, und nach der NSU-Affäre ist mir der Verfassungsschutz auch kein bisschen sympathischer geworden.

Ich lass das mit dem Anruf bleiben.

Ich buche stattdessen ein Bahnticket nach Leipzig.

Moskau und Frieden

Der letzte Linke

Der Raum in der Leipziger Sportgaststätte ist bierdunst-
verhangen und zugewuchert von Deutschlandflaggen
und Fußballwimpeln, die wie Lianen von der Decke
hängen. An der Wand bewirbt ein lebensgroßer Plastik-
koch Wernesgrüner Pilsner, eine riesenhafte Deutsch-
landmütze auf dem Kopf. Ich nehme Platz, die Debatte
ist schon im lautstarken Gange, die ersten Teilnehmer
sind bereits eifrig am Saufen. Ruhelos huscht ein Kellner herum, nimmt Getränkebestellungen auf. Die dreißig Gäste bringen den kleinen gastronomischen Betrieb
an seine Grenzen. Aus der Küche dringen dumpfes Ge-
schepper, Geschimpfe und der Geruch von angebrann-
tem Fett.

Man macht exakt da weiter, wo man aufgehört hat:
Reformation oder Revolution, Taktik oder Tat, Aggression
oder Zurückhaltung. Und natürlich: Wie kann man sich
der Masse präsentieren, die Deutschen agitieren, ohne
als verschwörungstheoretischer Reichsnaziverein abge-
tan zu werden? Rüdiger wieder manisch und kompro-
misslos und unangenehm vorneweg, Marco Kurz wieder
heillos überfordert und passiv aggressiv. Christoph Hörstel diesmal nicht anwesend, lässt sich entschuldigen, ist
in Moskau. Audienz bei Putin.

Dafür sind neue Gesichter gekommen. Zwei davon interessieren mich ganz besonders.

Zum einen ist da Sasko, ein großgewachsener, sehniger Flüchtlingsfeind mit aufgeräumtem Maschinenschnitt, streng geflochtenem Metal-Bärtchen und akkurat gebügeltem Thor-Steinar-Button-Down. Marie, das überstylische Nazigirl der Leipziger Ortsgruppe, hat ihn und seine Begleitung eingeladen. Sie sitzt an seiner Seite, stolz auf ihre weitreichenden Kontakte. »Ich bin Auge und Ohr von Pegida Chemnitz-Westsachsen«, sagt Sasko, »außerdem repräsentiere ich die Heimattreue Niederdorf, die Freigeist-Bewegung, und wenn ich will, kann ich noch für fünf weitere Gruppierungen sprechen.«

Wer sich von solchen Leuten fernhält, könnte denken, dass Pegida heute ein wenig egal geworden ist. Vermutlich ist es dem Erfolg der AfD geschuldet: Die große Bewegung aus »Dunkeldeutschland« scheint dem Ende nah zu sein, selbst in Dresden, der Hauptstadt der besorgten Bürger, marschieren nur noch ein paar hundert im Namen der Angst umher. Aber hier, an den klebrigen Tischen der Leipziger Sportgaststätte, da wird Sasko hofiert. Nicht nur, dass ein paar hundert für unsere Verhältnisse nicht wenige sind: Wir sind eine Verschwörung von PR-Strategen, und der Name, nein, die Cooperative Identity der Marke Pegida, die steht noch für was. Wir denken taktisch. Die Unterstützung eines bundesweiten Netzwerks wäre eine große Sache für uns. Verliebt schaut Marco den bewegungslosen Sasko an. Der hält die Arme vorm Brustkorb überkreuzt. Ein stoischer Wikingerhäuptling vor der Schlacht, ein mumifizierter Pharao.

Zum anderen ist Marcel Wojnarowicz erschienen, besser bekannt als Wojna. Eifrig beteiligt er sich am umstürzlerischen Geschnatter. Er ist Anfang vierzig, er trägt diese teeniemäßige Späte-Neunzigerjahre-Frisur, bei der die Haare nach vorne und über der Stirn nach oben gegelt sind, außerdem ist er Sänger und Rapper der verschwörungsideologischen Band Die Bandbreite. An und für sich ist Wojnas Anwesenheit nicht verwunderlich. Mit seiner Band hat er immerhin schon bei der Staatsgründungszeremonie des Königreichs aufgespielt, besingt in seinen Liedern Verschwörungstheorien über Logen, AIDS und 9/11, warnt auf seinem Youtube-Kanal vor Chemtrails und hat für Hörstel auch die Parteihymne verfasst: »Wir sind die Mitte / Wir allein sind soverähän!«

Und doch wundert es mich ein wenig, dass er hier aufkreuzt. Wojna sagt von sich selbst, er sei ein Linker, und das sagt er beharrlich. Bis sein Verschwörungsglaube öffentlich diskutiert wurde, spielte er auch gerne auf Gewerkschaftsfesten und Veranstaltungen der Linkspartei. Seine jüngste Platte hat er unbescheiden »Die letzten Linken« genannt und sich auf dem Cover zwischen Bertolt Brecht und Ernst Busch abbilden lassen. Der linke Bundestagsabgeordnete Dieter Dehm, ein Freund der Band, ist auf einem der Lieder als Gast zu hören.

Война и мир / Wojna i mir

Ich hatte Wojna ein paar Monate zuvor bereits getroffen. Das war am Brandenburger Tor, wo ein paar hundert friedensbewegte Menschen zusammenkamen, mehrheitlich aus dem Umfeld der Montagsmahnwachen. Mit großer Kundgebung und Musik wurden die Teilnehmer der Druschba-Friedensfahrt verabschiedet. Gleich würden sie in Bussen, Autos und Wohnwagen und im Namen der deutsch-russischen Freundschaft Richtung Moskau tuckern. Wojna und Patera begegneten sich im allgemeinen Trubel, tauschten nur schnell Nummern aus und verabredeten sich auf ein Interview in naher Zukunft, denn beide waren beschäftigt.

Als rasender Reporter husche ich über den wolkenverhangenen Platz. Alles sieht fürchterlich links aus. Leute sitzen auf dem Boden, tragen Pferdeschwänze, babyblaue Shirts mit deutsch-russischen Herzchen oder wallende Klamotten, Peace-Buttons am Revers und Friedenstauben auf den Fahnen. Man gibt sich alternativ, kapitalismuskritisch, anti-nationalistisch, öko, fair trade, ein klein wenig ungeduscht. Mit anderen Worten: Es sieht aus wie eine Veranstaltung, die eher Ginsburg als Patera besuchen würde. Dann stehen drei russische blumenverzierte Mädels mit Bauernzöpfen dick wie Unterarme auf der Bühne und singen glockenhell »Kalinka«, was auch sonst, und die Menge klatscht mehr oder weniger im Takt.

Die parkende Wagenkolonne reicht vom Brandenburger Tor beinahe bis zur Siegessäule. Motorräder, beschriftete »Friedensfahrzeuge«, ein kanariengelb lackierter Militärlaster. Aufschrift auf einem knallroten Wohnwagen: »Achtung! Die Bewohner dieses beweglichen Wohnsitzes sind freie Menschen! Sie bewegen sich frei auf diesem Planeten!« Der Besitzer des Kraftfahrzeugs nennt sich der Hund. Der Hund sei ein Mensch, sagt der Hund, aber keine Person und erst recht kein Personal der Deutschland GmbH, denn Hunde seien nie Personal. Hunde seien Menschen. Das steht so in etwa auch kleingedruckt auf der Wohnwagentür. Er sei außerdem ein Hebräer, wie alle Menschen, und er liebe alle Menschen. Zionisten ausgenommen.

Ich versuche herauszufinden, weshalb sich derartige hippieske Selbstverwalter und motorisierte Reichsbürger der Friedensfahrt anschließen. Außerdem interessiert mich, warum kapitalismusmüde Systemkritiker gerade den autoritären Multimillionär Wladimir Putin zu ihrem Heiland erwählt haben. Und warum all diese alternativen Hippies und Ökos kein Problem mit der Anwesenheit der Nachtwölfe haben – ein massiver Mann in der Lederkutte des berüchtigten ultranationalistischen und vom Kreml geförderten russischen Motorradclubs zeigt Präsenz.

Ich meine diese Fragen völlig ehrlich. Ich habe keine Ahnung von Russland. Aber befriedigende Antworten kann mir hier keiner liefern.

Ein Mann, der eine russisch-deutsche Herzchenfahne schwenkt: »Die Russen sind Menschen wie du und ich, darum geht es bei der Fahrt.«

Eine alte Dame, sie hat auf ihr Pappschild ein fröhliches Bärchen gemalt: »Von Russland können wir viel lernen, über Freiheit und Liebe.«

Einer hüllt sich in eine Deutschlandflagge und wiegt sich zur Musik: »Alles Propaganda, hier ist ja alles gleichgeschaltet.« Und in Russland? »Da gibt's noch Pressefreiheit.«

Wojna steht nun auf der Bühne und philosophiert über die Kapitalisten: »Womit *die* Geld verdienen könnten, wäre, uns in einen Konflikt, möglicherweise militärischen Konflikt mit Russland zu zwingen!« Das sei der Grund für diese Veranstaltung, der Grund für die Fahrt gen Osten. Applaus. Dann rappt Wojna ein systemkritisches Liedchen, von dem sich achtzig Prozent so anhören, als hätte ich sie in meinem zweiten Semester auf einer WG-Feier gesagt, und zwanzig Prozent so, als hätte Xavier Naidoo ein bisschen am Uhu geschnüffelt: »Kapital und Zinseszins sind nicht von Gott gemacht«, stellt er fest und: »Wir sind Vasallen der USA« und natürlich: »Kein Wort davon in deutschen Medien«.

Meine Frage, was die Reichsbürger hierher lockt, hat sich damit erübrigt. Und in just diesem Moment fällt mir auf, dass keine zehn Minuten Fußweg von uns entfernt ein schiffbrüchiger Kapitän mit Broschüren und ein trauriger Junge im miefigen braunen Hoodie vor dem Reichstag stehen und von Putins Panzern träumen.

Eine junge Frau erklimmt die Bühne, gibt sich redlich Mühe, mit unsicherer Stimme eine Rede zu halten: »Faschismus ist, wenn Banken und Konzerne die Regierungen steuern können. Das ist die Grunddefinition von Faschismus! Bitte googelt und schaut das nach!« Das stimmt zwar nicht, klingt aber gut, besonders mit Quellenangabe: Internet. Die Leute klatschen.

So unterschiedlich sind sie eigentlich nicht, denke ich mir, Rüdigers Staatenlos-Trupp und die friedensbewegten Russlandfreunde. Rüdiger und der Käpt'n glauben auch, wir lebten in einem faschistischen Reich, das es zu bekämpfen gelte.

»Wir sind Antifaschisten«, sagt die junge Frau.

»Das Bollwerk der Faschisten steht vor dem Fall«, steht in Rot auf Rüdigers Webseite.

Ein russisch-orthodoxer Priester spendet den Friedensfahrern seinen Segen. Dann fünf blonde Kinder, mit dem Vater extra aus dem Schwarzwald angereist. Sie stehen der Größe nach geordnet auf der Bühne und singen russische Volksweisen.

Als Hauptredner hat sich der ehemalige Radiomoderator Ken Jebsen angekündigt. Erst löste er mit antisemitischen Äußerungen eine heftige Kontroverse aus, dann etablierte er sich mit vergleichbaren Äußerungen als großer Verschwörungstheoretiker des Friedens. Innerhalb der alternativen Medienszene baute er sich ein kleines antiimperialistisches Imperium auf, basierend auf irgendwie linken Positionen, die am Ende irgendwie immer in denselben Hasstiraden münden. Jebsen war bei den Mahnwachen 2014 einer der Hauptakteure. Der andere war der ultrarechte Publizist Jürgen Elsässer. Die beiden mögen sich auf dem klassischen politischen Spektrum diametral gegenüberstehen (und mittlerweile wieder verkracht haben), aber sie eint der unerbittliche Hass gegen die Eliten, gegen die USA, gegen Israel, gegen die Lügenpresse.

Und die Vorstellung, dass Deutschland kein freies und souveränes Land sei.

Eine neonbunt gekleidete Frau macht vor der Bühne einen Spagat und beginnt mit Yogaverrenkungen für den Frieden. Natürlich gibt es allerhand Überzeugungen, die jenseits des politischen Rechts-Links-Schemas verlaufen. Aber als die bunte Frau vor der Bühne im yogischen Halbmond erstarrt, mir irgendein Kerl von der kapitalorientierten Deutschland GmbH erzählt und alle politischen Kategorien scheinbar ineinanderfließen, da wird mir schon mulmig zumute.

Mainstream

Andere Zeit, anderer Ort: auf einer Kunst- und Kulturveranstaltung mit einer reichen Auswahl an Canapés und sehr kleinen Bierflaschen. Der coole Berliner Theaterregisseur kann mich nicht besonders leiden, das ist offensichtlich, und seitdem ich ihm eröffnet habe, gerade an einem Buch über Reichsbürger zu arbeiten, mag er mich noch ein ganzes Stück weniger: »Glaubst du etwa auch, Ken Jebsen wäre ein Reichsbürger?«

Über Ken Jebsen habe ich nicht ein Wort verloren (und habe, nebenbei bemerkt, auch keinen Grund, ihn für einen Reichsbürger zu halten). Ich habe nur ein wenig vom Königreich erzählt. Aber schon das fand der bräsig-breitbeinige Regisseur schrecklich: Er hat im Netz ein Video gesehen, in dem König Peter ein Kamerateam von RTL bloßstellt. Das fand er super, sagt er, wie der Fitzek die Reporter auflaufen lässt.

Aber die Untertanen, die auf den Fitzek reinfallen, argumentiere ich, die kommen unter die Räder. Und da sind auch Kinder dabei.

»Hier kommen die doch genauso unter die Räder«, sagt der Regisseur und zupft an seinem voluminösen Künstlerschal. Von Ken Jebsen hat er gelernt, dass die

Mainstreammedien mit den Begriffen Verschwörungstheoretiker und Reichsbürger versuchen, kritische Stimmen mundtot zu machen.

Es ist ein eigenartiges Gefühl, urplötzlich dem Main-
stream anzugehören.

Politisch korrekt

Weit abseits des ewiglich ratternden Mainstreamappa-
rats diskutieren zwei Männer in einer etwas klebrigen
Leipziger Sportgaststätte. Wer hätte gedacht, dass geheime Treffen von Staatsfeinden derart langweilig sein
können?

»Ich sag das bei vielen der sogenannten Reichsbürger ...« Wojna unterbricht sich selbst: »Ich weiß nicht,
wie ist der politisch korrekte Begriff? Ich will keinem auf
die Füße treten.« Wojna mag 2012 noch selber bei Peter
Fitzek aufgetreten sein, nun gibt er sich als Realist. Ohne
Kampfhelikopter und Armee würde es nichts bringen,
»das Deutsche Reich in Wittenberg auf einem Schrott-
platz auszurufen«.

Es sind immer dieselben Argumente, immer der glei-
che Ablauf. Wojna und Marco gegen Rüdiger: Sie geben
ihm prinzipiell recht, aber bitten ihn um Mäßigung.
Und Rüdiger faselt irgendwas Fatalistisches über die faschistische Besetzung. Und der Stammtisch aus Halle ist
Rüdigers Meinung. Und wieder von vorn. Zwanzig Minuten lang, wieder und wieder, ungebrochen. Nur ab und
an winkt noch ein Typ mit der zittrigen Diskretion eines
Langzeitalkoholikers dem Kellner und bestellt sich einen
weiteren Wodka.

Was unterscheidet sie eigentlich voneinander, Wojna
und Rüdiger?

Gut, der eine rappte in seiner Jugend auf Gewerkschaftsfesten gegen den Kapitalismus, der andere ließ
ein Flüchtlingsheim anzünden. Der eine will die Gruppe

taktisch wachsen sehen, der andere fordert eine Verfassung und den Fall der Regierung. Nominell der eine Systemkritiker, der andere Reichsbürger. Optisch der eine irgendwie links, der andere irgendwie rechts.

Aber hier im Reich verwischen die Kategorien. Der Verschwörungswahn gleicht die Gläubigen an. Politische Zugehörigkeit wird zu einer Frage der Ästhetik.

In einem Musikvideo rappt Wojna mit Che-Guevara-Shirt vor einem Panzer. Hitler und Holocaust wären Produkte der Amerikaner, Briten und Adolfs schwerer Kindheit gewesen. Das westliche Großkapital sei Verursacher und Nutznießer von Nationalsozialismus, das »Monster« Hitler dagegen bloß ein misshandelter »Vollpfosten«, und die Deutschen litten nun an einem »Schuldkomplex«.

Schon 2010 lobte die NPD Wojnas Band als »volkssozialistische Musikgruppe«.

Und dann erhebt sich Sasko, der heimattreue Flüchtlingsfeind von Pegida Chemnitz-Westsachsen. »Wir werden uns jetzt mal verabschieden.« Sasko räuspert sich, zieht sich sein gründlich gebügeltes Hemd glatt. »Ich bedanke mich für die Einladung.«

Die Verschwörer sind entsetzt.

»Ich hab so das Gefühl, ihr seid Ertrinkende, aber schwimmt nicht, sondern ihr analysiert das Wasser um euch herum. Wenn ihr bereit seid, mit allen vieren und mit aller Kraft zu rudern, dann sagt uns Bescheid.« Das Pathos steht ihm.

Die Verschwörer versuchen, ihn noch zu halten. Wojna vielleicht am heftigsten: Er als Linker dürfe ja nicht mal öffentlich sagen, dass er mit Pegida am Tisch sitze, aber diese Vernetzung sei eine große Chance, Sasko solle sich setzen, weitersprechen, seine Kritik ausformulieren.

Allgemeines Geschnatter.

Es bringt alles nichts.

»Macht euch nichts vor, eine Revolution ist noch nie friedlich verlaufen«, sagt der Sachse, bald darauf verlässt er mit Begleitung die Gaststätte.

»Zigarettenpause«, rufe ich und folge ihm.

Was er mir draußen sagt, wissen auch drinnen alle: An sich wäre er für so eine Vereinigung der Szene zu haben, aber das ewige Diskutieren mit Menschen wie Rüdiger sei einfach zu anstrengend. »Ich diskutier doch nicht die Aufteilung des Bärenfells, wenn wir das Vieh noch nicht geschossen haben.«

Drinnen wird weitergesprochen. Weiter und weiter über mögliche Ziele und Gesprächsregeln und Arbeitsgruppen, Möglichkeiten, das System »friedensfördernd zu verändern«, Optionen, was für Listen man wie erstellen könnte. Man könnte denken, hier werde ein Kaninchenzuchtverein gegründet.

Ein erzdeutsches Wort, dessen Bedeutung ich erst jetzt in seiner ganzen Bedeutung verstehe: Vereinsmeierei.

Blassgraues Würzfleisch und Wurstgulasch werden serviert, und es wird weitergeredet und wenig gesagt. Der wodkatrinkende Alkoholiker hängt mit einem Arm an der Stuhllehne, die Augen rotgeädert, als hätte er sämtliche Hallenbäder Sachsens durchschwommen.

Die Stimmung ist feindselig.

Die Allianz zerbröckelt, ganz langsam, aber unaufhaltsam. Der Traum einer vereinigten Szene zerschmilzt zwischen Deutschlandflaggen und Jägermeister-Werbetafeln.

Rüdiger will nicht mehr mit Marco, Marco nicht mehr mit Rüdiger. Man muss sich neu gruppieren. Neu aufstellen. Der Regierungswechsel, der Sturz der BRD GmbH wird wohl bis auf weiteres verschoben.

Nur die Männer aus dem Dorf, die sprechen untereinander von der Möglichkeit einer Miliz. Glaube ich zumindest. Ich traue mich nicht nachzufragen.

Hinten durch, auf dem Weg zu den Toiletten eine Kegelbahn. Alte Männer spielen eine Partie. Sie haben sich die Hemden ausgezogen. Dürre, unbehaarte Oberkörper, die Rippen weit auseinander wie Gitterstangen. Das klackernde Geräusch fallender Kegel. Die Männer trinken Schnaps. Sie bemerken mich, und ich gehe schnell weiter.

Die Gedächtnisstätte und das Dorf

Ich bin mir nicht sicher, was Tobias Patera genau getan hat, aber offensichtlich hat er ordentlich Eindruck hinterlassen. Der Typ ist beliebter, als ich es jemals war, und das nicht nur digital.

Marie zum Beispiel. Gleich im Anschluss an die Leipziger Verschwörungsrunde lädt sie mich ein, sie zum Treffen ihrer Ortsgruppe zu begleiten. Eine ganz feine Truppe habe sie da beisammen, sagt sie: AfD-Mitglieder, blutjunge Buben der Identitären Bewegung, politisch motivierte Hausfrauen. Auf Facebook habe ich mir Fotos von Marie angesehen, wie sie mit tiefem Dekolleté und Baseballschläger posiert, wie sie grazil auf Legida-Demos mitläuft, einen Luftballon mit der Aufschrift NSU in der Hand. Nun chauffiert sie mich durch die schöne Stadt Leipzig. Wir mögen beide Hunde, sie erzählt mir von ihrem. Sie erzählt von ihrer Mama, die jetzt bei ihr eingezogen ist, weil die sich von ihrem Freund getrennt hat. Wir reden über dies, das, verschiedene Dinge, wir verstehen uns ausgezeichnet, sie, das hübsche Nazigirl, und ich, der Undercoverjude. »Ich habe übrigens einen Freund«, sagt sie, und mich überkommt eine feine Melancholie. Wie Romeo und Julia, denke ich, eine verbotene Liebe, a pair of star-crossed lovers, alas, divided by centuries of racism and deep-seated hatred. Ach, wann werden sich Nazis und Juden endlich vertragen?

Dann kommen die E-Mails von Heidi, der pinken Naziaktivistin aus Augsburg. Ganz herzlich lädt sie mich zu Sommerfest und 25-Jahr-Feier der Gedächtnisstätte Guthmannshausen ein, wo ein illustrer Kreis von prominenten Holocaustleugnern und Neonazis der deutschen Toten des Zweiten Weltkriegs gedenkt. Das Programm ist verheißungsvoll: »Missachtung des Völkerrechts gegenüber dem Deutschen Volk – Vertritt die BRD-Regierung noch deutsche Interessen?« nennt sich einer der Vorträge, danach wird auch die Uraltnazisse Ursula Haverbeck ein paar Worte des Hasses kundtun, und für Kinder wird Ganztagsbetreuung geboten samt »Märchenerzählungen und Spielen unter freiem Himmel«. Ich sage Heidi dennoch kurzfristig ab.

Natürlich sehnen sich auch Nazis zurück ins Reich, aber ...

Nein, ich habe keine wirklich gute Ausrede. Ich will da einfach nicht hin. Will nicht die 15 Euro Teilnahmegebühr plus Übernachtungskosten entrichten. Ich habe mir Fotos im Netz angesehen, und mich ekelt die Vorstellung, dort inmitten von spalierstehenden Glatzen und gescheitelten Nazis ein Wochenende zu verbringen und lächeln zu müssen.

Heidi ist enttäuscht, aber berichtet mir per Mail ausführlich von diesem »Ort der Stille, des Friedens und natürlich des Gedenkens«, von Frau Haverbeck, die »nur so vor Elan, Lebensfreude und Vitalität« sprühe, und beendet ihre E-Mail optimistisch:

Lieber, geschätzter Tobias,
Ich finde dein Engagement hinsichtlich der Errettung Deutschlands und somit der Welt unentbehrlich und einfach toll. Weiß nicht, wie ich es sagen soll ... Du bist ein durch und durch sympathischer Kerl. Lass uns in Zukunft gut zusammenarbeiten. Die Wahrheit soll siegen!

Und auch Rüdiger und Marco wollen weiterhin mit Patera die Welt retten.

Beide sind sie erst mal aufgebracht, beide schreiben sie wütende E-Mails, so wütend, dass all unsere schönen Sicherheitsvorkehrungen vergessen werden. Sie laden einander aus. Sie telefonieren beide mit mir.

»Sehr gut, Rüdiger«, sag ich, »der Marco ist schwach, der hat keine Kontrolle über seine Gruppe, der weiß nicht, was er will.«

»Sehr richtig, Marco«, sag ich, »der Rüdiger hat sich in das eine Thema derart reingesteigert, der ist zu keinem klaren Gedanken mehr fähig.«

Rüdiger bittet mich herauszufinden, wer denn zu Marco gehen wird. Marco bittet mich herauszufinden, wer sich Rüdiger anschließen will. Denn klar ist, und das schreiben auch beide in ihren wütenden Rundmails: Wer die Veranstaltung des jeweils anderen besucht, der darf sich als rausgeworfen betrachten!

Es ist eine Frage von Loyalität und Geschmack, man muss sich entscheiden.

Auf der einen Seite die Querfrontler, die Taktiker und PR-Strategen: Marco, Wojna, Christoph Hörstel, womöglich die Hippies. Schwer zu sagen, wer sonst noch bleibt. Marie kündigte mir schon in Leipzig an, langsam die Schnauze voll zu haben.

Ich muss gestehen, ich finde die andere Seite deutlich attraktiver: Der anstrengende Rüdiger mit den kompromisslosen Kerls. Der Stammtisch Halle und die Männer aus dem Dorf. Das sind die richtig Staatenlosen, die geben einen Scheiß auf PR und Feinfühligkeit. Und die sind bewaffnet! Man trifft sich im Dorf der Männer, tief im Osten, in einer Schützengilde. Wo auch sonst.

Die Entscheidung ist gerade gefallen, da mache ich einen Fehler, den ich sonst nie mache: Ich informiere mich vor meinem Trip über mein Reiseziel.

Tippt man den Ortsnamen, das Dorf der Männer, in eine Suchmaschine, informiert das Internet einen über Schlägereien von Rechten mit Flüchtlingen, über den steigenden Crystal-Meth-Konsum von jungen Müttern und über explosive Chemikalien, die in Kellern von Reichsbürgern sichergestellt werden. Ich überspitze natürlich ein wenig, es gibt auch weniger skandalträchtige Meldungen. Etwa über umgestürzte Bäume, »Jugend musiziert« und verlorene Regionalfußballspiele.

Die Internetpräsenz des ausgemachten Treffpunkts ist auch nicht einladender. Eine Schützengilde ist natürlich einfach ein Schützenverein, bloß mit bedrohlicherem Namen. Die Webseite zeigt Menschen, die sich automatische Maschinengewehre an die Backen drücken und konzentriert durch Fernrohre linsen, und auch ein Bild, auf dem grimmige Gestalten ihre Pistolenläufe direkt in die Kamera richten. Als hätte der Fotograf kurz vorm Knipsen etwas Falsches gesagt.

Ich bin mir nicht sicher, ob ich da wirklich hin möchte.

Eine Bekannte von mir, lassen wir ihren Namen mal ganz raus, kommt ursprünglich aus dem Männerdorf und kennt die Männer. Mit einem war sie sogar auf der Schule. Wer in dem Dorf lebt, der kennt die eben. Allerdings soll ich das Dorf nicht andauernd »das Dorf« nennen, sagt sie. Das sei eine Kleinstadt mit 20 000 Einwohnern, und schön sei es da auch. Wir telefonieren nur kurz, aber schon das beruhigt mich: Zwar hält auch sie die Präsenz der Männer für ein Problem, womöglich für ein gefährliches, aber sie erzählt mir von regem Widerstand gegen die rechte Front. Dann lacht sie, erzählt Anekdoten, und es klingt so, als wären die Männer nur ein paar dumme, alberne Buben. Nennenswerte Sorgen bereiten ihr meine Reisepläne also offensichtlich nicht. Alles Weitere wollen wir bei einem Kaffee in der kommenden Woche besprechen.

Zu diesem Treffen kommt es nicht. Kurzfristig schickt sie mir eine SMS und sagt ab.

»Lass mich einfach in Ruhe.«

Aber wollte sie mir nicht Hinweise liefern, mir auch eine Einschätzung geben, wie gefährlich es in dem Dorf werden könnte?

Nach fünf langen Minuten Funkstille: »Fahr lieber nicht ... Bitte. Ich mach mir Sorgen. Sag das lieber ab, bitte, bitte. Ich hab Angst um meine Familie dort, wenn dein Buch dann kommt. BITTE!«

Später am Tag ruft sie mich noch zurück. Ich verspreche ihr, nicht zu fahren, aber sie hört mich nicht. Bettelt mich weiter an. Droht mir sogar. Fleht dann wieder.

Ich glaube, das nennt man Angst.

Vielleicht haben die Reichsbürger es bereits geschafft. Vielleicht gibt es sie tatsächlich, die Orte, Dörfer und Städte, in denen die Bundesrepublik nur noch leere Behauptung ist. Wo die Regeln aus einer anderen Zeit stammen. Wo das Naturrecht herrscht, eine ausgedachte Schöpfungsordnung, in der massige Motorradfahrer und wahnsinnige Prediger die Straßen und Köpfe regieren.

Ein paar Monate später treffe ich die Bekannte übrigens durch Zufall wieder. Sie entschuldigt sich für den Ton ihrer Nachrichten. Außerdem könne ich jetzt ins Dorf fahren, sagt sie. Ihre alte Mutter dort sei mittlerweile verstorben.

Ich kondoliere. Ich fahre trotzdem nicht.

In der Nische

»Und? War's nett bei Putin?«

Christoph Hörstel lässt sich von Pateras flapsiger Frage nicht aus der Façon bringen. Ganz staatsmännisch sitzt er da und schaut tiefgründig. »Sehr nett. Wladimir Putin ist exakt so nett, wie er auch wirkt.«

»Tatsächlich?«

»Ein kleiner, feiner Mann. Mit einer fast weiblichen Ausstrahlung. Sehr interessant. Völlig offen. Sehr, sehr in seinen Schuhen stehend und richtig nett.« Hörstel klingt verliebt. Dabei währte seine Audienz beim russischen Präsidenten gerade mal anderthalb Minuten. »Wir haben jetzt eine laufende Verbindung zu seinem Präsidialamt, das ist nicht zu unterschätzen.«

Wir sitzen von Smooth Jazz beschallt im Séparée, der Tisch ist viel zu lang, der Kaffee viel zu teuer, wir warten auf Schweinemedaillons und Champignonschnitzel. Hörstel hat für uns in einem gehobenen Kasseler Restaurant einen Raum für fünfzig Teilnehmer reserviert. Wir sind zu siebt. Nicht mal Wojna ist gekommen. Der hat gerade ein Gerichtsverfahren wegen Verleumdung am Hals: hat irgendwas über einen Fotografen behauptet, nachdem ein Bild aufgetaucht ist, das den Musiker beim Plaudern mit einem Nazikader zeigt.

Aber auch die dürftige Teilnehmerzahl lässt Hörstel nicht an sich rankommen. Das Einzige, was ihn empört, ist die ausbleibende Berichterstattung über seinen Staatsbesuch. Da erkenne man die Lobby des hundsgemeinen Presseapparats: Über ihn berichtet niemand, aber kaum spielt die Technoband Scooter ein Konzert auf der Krim, schon ist die Presse voll davon.

»Aber mag es nicht sein, dass H. P. Baxxter noch ein wenig berühmter ist als Sie, Herr Hörstel?«

»Wer? Wer soll das sein?«

»Der Sänger von Scooter.«

»Keine Ahnung, nie gehört. Ich habe Scooter nie gehört!«

Hörstel hat eine Liste mit Forderungen erstellt und mitgebracht.

»Sofortiger Rücktritt der gesamten Regierung und Wahl

einer Interimsregierung mit mindestens einem Vertreter von ›Der Marsch‹.«

Hier drinnen, im Séparée, in der Nische, kann er das fordern.

Da draußen kursieren derweil Gerüchte über Hörstels finanzielle Situation: Über Privatinsolvenz, offene Schulden, Betrügereien. Ein ehemaliger Weggefährte und Verschwörungsblogger ruft zum Boykott der Deutschen Mitte auf.

Hier drinnen träumt Hörstel davon, wie wir das Regierungsviertel besetzen und wie Russland, China und die islamische Welt uns zu Hilfe eilen werden.

Da draußen wird seine Partei bei der Bundestagswahl 0,1 Prozent der Stimmen bekommen. Ich will das nicht kleinreden. Das sind immerhin 63 000 Wähler. So viele Einwohner hat Grevenbroich oder Neubrandenburg.

Hier drinnen spricht Hörstel von den »Wächtern«, einer eigenen Bürgermiliz, und von einem Mitspracherecht über die Medien, die uns die Regierung einräumen müsse.

Da draußen muss Hörstel kurz nach der Wahl seine eigene Partei verlassen.

Herr Hörstel hat sich einen Zentis-Marzipanriegel mitgebracht, den er jetzt verspeist. Herr Hörstel ist ein ungemein hungriger Mann.

Ich verstehe, warum Herr Hörstel hier in der Nische sein will. Woran er glaubt oder nicht, ist da ganz unerheblich. Früher, als er noch für den öffentlich-rechtlichen Rundfunk arbeitete, da war er ein Journalist von vielen. Jetzt ist er der Herr Hörstel. Der einzige Verschwörer, den man siezen muss.

Ein hutzliger Mann ist aus dem Allgäu angereist. Er verteilt selbstverfasste Manifeste. Er glaubt, dass die Regierung ihn mit elektromagnetischen Strahlenwaffen foltere. Ihm würden deswegen schon die Zähne ausfallen. Der Mann hat den allergrößten Respekt vor den Herren Hörstel und Patera.

In der Nische, im Séparée, da hat Herr Hörstel Macht. Über den Mann aus dem Allgäu, über die anderen Verschwörer, sogar über sein eigenes Leben.

Ich verstehe, warum Herr Hörstel hier ist. Ich mag es, wie der Mann aus dem Allgäu Patera um seine Meinung bittet. Fragt, wie er helfen könne. Ich spüre da so ein angenehm-fürchterliches Prickeln. Fühlt sich nicht schlecht an, respektiert zu werden. Es ist ganz schön geil, mächtig zu sein. Nicht, dass Patera schon mächtig wäre, aber er riecht es, er schmeckt es förmlich. Ganz leicht, vorne auf der Zungenspitze.

3.

DIE REISE INS GUTE, ALTE DEUTSCHLAND. SOUVERÄNISTEN, DIE AFD UND DAS ENDE DER WELT

»Jawoll!« – Jürgen Elsässers Hassmanufaktur

Elsässer rettet Deutschland

Bei all den ineinander verschwimmenden Begrifflich-
keiten gibt es im Reich doch zwei unumstößliche Kategorien: die Mächtigen und die Untertanen, zwei unver-
kennbare Menschentypen. Die einen haben Autorität,
die anderen sehnen sich danach. Und Tobias Patera,
der immerhin nach dem omnipotenten Herrscher eines
Traumreichs benannt ist, hat Blut geleckt, den Kupfer-
geschmack noch auf der Zunge. Der nächste logische
Schritt ist also der Griff nach der Macht, aber bitte
schön nicht nach dieser popeligen Macht am lunatic
fringe, am Wahnsinnsrand der Gesellschaft. Dort gibt
es schon zu viele Player, die sich um Vorherrschaft und
die Ersparnisse der Verzweifelten zanken. Davon habe
ich genug.

Wir verlassen also den Rand. Den Wahnsinn kann
man auch in die Mitte der Gesellschaft tragen. Es drängt
Patera in die Politik. Und es kommt nur ein Mann in
Frage, der Tobias Patera beibringen kann, wie man mit
Wahn im Kopf, Angst im Bauch und dem Reich im Her-
zen Karriere machen kann.

»Mein Name ist Jürgen Elsässer, ich bin Deutscher,
und ich werde nicht zulassen, dass unser schönes
Deutschland vor die Hunde geht!«

Dieser Satz, mit dem Elsässer seit ein paar Jahren seine
Reden zu beginnen pflegt, dieser eine Satz genügt, und

die Menschen sind begeistert. »Jawoll!« rufen die ersten. Seine Leserschaft verehrt ihn, sie lieben seine dröhnenden Worte und seine sorgsam gescheitelte Silbermähne. Elsässer ist Herausgeber und Chefredakteur der ultrarechten Zeitschrift Compact, Aktivist, Ex-Linker, Neu-Rechter und Verschwörungstheoretiker par excellence – kaum einer tanzt so wild über das straff gespannte Stahlseil zwischen Naziparole und bürgerlichem Ressentiment wie er. Momentan ist er auf großer Werbetour für die AfD. »Compact Live« nennen sich die Veranstaltungen, organisiert von Elsässers Magazin und der AfD. Parteipolitiker und rechtsradikale Prominente treten hier auf und zum Abschluss auch immer Elsässer selbst, als sein eigener Stargast.

Jürgen Elsässer reagiert nicht auf Pateras Gesprächsanfrage, und der Systempresse gibt er ohnehin keine Interviews mehr. Also kaufe ich mir die jüngste Ausgabe seiner Zeitschrift – mit Xavier Naidoos Gesicht auf der Titelseite (»Jagd auf Naidoo. Zensur in Deutschland« und gleich drunter: »Macron. Rothschilds Präsident«) – und mit der Zeitschrift voll nagelneuer Verschwörungstheorien unterm Arm mache ich mich auf, immer dem Herrn Elsässer hinterher.

Hyänen

Zum Beispiel Bad Königshofen im Grabfeld, zu Füßen der Haßberge, die wirklich so heißen, im hohen Norden Bayerns. Im Ort die Frankentherme, eine gesichtslose Mehrzweckhalle. Den Kern der Anwesenden bilden die vieldiskutierten durchschnittlichen AfD-Wähler: Männer gehobenen Alters. Die ersten körperlichen Verfallserscheinungen haben sich eingestellt. Vielleicht bekommt so die Nostalgie eine sinnliche Qualität, vielleicht vermischt sich so die politische Sehnsucht mit der Erinnerung an jugendlichen Stoffwechsel und schmerzfreie

Gelenke, damals, als man noch die Deutsche Mark in den deutschen Knochen spürte.

Die Männer sind beinahe uniform gekleidet, in Baumwollhosen und kurzärmeligen Button-Downs und Polohemden in beige oder creme oder karo, aber immer gedeckte Farben, wie auf einer verblichenen Fotografie. Mannigfaltige Abstufungen von Seriosität. Es kommt mir vor wie Tarnkleidung.

Neben mir Dietmar, sechzig, Gymnasiallehrer für Bio und Chemie. Er wünscht sich »Patriotismus ohne Nationalismus« und eine »ordentliche Flüchtlingspolitik«. Im Gegensatz zu den meisten hier ist er nicht nur ein gemäßigter AfD-Wähler, sondern auch ein gemäßigter Biertrinker. Mit den Themen Souveränität und Verfassung kann er persönlich wenig anfangen: Wenn das Land souverän regiert werde, sagt er, dann sei es de facto auch souverän. Drum müsse eben die AfD regieren. Ich versuche nachzubohren, aber Dietmar mag nicht mehr. Wir verstehen uns trotzdem gut. Als die sieben Redner des Abends zu pathetisch aufbrausender Musik die Bühne erklimmen, müssen wir beide lachen.

Innerhalb von zwei Wochen höre ich Elsässers Rede dreimal. Immer erscheint er mit weißem Kragen, akkuratem Krawattenknoten und hochgekrempelten Ärmeln. Elsässer zeigt Unterarm, wir sind unter uns. Seine Fähigkeiten als Redner hat er in den letzten Jahren bei den vielen Pegida-Kundgebungen im ganzen Land gestählt.

»Zwei Millionen rein, eine Million raus!« Elsässer rechnet gleich zu Beginn vor, wie die Deutschen von »Scheinasylanten« ersetzt werden: »Das nenne ich Volksaustausch!« Die Leute applaudieren. »Und wenn die Regierung das Volk austauschen will, dann muss das Volk die Regierung austauschen!« Da ist sie wieder, die Umvolkung. Elsässer nutzt die Verschwörungstheorie als Folie für seine gesamte Rede.

Seit Jahren träumt Elsässer von einem Marsch auf Berlin, einem Umsturz wie 1989 oder vielleicht doch eher wie 1922 der Marsch auf Rom. Elsässer träumt vor, Marco und Hörstel und wie sie nicht alle heißen träumen ihm nur hinterher. Die Menschen lassen sich gerne von Elsässer mitreißen, auch hier. Elsässer macht ihnen keine Angst, er macht ihnen Mut zum Hass. Gut gelaunter Zorn. Kaltherziger Populismus mit schwülen Witzen, vorgetragen im breiten badischen Tonfall.

»Wer im Burkini baden will, soll das im Persischen Golf machen.« Gekicher.

»Das hier ist Almanya, nicht Antalya!« Gelächter.

»Der Islam passt nach Deutschland wie die Reeperbahn nach Mekka!« Gewieher.

Und syrische Flüchtlinge? Die seien entweder Dschihadisten oder Feiglinge, einzig für christliche Frauen und Kinder würde er eine Ausnahme machen. »Aber erst fragen wir die das Vaterunser und die Zehn Gebote ab.« Die Lachsalven werden abgefeuert, die »Jawolls!« werden gerufen, und ich rufe mit. Man übertönt die eigene Grausamkeit.

Die Pointen landen jedes Mal. Ich stelle mir vor, dass einige der kalt kichernden Männer um mich herum eigentlich gut meinende Hyänen im Menschenkostüm sind. Ich finde die Vorstellung irgendwie tröstlich.

An einem Tisch kann man neben Magazinen auch Compact-Jutebeutel und T-Shirts mit rotem Aufdruck erwerben: »Freiheit für Deutschland« steht da drauf oder wahlweise »Ami go home«. Die T-Shirts sind ausschließlich in Männergrößen erhältlich, L oder XL für 19,90 Euro.

Die Menschen um mich herum, zum Beispiel in Bad Königshofen, zum Beispiel in Garmisch-Partenkirchen, zum Beispiel in Kahla, diese Menschen reden nicht. Sie schimpfen. Natürlich auf die Flüchtlinge und die Moslems und den Genderwahn – das Wort Gender wird mit hartem G und voller Ekel ausgesprochen –, aber das ist nur der Ausgangspunkt. Sie schimpfen auf alles. Man beschwert sich, schnauzt, motzt, wettert, wütet, knurrt oder bellt. Egal, worum es geht. »Grüß dich, bist du auch hier?«, schimpft zum Beispiel einer, und der andere beschwert sich zurück: »Hast du mir noch kein Bier bestellt?« Einer beschimpft die Schnitzelpreise, ein anderer die Börse, ein dritter schimpft über die Parkplätze oder das Wetter oder seinen Nachwuchs. Voller Empörung schütteln die Männer dann ihre roten Köpfe und grauen Schnauzbärte, und die schweigenden Gattinnen legen bedrückt die Hände in den Schoß, dann wird weitergeschimpft.

So viel Wut. Wut kann man in Form gießen wie kochendes Eisen.

Xenophobie und Flüchtlingspolitik bringen die Menschen im Zorn zusammen, und Jürgen Elsässer holt sie ab, führt sie weiter in eine Bundesrepublik voller Verschwörungen. Er macht die Gefahr unmittelbar. Er macht den vermeintlichen Volksverrat zu einer persönlichen Angelegenheit. Man müsste Vorher-Nachher-Bilder anfertigen. Die Menschen kommen mit Wut und gehen im Hass, kommen missmutig und gehen mit Mission. Aus Grantlern werden hier Widerstandskämpfer gemacht. Aus Menschenfeinden werden Erlöser. Das hier ist eine Hassmanufaktur.

In Elsässers Erzählung ist die Umvolkung in vollem Gange, Dschihadisten werden subventioniert, und alte Großmütterchen müssen in den Knast, weil sie ihre Rundfunkgebühren nicht zahlen. Und die Politiker – solange sie nicht selbst Landesverräter sind – werden gezwungen, Folge zu leisten: »Wenn sie nicht mitspielen, dann geht der Fallschirm nicht auf.« (Hier immer mäch-

tiger Applaus – Jürgen Möllemann ist offenbar unverges-
sen.) All das sagt Elsässer, und dann dröhnt er mit seiner
sonoren Stimme den stärksten und größten Satz, den er
in petto hat: »Diese BRD wollen wir nicht – wir wollen
unser gutes altes Deutschland zurück!«

Vier- bis fünfmal bringt er diesen Satz pro Rede. Diese
Forderung ist das Herzstück. Das Publikum gerät ganz
aus dem Häuschen. Anfangs sind es vereinzelte Grunz-
laute der Zustimmung, aber zum Ende der Rede verfallen
die Herren um mich herum kollektiv in ein rhythmi-
sches Geschnaufe. Eine Symphonie aus Testosteron, Hass
und überhöhten Cholesterinwerten. Das Gefühl, ihrer
Privilegien beraubt zu werden, wird zu einer Gewissheit:
Jemand hat euch euer Land weggenommen!

»Jawoll!«

Wir wollen unser gutes, altes Deutschland zurück-
erobern. Wo auch immer es sein mag.

Elsässer war mal links und das sehr. Er begann seine
politische Karriere in den Siebzigerjahren beim Kom-
munistischen Bund, schrieb für so ziemlich jede linke
Publikation in Deutschland, war Mitherausgeber der Wo-
chenzeitung Jungle World und Mitbegründer der Zeitschrift Bahamas, er schrieb Bücher über Antisemitismus,
Kommunismus und Rechtsradikale und war Chefideo-
loge der Antideutschen Bewegung: gegen Nationalismus
und Antiamerikanismus, für bedingungslose Solidarität
mit Israel. Das war Anfang der Neunzigerjahre. Von
Linksaußen schaute Elsässer damals besorgt auf einen
wiedererwachenden deutschen Nationalismus im wie-
dervereinigten Deutschland und befürchtete, den Geist
des Deutschen Reiches wieder zu spüren. »Nie wieder
Deutschland«, forderten die Antideutschen. Elsässer
behauptete mal, er habe sich diesen Slogan ausgedacht.
Jetzt hat er einen neuen.

Es gibt ja einige Menschen und nicht wenige Radikale, die in ihrem Leben eine ideologische 180-Grad-Wende und das gesamte politische Spektrum durchlaufen. Man kann Elsässers ideologische Abwanderung nachzeichnen, wie er sich nach dem 11. September und den folgenden Kriegen vom proamerikanisch-antideutschen Lager abwandte, sich dabei von der Linken überhaupt löste und den Nationalismus für sich neu fand, im Querfrontlager bei Mahnwachen und Aluhüten neue Verbündete suchte, bevor er zur Stimme von AfD und Pegida wurde. Aber Elsässer hat es damit tatsächlich geschafft, genau das zu werden, wovor er selbst immer gewarnt hatte. Ich lese Texte von ihm, gut zwanzig Jahre sind die alt. Elsässer schreibt über sekundären Antisemitismus und systemischen Rassismus, über verkürzte Kapitalismuskritik und warnt vor der Verkehrung von Täter und Opfer.

Elsässer, der ultrarechte Hassprediger, weiß sehr genau, was er tut.

Zum Beispiel in Garmisch-Partenkirchen. Da donnert Elsässer: »Ein Terrorist, der ankündigt, Deutsche abzuschlachten, wird, wenn er mal festgenommen wird, sofort wieder freigelassen, damit er seinen Anschlag auch ausführen kann! Das ist die BRD!« Ein dicker Bayer mit schwarzer Lederweste wird von Tatendrang übermannt. Er ist so aufgewühlt, dass er sich eine ganze Schnitzelhälfte in den Mund stopft. Als er merkt, dass er sie nicht zerkauen kann, speit er sie zurück auf den Teller.

»Jawoll!«, rufe ich.

»Wir wollen unser gutes, altes Deutschland zurück!«, ruft Elsässer.

Elsässers eigentliche Leistung ist die Zweideutigkeit. Alles, was er sagt, könnte wahnsinnige Überzeugung sein oder nur Polemik, aggressivste Verschwörungsideologie oder rhetorische Überspitzung. Er lässt sich nicht festnageln, der Jürgen, aber dem Publikum ist das eh egal. Seine größten Rassismen bringt er in Zitaten, Judenhass nur in augenzwinkernden Anspielungen. Und so jongliert er auch mit der BRD-Frage.

»Die BRD ist eine Schrumpfform von Deutschland«, erläutert er. »Das ist nicht das alte Deutschland, das wir kennen von vor 1989.«

Von vor 1989 ... Das ist rätselhaft. Ist Deutschland mit der Wiedervereinigung geschrumpft? Mit dem 2+4-Vertrag etwa unsouverän geworden? Ist der Euro schuld, die EU, die NATO? Wo genau liegt das, wie sieht das aus, Elsässers »gutes, altes Deutschland«?

Wovon redet er?

»Wovon redet er?«, frage ich Dietmar. Dietmar denkt nach. Er kann das noch ganz gut, er ist erst bei seinem zweiten Bier.

»Ich würd das nicht so wörtlich nehmen. Das ist Nostalgie.«

Vermutlich hat Dietmar recht. Es ist Nostalgie, allerdings Sehnsucht nach einer BRD mit vollen Souveränitätsrechten, ohne Bespitzelung der Amerikaner, ohne Migranten, mit klar definierten nationalen Interessen und einer stahlharten Deutschen Mark im freien Wettbewerb. Heimweh nach einem Ort, der nirgends ist. Nostalgie nach einer Zeit, die niemals war.

Der Begriff Nostalgie geht übrigens auf das 17. Jahrhundert zurück. Der Schweizer Arzt Johannes Hofer untersuchte damals Söldner, die in der Fremde dienten und unter krank machendem Heimweh litten: Schlaflosigkeit, Appetitlosigkeit, Weinkrämpfe und Herzklopfen, »weil sie sich nicht in ihrem Vaterlande befinden, oder es niemals wiederzusehen befürchten«. »Nostalgia« nannte Hofer dieses Phänomen und kam zu dem Schluss, dass es sich dabei um eine Nervenkrankheit dämonischen Ursprungs handeln müsse.

Die AfD und die Sehnsucht nach Souveränität

Zum Beispiel München. Ein AfD-Stand in der Fußgänger-zone.

Der eine: »Sorry, aber nee, über so Reichsbürger-schmarrn, das ist hier jetzt echt mal kein Thema hier. Das kannst du alles im Netz nachlesen.«

Der andere: »Kennen Sie das Zitat vom Schäuble? Deutschland ist seit 1945 kein souveräner Staat mehr. Hat der zugegeben.«

Der eine wieder: »Aber das ist jetzt hier echt nicht Thema.«

Es ist doch so: Eindeutigkeiten gehen auch in der Rech-ten nicht mehr. Wer sich klar als Nazi, Staatsleugner, An-tisemit oder Antidemokrat outet, bekommt Probleme. Mit der Reichsbewegung ist es nicht anders. Offiziell dis-tanziert sich die AfD von ihr, und nach den tödlichen Schüssen auf den Polizisten in Georgensgmünd tut sie das umso stärker: Reichsbürger hätten in der Partei nichts ver-loren, ließ man verlauten, genauso wenig wie Neonazis. Stattdessen trifft man auf strategische Zweideutigkeiten, auf vage Anspielungen und Codes.

Zum Beispiel Garmisch-Partenkirchen. Der Gasthof zum Rassen. Noch eine Dreiviertelstunde bis Veranstal-tungsbeginn. Zwei Männer reden über Waffen. Es geht um Kalibergrößen und Reichweiten, Treffsicherheiten bei Regen und Nussbaumschäfte an Gewehren mit Frauen-namen und so richtig schön Bumms. Wir trinken Bier und essen Fleisch, über uns die skelettierten Augenhöh-len eines wuchtigen Hirschkopfes.

Der eine erzählt, dass er aus der Elternvertretung an der Schule seiner Tochter geworfen wurde. Nur weil er AfD-Mitglied sei. Eine Frechheit, sage ich und meine das auch ehrlich.

»Das ist Diktatur«, findet der andere. Wir hätten das Recht auf Widerstand, sagt er: »Artikel 20, Absatz 4.« Auf seinem Oberarm eine gut gestochene Tätowierung:

Landser hinter Stacheldraht. Aus den Lautsprechern dröhnt weinerliche Schlagermusik, eine sehnsuchtsvolle Stimme jodelt sich in die Heimat zurück.

Eine demokratische Partei kann ihrem Staat nicht die Legalität absprechen. Aber man kann von einem Mangel an Souveränität reden: Deutschland lenke sich nicht mehr selber, sagen sie, die BRD sei nicht mehr unabhängig und nicht mehr so stark wie, na ja, früher. Das klingt gut, das findet Widerhall bis weit in die Mitte der Gesellschaft. Es entsteht ein binäres System: dort die gekauften Systemparteien, hier die Alternative.

Habe ich eigentlich erwähnt, dass die Compact sich im Untertitel »Magazin für Souveränität« nennt?

Aber ein scharfer Cocktail wird daraus erst im Zusammenspiel mit dem Vorwurf, man würde sich in der BRD in einer Quasi-Diktatur befinden. Denn wie soll das gehen, eine unsouveräne Diktatur? Wer und wo sind die Diktatoren?

Alternative für Deutschland, Grundsatzprogramm 2016:
Heimlicher Souverän ist eine kleine, machtvolle politische Führungsgruppe innerhalb der Parteien. Sie hat die Fehlentwicklungen der letzten Jahrzehnte zu verantworten. … Es handelt sich um ein politisches Kartell, das die Schalthebel der staatlichen Macht, soweit diese nicht an die EU übertragen worden ist, die gesamte politische Bildung und große Teile der Versorgung der Bevölkerung mit politischen Informationen in Händen hat. Nur das Staatsvolk der Bundesrepublik Deutschland kann diesen illegitimen Zustand beenden.

Hier wird die Legitimität des Staates geleugnet. Der Politikwissenschaftler Jan Rathje bezeichnet Anhänger dieser Denkweise als »Souveränisten«. Nicht direkt Reichsbürger, aber Cousins.

Denn da ist eine geheime Machtelite, ein Staat im Staate. Wer das genau ist, wem das Kartell gehorcht, das wird der Fantasie des Wählers überlassen. Aber man hört es ja munkeln: von EU, NATO, Washington, Jerusalem, Hochfinanz ... In jedem Fall ist eine Verschwörung im Gange!

Zum Beispiel Garmisch-Partenkirchen. Der AfD-Bundestagskandidat und Vermögensberater Peter Boehringer hält einen bestürzend langweiligen Vortrag mit Powerpointpräsentation. Es geht um Gold. Boehringer mag Gold und will alle deutschen Goldreserven auch in Deutschland wissen. Denn er glaubt an den bevorstehenden Crash, die Implosion des gesamten Wirtschaftssystems, orchestriert von den global operierenden Eliten und Weltregenten. Die einzige Rettung? Gold. Neben Gold empfiehlt Boehringer auch, Zigaretten und Schnaps im Keller zu lagern. Als Krisenwährung. Mein Sitznachbar mit dem Landsertattoo freut sich: Kippen und Korn hat er beides zu Hause.

Boehringer ist mittlerweile Vorsitzender des Haushaltsausschusses im Bundestag.

Fälle von AfD-Funktionären, die entweder Reichsbürger sind, waren oder derartige Theorien verbreiten, finden sich vom hinterletzten Provinzkaff bis in die Bundestagsfraktion. Wen wundert's? Alexander Gauland verniedlichte über Jahre hinweg die Reichis als »harmlose Irre« und hieß sie in der Partei willkommen. So bekam er Parteifreunde wie Doris von Sayn-Wittgenstein, die es zur AfD-Landeschefin in Schleswig-Holstein schaffte und im Dezember 2017 nur um Haaresbreite die Wahl zur Bundesvorsitzenden verlor. Kurz nach dem Parteitag stellte sich heraus, dass die Dame 2009 im Gründungsvorstand des Reichsbürgervereins »Die Deutschen« gesessen hatte – oder gesessen hätte, wäre der

Initiator der rechtsextremen Initiative (und Autor von »Die BRD ist kein Staat«) nicht kurz vor der letztgültigen Vereinsgründung verstorben. Damit konfrontiert, wollte Sayn-Wittgenstein von der ihr zugedachten Rolle nichts wissen und vergaß kurzzeitig, was Reichsbürger eigentlich sind: »Das ist doch recht kraus, was die bringen, oder?« Allerdings konnte sie sich zwei Atemzüge später nicht verkneifen, eine astreine Reichsbürgertheorie zum Besten zu geben: Dass Grundgesetz müsse man ja noch durch eine »echte Verfassung« ersetzen.

Sayn-Wittgensteins vermeintliche Betätigung als Reichsbürgerin wurde in der Öffentlichkeit von einer anderen düsteren Enthüllung überschattet: Anscheinend handelt es sich bei der vermeintlichen Fürstin keineswegs um eine echte Adelige. Reichsbürgerei gut und schön, aber das fand die Presse nun wirklich skandalös!

Die Frage

Bei den Publikumsgesprächen will ich immer eine Frage stellen, so eine richtig fies eindeutige Reichsbürgerfrage. Ich will sehen, wie Elsässer sich verhält. Will sehen, wie er sich windet. Aber daraus wird nichts. Andere kommen mir immer zuvor. Da ruft mal eine puppengesichtige Frau: »Die BRD ist tot!« Einfach so ruft sie das, mittendrin, als habe sie just in diesem Moment die Leiche entdeckt. Eine andere, der die Behörden die Kinder weggenommen haben, erkundigt sich nach dem Friedensvertrag, und einer fragt, weshalb die Journalisten nicht über die BRD GmbH schreiben würden, wenn das doch sogar Sigmar Gabriel zugegeben hätte. Elsässer windet sich aber kein bisschen: »Journalisten sind eben auf dem Berufsstand von Prostituierten.«

Dann eben anders. Tobias Patera bekommt das Saalmikrofon: »Wir haben es an diesem Abend mehrfach gehört, Herr Elsässer: Die Regierung arbeitet gegen die deutschen und sogar gegen die europäischen Interessen. Für wen arbeitet sie dann? Wir müssen doch den Gegner klar benennen können!«

Dafür bekomme ich Applaus in Bad Königshofen. Die Männer in ihren seriösen Mittelstandsuniformen geben mir einen Daumen hoch. Aber Elsässer selbst nickt bloß, dreht sich um und bittet den Vorsitzenden aus Nürnberg, die Frage an seiner Statt zu beantworten. Der scheint auch keine sonderliche Lust zu haben und sagt etwas von globalen Kräften, aber ich, Patera, unterbreche: »Herr Elsässer hat es so schön gesagt: Wir brauchen eine klare Rhetorik. Wie Franz Josef Strauß. Wir müssen die Dinge doch benennen können! Wir müssen doch sagen können, wer dahinter steckt! Und wenn uns die Politik verrät, müssen wir auch wissen, an wen!«

Wieder Applaus. Diesmal lauter. Diesmal länger! Da ist es wieder, dieses angenehm-fürchterliche Prickeln. Populismus ist was Tolles. Höre ich da nicht sogar ein ganz leises »Jawoll«? Nein? Schade.

Es folgt eine zweite aalglatte Antwort, auch ein anderer AfDler versucht sich an der Frage, und sogar die Moderatorin geht darauf ein, sie alle sprechen von Lobbys und Banken und Ostküstenglobalisten, haspeln sich durch ihre Zweideutigkeiten, aber ich hör nicht richtig hin. Ich ernte Anerkennung.

Dietmar, der nette, nüchterne, gemäßigte Dietmar lehnt seinen Glatzkopf zu mir herüber: »Schöne Frage. Aber hast du wirklich geglaubt, dass du darauf eine Antwort kriegst? Das trauen die sich nicht.«

»Wissen die's denn?«

»Wir wissen doch alle, wer das Land zerstört.«

Ach, Dietmar.

Später beim Rauchen werde ich von einer Gruppe blonder Bestien umringt, wunderschöne deutsche Jungens zwischen sechzehn und Mitte zwanzig, athletisch gebaut, durchtrainiert und großgewachsen. Ich will schon zurückweichen, ich glaube mich entlarvt und totgestiefelt, aber die Delegation der Identitären Bewegung Nürnberg-Nord will mir nur zu meiner Frage gratulieren. »Das war ein Su-per-moment!«, sagt einer mit blauen Augen aus Stahl und einer Kieferpartie, als hätte sie ein Meister direkt aus dem Obersalzberg gemeißelt. »Wirklich alle im Raum wussten, wen du meinst, und keiner hat sich getraut zu sagen, wer der Feind ist. Mann, feige Säue!«

»So wird das nichts mit der AfD, da fehlt der Mut«, sagt ein anderer juveniler Herrenmensch.

»Total«, sag ich. Ich hoffe, dass sie mir noch beantworten, wen ich gemeint habe. Aber so doof sind auch die bösen Blonden nicht.

Es hilft ja alles nichts. So kommen weder Patera noch ich weiter. Wir müssen Herrn Elsässer persönlich sprechen. Es geht in den Osten.

Zum Beispiel Kahla

Die Geisterstadt

Der Bahnhof lässt wenig Gutes vermuten, und Bahnhof ist schon zu viel gesagt. Zwei Gleise laufen an einem bretterverrammelten Gebäude vorbei, das einen mit dem Graffiti »Fuck ISIS – Gegen Ausländer – Scheiß Punks« begrüßt. Immerhin. Mit einem Drittel der Aussagen bin ich einverstanden. Auf der Bank schläft ein Mann, die Beine an den Körper gezogen, die Schultern eingefallen, eine Bierflasche vor der Brust umklammert wie ein Kuscheltier. Sein Kinn ruht auf dem Flaschenmund.

Kahla liegt im thüringischen Saaletal, keine zwanzig Kilometer vor Jena, gleich an der Bundesstraße 88. Als die rechtsextreme Szene im Zuge der NSU-Ermittlungen nach und nach aus Jena verdrängt wurde, siedelten sich die Neonazis entlang dieser Straße neu an. Zum einen war auf dem Land nicht mit so viel Widerstand zu rechnen wie in der Großstadt. Zum anderen mögen Nazis Zahlencodes furchtbar gerne, entsprechend lieben sie ihre Heil-Hitler-Straße. Schnell konnten die Rechtsradikalen in Kahla Überhand gewinnen, lese ich in einem Artikel. Von einem »Rückzugsort der radikalen Rechten« ist die Rede, von einer »national befreiten Zone«. Ein Ort wie ein tollwütiger Rauhaardackel, klein und böse, aber dieser Eindruck mag auch der Lektüre geschuldet sein.

Von Neonazihegemonie ist jedenfalls noch nicht viel zu sehen. Überhaupt ist nicht viel zu sehen. Verriegelte Fenster und leeres Kopfstein, vereinsamte Autos, geschlossene Geschäfte. Im Stadtkern pittoreske Bürgerlichkeit und bröckelnde Fassaden. Die elektrische Glastür eines Supermarkts öffnet sich. Niemand kommt heraus, niemand geht hinein. Die Glastür schließt sich wieder. Eine Geisterstadt, in der nur die Graffitis auf Elektrokästen davon zeugen, dass hier irgendwann mal Menschen gelebt haben müssen: Menschen mit Spraydosen, die nicht gut auf Ausländer zu sprechen sind. Im Osten streckt sich die felsige Wand des Dohlensteins in den Himmel. Ein geradezu malerischer Berg.

Entlang der staubigen Straße zum Gasthaus tauchen doch Menschen auf. Autos halten. Schweigende Männer und Frauen steigen aus und gehen in Richtung Gasthaus. In einer Reihe laufen wir jetzt, jedes Grüppchen im Abstand von mehreren Metern voneinander, man grüßt nicht, keiner spricht. Eine zombiehafte Reisegesellschaft auf dem Weg zum Gasthaus Rosengarten. Heute Abend wird dort an Elsässers Seite Martin Hohmann auftreten. Auch ein Wiedergänger.

Hohmann war einst ein wenig bemerkenswerter CDU-Hinterbänkler, aber das änderte er im Jahr 2003 mit einer einzigen Rede: Er verkündete, man könne auch die Juden als »Tätervolk« bezeichnen. Hohmann sprach von jüdisch-bolschewistischen Verbrechen und berief sich auf antisemitische Verschwörungstheorien und den großen Autobauer und Judenhasser Henry Ford. Und weil Hohmann nicht als Antisemit dastehen wollte, formulierte er das alles im Konjunktiv. Hohmanns bestechende Logik: Die Deutschen können kein Tätervolk sein, wenn man dasselbe den Juden vorwerfen könnte. Woher Herr Hohmann wiederum den Vorwurf hernahm, die Deutschen seien ein Tätervolk, sollte sein Geheimnis bleiben. Es ist Rechten und Rechtsradikalen seit 1945 ein Hobby, gegen Schuldvorwürfe anzuschreien, egal ob die gerade jemand vorbringt oder nicht. Zum großen Finale erklärte Hohmann damals noch »die Gottlosen« zu den eigentlichen »Vollstreckern des Bösen«, lobpries den Herrn und wurde dann nach heftiger Debatte aus der CDU geworfen.

Nun ist Martin Hohmann wiederauferstanden, und er ist seit der Wahl sogar in den Bundestag zurückgekehrt, diesmal eben für die AfD. Und heute wird er an der Seite Jürgen Elsässers einen Abend in der national befreiten Geisterstadt Kahla bestreiten

Der Aufmarsch
Dutzende pflaumenblau gepolsterte Stuhlreihen stehen bereit, aber bislang haben erst drei Rentner Platz genommen. Sie massieren sich die müden Knie. Es ist still im plastikverkleideten Saal, nur ein älterer Polizeibeamter lehnt am Compact-Stand und echauffiert sich über das große Unrecht, das dem armen Martin Hohmann 2003 zuteilwurde: »Da sagt mal einer das, was eh alle wissen, und schon kommen die Großinquisitoren.«

Der Compact-Redakteur hinterm Merchandise-Tisch gibt dem Polizisten recht: »Da sieht man, wer hier die Macht hat.«

Kurz sieht man auch Elsässer selbst die leeren Stuhlreihen entlangtraben, in der Hand ein Hefeweizen. Er wirkt melancholisch. Vermutlich wirken demagogische Populisten ohne Publikum immer so.

»Erbärmlich«, sage ich.

»Keine Frage. Die sind hirngewaschen«, erwidert einer mit buntverspiegelter Oakley-Sonnenbrille. Ich setze mich zu ihm auf einen Blumenkübel aus Beton. Bevor es drinnen losgeht, lungert man auf der Terrasse zwischen Sonnenschirmen und rosa Rosenbüschen herum, trinkt, raucht und schaut gemeinsam grimmig auf eine

Handvoll Demonstranten auf der Wiese vis-à-vis. An den Laternenmasten haben die Demonstranten Schilder mit »Nie wieder!«-Schriftzug und Bildern des Kahlaer NS-Arbeitslagers angebracht. Die Rechten sind in Kahla einen solchen Widerstand nicht gewohnt, entsprechend aufgeladen ist die Stimmung.

Es tut immens gut, die Gegendemonstranten zu sehen, den Gegenwind zu spüren. Ich bin dankbar.

»Scheiß Zecken«, sag ich.

»Behinderte Arschlöcher«, sagt die Oakley-Brille.

»Rot-grün-versifftes Pack«, sag ich.

»Systemsklaven. Verrecken sollen die«, sagt er.

»Gut gesagt«, sag ich.

»Prost«, sagt er und saugt das Bier aus seiner Flasche.

Eigentlich interessiere ihn Systempolitik nicht, eh alles nur Theater. Alle gekauft, wie die Demonstranten auch. »Ich schau nur vorbei, dass es hier keinen Ärger gibt.«

Gerne würde ich wissen, wer er ist, was er so macht. Das gehe mich allerdings einen Scheißdreck an, sagt er, und wer ich bin, das interessiert ihn wiederum einen Scheißdreck.

So schnell geht einem in Kahla der Gesprächsstoff aus. Vielleicht ist auch schon alles gesagt.

Es folgt ohnehin der Aufmarsch der Kahlaer Neonazis (also die, die auch wirklich so aussehen), und dieser Aufmarsch beantwortet so ziemlich alle Fragen, die man noch haben kann.

Es ist wie inszeniert und bis zur Perfektion geprobt: Die Gegendemonstranten spielen gerade eine Punkversion von »Bella Ciao« in moderater Lautstärke, da tritt die Armada in V-Formation aus der Straßenunterführung hinter der Wiese. Gelassen, fast in Zeitlupe passieren sie die Demonstranten, würdigen sie keines Blickes. Ein Dutzend Mann, breitbeinig und bösartig. Über den Bäuchen spannen sich schwarze Shirts mit Runenschrift und Tribals und fiesen Aufdrucken von Thor Steinar, Pro Violence, Pitbull Germany. Regelrechte Prominenz marschiert auch mit, André Kapke zum Beispiel, der die Mörder des Nationalsozialistischen Untergrunds unterstützt haben soll. Aber das muss man nicht wissen, um sich anständig zu gruseln: Die Körperhaltungen alleine buchstabieren Gewaltpotenzial.

Es ist Tanztheater, jeder Körper performt. Die Schultern werden vor- und wieder zurückgerollt, Bierbäuche ausgefahren und Fingerknöchel geknackt, Zigarettenstummel in Richtung Demonstranten geschnippt, Kronkorken fliegen mit leisem Ploppen von Flaschenhälsen. In der Nachhut eine junge Nazibraut mit zutätowiertem Hals. Verbissen schiebt sie einen Kinderwagen vor sich her, als sei es ein Rammbock. Sie würde ihn einem auch ohne zu zögern über den Schädel ziehen, da nehme ich Gift drauf. Ein kahlrasierter Naziklops reißt beim Vorbeigehen einen Anti-Compact-Zettel von einer Straßenlaterne. Ein Rechtsrocker mit langem Bart tritt mit nonchalantem Highkick erfolglos nach einem der »Nie Wieder«-Schilder. Schulter an Schulter kommen sie, eine Phalanx aus Prolligkeit und Terror, sie kommen, um zu bleiben. Die Message sitzt. Die Polizisten scheinen den Einmarsch ganz geil zu finden, verfolgen ihn in stiller Bewunderung oder nicken einvernehmlich.

»Bella Ciao Ciao Ciao!« Der Partisanenpunk klingt ein wenig hilflos.

Dann stehen wir alle gemeinsam auf der Terrasse, trinken Biere, rauchen Zigaretten, und der Unterschied zwischen Bürgertum und Neonazi löst sich zusehends auf. Aus der Innenperspektive gibt es keine Verschiedenheitsmerkmale. Wir sind ein Rudel. Wir sind die wissende Elite, die anderen glauben bloß, sie wären Deutsche. Wir sind das Volk, die sind nur Bevölkerung. Dort die BRD, hier die Alternative. Wir sind der Widerstand.

Wir sind im Recht, wir sind im Reich. Dafür braucht man keine langen Gespräche. Die richtige Haltung tut's auch. Patera findet seine eigene Haltung recht schnell. Patera findet sich zurecht.

Bei dieser aufmarschierten Armee stellt sich nicht die Frage, ob auch nur irgendeiner die BRD für einen souveränen oder legitimen Staat hält. »Ob ich die jetzt wähle oder nicht, ist scheißegal«, sagt ein breitbeiniger Junge mit scharf ausrasiertem Nacken und entfernt die Klarsichtfolie von einer frischen Packung Chesterfields. »Das Land kriegen wir so auch nicht zurück.«

In gewisser Weise ist Reichsideologie nur der gute, alte Nazidreck, der es qua Verschwörungstheorie in andere Milieus geschafft hat. Wen sollte es da verwundern, dass er es auch in die AfD geschafft hat? Er musste sich hier auch gar nicht einschmuggeln. Er konnte mit großem Trara einfach aufmarschieren.

Nie wieder Nazis, nirgends

»Gott sei Dank, dass die verfluchten Kommunisten weg sind! Aber sind sie wirklich weg?« Das ist schon Hohmanns größter rhetorischer Knalleffekt. Obwohl er Merkel eine SED-Kommunistin, Diktatorin und Volksverräterin nennt, zündet sein nüchterner Stil nicht. Zu professionell kommt mir das vor, zu sehr Establishment. AfD-Ultra Jens Maier hatte bei einer Compact-Veranstaltung ein paar Monate zuvor eine Apologie auf den norwegischen Massenmörder Anders Behring Breivik gehalten, und Björn Höcke goebbelt mittlerweile fast so gut wie Dr. Goebbels selbst. Die Messlatte für populistische Provokationen hängt hoch oben.

Da kommt Hohmann heute Abend nicht mehr hin. Es wird unruhig im Saal. Die beiden Ronnys, zu denen ich mich gesetzt habe, weil sie am ehesten meinem optischen Anspruch an Neonazis entsprechen, stehen auf und verziehen sich zur Theke. Im Arm der halstätowierten Stahlmutter quakt das Baby vor sich hin. Am Ende erntet Hohmann trotzdem anständigen Applaus. Man mag ihn eben, den Hohmann. Auch wenn seine Reden keinen mehr interessieren, weiß man hier noch, wofür er steht. Beim Publikumsgespräch erinnert er uns auch noch einmal daran, wie er sich 1999 gegen den Bau des Berliner Holocaustmahnmals gestellt habe. Ein wenig Erinnerungskultur muss sein.

Elsässer hingegen ist in absoluter Topform. Seine Pointen sitzen, er verkünstelt sich nicht. Bei den ausgewählten Strauß-Zitaten wird vor Freude gejault, bei »Almanya, nicht Antalya!« schlagen sich die Kahlaer die Ellenbogen gegenseitig in die Rippen, und beim Stichwort »Schicksalskampf«, da reißt es eine ganze Ronny-Kompanie auf die Füße. Süffisante Abscheu ätzt aus jeder Parole und steigert sich zu einem pathosgeladenen Crescendo, bis die »Jawolls!« nur so durch den Saal gewittern. Elsässer ist ganz der Agitator für das Volk, aus dem Volk.

Aber einen Fauxpas begeht er dann doch: »Ich finde Angela Merkel schlimmer als die DDR«, verkündet er und lässt eine Pause für Applaus. Aber der kommt nicht. Elsässer ist irritiert, spricht weiter und versucht es bald noch ein zweites Mal, wieder fruchtlos.

Man mag in Kahla das System ablehnen, man mag gar die BRD für einen illegalen Schurkenstaat halten, aber trotzdem lässt man sich nicht von einem Westdeutschen erklären, wie es damals in der DDR war! Elsässer leistet Abbitte mit einem insgesamt fünffach vorgetragenen »Wir wollen nicht die BRD, wir wollen unser gutes, altes Deutschland zurück.« Das kommt immer gut an, das versöhnt. Und das bezieht sich ganz gewiss nicht auf die DDR.

Und dann schafft Elsässer ganz nebenbei den Rechtsradikalismus ab. Mitten im Publikumsgespräch. Er sagt einen dieser ganz typischen Sätze, ich glaube, es ist wirklich ganz klassisch ein »Wir lassen uns nicht in die rechte Ecke stellen!« Womöglich erwähnt er noch die »Nazikeule«, sowas in die Richtung. Da löst sich ein glatzköpfiger Koloss von der Theke und geht einen Schritt vor. Er trägt ein Runenshirt am Leib, ein Sonnenrad-Tattoo auf der Wade, trägt seine Gesinnung auf dem Körper eingenarbt, und dieser Koloss hebt seine Flasche Radeberger Pilsner in die Höhe und brüllt aus tiefster Seele: »JAWOLL!«

Die Sprache der Neuen Rechten hat die Neonazis in eine Identitätskrise geworfen, denke ich mir und muss darüber lachen. Der Koloss wirkt plötzlich kleiner, und ich stoße mit ihm an.

Ich bin auf Elsässer reingefallen.

Die Rechten haben keine Krise, die leben nur in einem eckenlosen Sumpf. Der Rest der Gesellschaft, also wir, wir gehen derweil in einer Sprachkrise unter. Uns gehen die Worte aus.

Da sind Männer und Frauen, die sich bewusst Insignien des Bösen auf den Leib tätowieren lassen. Da sind welche, die stählerne Härte und blutige Gewalt feiern. Da sind welche, die sich für Opfer ausländischer Degeneration und jüdischer Geheimbünde halten. Und andere glauben, deswegen diesen illegitimen Staat stürzen zu müssen. Aber solange sie sagen, sie seien paneuropäisch-identitäre Ethnonationalisten mit sozialistischer Neigung oder besorgte Bürger oder auch nur Keine-Nazis-Abers, dann kann man dem nicht viel entgegenhalten. Nenn sie einen Nazi, und sie lachen über die rhetorische Keule und erwidern: »Gar nicht, selber!« Weil sie es glauben. Das ist der ganze Zaubertrick, aber es ist ein gewaltiger. Sie müssen nur glauben, die »Guten« zu sein.

Die allermeisten Verschwörungstheoretiker sehen auch im Naziregime nur eine Verschwörung gegen die Deutschen. Hitler war Agent der Alliierten, glaubt Rüdigers Staatenlos-Trupp. Hitler war kein Nazi, sondern Opfer der Rothschilds, denken die Untertanen im Königreich. Hitler war Mahatma, eine große Seele, erklärt mir Johannes am Telefon. Und in Elsässers »Compact« ist zu lesen, dass der NSU-Mördertrupp eine Erfindung der Geheimdienste gewesen sei, um der rechten Szene zu schaden.

Warum sollte dann nicht auch ein Neonazi kein Neonazi sein?

Die Begriffe Nazi und Faschist sind leer. Sie wurden schon vor langer Zeit zu hässlichen Beleidigungen degradiert. »Du Täter!« Vermutlich begann das so um 1945, als keiner mehr einer gewesen sein wollte. Vielleicht hat die Linke sich das Problem auch selbst eingebrockt, als im Zuge der 68er-Bewegung plötzlich alles faschistisch oder zumindest faschistoid wurde, was als Unrecht begriffen werden konnte. Die Worte haben sich jedenfalls verbraucht.

Und so haben wir ein Wort, das wir zwar großzügig benutzen, aber nur weil es als politisch inkorrekt gilt, als böse Beleidigung, die so richtig tief ins Fleisch schneiden kann. Im politischen Kontext geht das N-Wort also gar nicht. Und nein, das Wort »Neger« lassen wir Deutsche uns nicht aus unseren Kinderbüchern wegzensieren, ihr Scheißfaschos! Und dass Israel ein faschistischer Staat ist, das weiß hier jeder Pädagogikstudent mit Dreadlocks. Und die Tierschützer warnen derweil vorm Hühnerholocaust ... Alles Nazis!

Nur die Nazis nicht.

Wo war ich?

Ach ja, in Kahla. Neben einem Giganten mit Runen am Körper. Dann höre ich eine dumme Parole, ein paar Silben, und plötzlich bin ich unbesorgt. Mir ist immer noch klar, neben wem ich stehe, aber weil ich den Koloss in einer Identitätskrise vermute, weil ich plötzlich keine Bezeichnung für ihn habe und weil mir ein wenig schwindelig wird, bleibt mir nur übrig zu lachen und mit dem Koloss Bier zu trinken.

Die größte Lektion, die ein aufstrebender Patera bei Elsässer hätte lernen können: Bemächtige dich der Sprache, forme sie um oder verweigere dich ihr!

Mittlerweile ist das Bier ausgegangen. »Ist doch Scheiße!« Ein Typ an der Theke ballt seine Fäuste, dass sich die Knöchel weiß färben.

»Wir haben nicht mit eurem Durst gerechnet«, sagt das Mädchen hinterm Ausschank und winkt verheißungsvoll mit einer Weinflasche. »Wie sieht's aus? Zwei Euro das Glas.«

Der Typ stürzt sein erstes Glas hinunter und bestellt das zweite gleich hinterher. Es mag im guten, alten Deutschland keine rechten Ecken geben, dafür wird eine phänomenale Menge weggesoffen.

Milan

Milan tritt an den Mikrofonständer. Er ist windschief. Alles an ihm wirkt verdreht, irgendwie falsch, wie eine unglücklich verbogene Gliederpuppe. Er darf eine Frage stellen. So dünn er auch ist, nimmt sein Körper doch wahnsinnig viel Raum ein. Er ist vielleicht vierzig, wirkt aber jünger in seinen Sandalen und kurzen Hosen. Sein langer Arm wedelt ins Publikum, um Ruhe zu bedeuten, dann schnauft Milan ins Mikrofon, und ein böses Fiepsen zieht durch den Raum.

»Bitte nicht so dicht dran«, ermahnt Elsässer.

»Ich bin immer so dicht, Herr Elsässer«, erwidert der Windschiefe. »Ich war mal Dorf-DJ, da macht man das so.«

Lachen. Schnaufen. Fiepsen. Kurz vermutet man einen lebensmüden Antifa-Aktivisten. Dann lässt Milan eine wirre Sprachkaskade durch den Raum scheppern, die ihn über jeden Zweifel erhebt: »Warum schaffen wir nichts? Als Deutsche? Deutsche! Deutsche? Deutschedeutschdeutsche!« In schiefem Singsang fordert Milan den großen Aufstand: »Ich bin an Viktor Orbán und Xavier Naidoo dran! Wir müssen Flagge zeigen, ja, Herr Elsässer!« Er macht einen halben Knicks, vielleicht absichtlich, vielleicht geben seine Beine nach, wischt sich die Haare aus der verschwitzten Stirn, ruft klagend nach einer großen gemeinsamen Aktion und erntet respektablen Applaus. Die Kahlaer sind zufrieden und nicken einvernehmlich.

Natürlich gibt es verwirrte Menschen überall und auf jeder öffentlichen politischen Veranstaltung. Das ist nichts Bemerkenswertes. Bemerkenswert ist allerdings, wenn man Wahn und Parteilinie so gar nicht auseinanderhalten kann. Alles, was Milan sagt, hat Elsässer so ähnlich schon mal geschrieben.

»Das war ne super Sache, die du da gesagt hast!«

»Fandste?«

»Fand ich.«

Milan schwankt, als würde er, von einer einzelnen Klammer gehalten, an einer Wäscheleine hängen und gleich vom Wind weggetragen werden. »Dann sind wir die einzigen beiden hier, die Eier in der Hose haben.«

»So isses. Na gut, und Elsässer, oder? Richtig guter Kerl!«

»Hör mal, der ist gekauft. Der darf doch nur schreiben, weil er von denen gekauft ist.«

»Von wem ist der denn gekauft?«

»Das sagt er eben nicht! Dabei kennt er ihre Namen. Die wirklich wichtigen Sachen sagt er dir nicht. Das sind alles nur Machtspielchen!« Er lutscht sich verschütteten Wein von den Fingern und schaut mich mit feuchten Augen an: »Ich kenn den Elsässer, ich weiß das alles. Kannst ihn ja gleich selber fragen.«

»Triffst du den nachher noch?«

»Klar! Den treffen wir nachher noch.«

Milan kommt aus der großen Stadt im Osten, wo sein Kumpel allerhand Veranstaltungen organisiert. Daher kennt Milan eine ganze Menge rechter Koryphäen. Der frühere CDU-Bundestagsabgeordnete und heutige Compact-Autor Willy Wimmer ist ein Freund. Kann man ja behaupten. Auch wenn ich diesem Besoffenen nicht trauen mag, ist mein Interesse geweckt. Er irritiert mich auch viel zu sehr, als dass ich mich noch abwenden könnte.

Verschwörungstheorien, Reichsideologie und esoterischer Quatsch trägt Milan in besoffenem Fotzen-Pimmel-Muschi-Sprech und Wortspielereien vor. »Ich lass mich nicht anal ficken!«, brüllt er und flüstert mir im nächsten Moment Geheimnisse von Kindesentführungen und Logen ins Ohr. Lautes Aufschreien gefolgt von intensivem Geflüster, das scheint sein Ding zu sein.

»Es ist alles so krank!«, sagt Milan.

»Alles so krank!«, wiederhole ich.

Milan: »OH JA! ... Ich bin nicht krank.«

Inmitten bröckelndem Bürgertums und stramm-rechter Kameraden ist Milan der Einzige, dem man den Wahn auch ansieht. Vielleicht zieht mich auch das an. Oder es ist seine poetische Betrachtung über die Präfixe »ver« und »zu«: »Ich hab nur Zu-Trauen, im Ver-Trauen lauert eine Gefahr«, sagt er, und ich muss grinsen.

Milan hat mich auf den Parkplatz geschleppt. »Ich muss dir was zeigen! Komma mit! Komma mit!« Er holt eine Mappe aus dem Wagen, in der er seinen ganzen Plan und allerlei Theorien zusammengetragen hat. Aber Milan gibt die Mappe nicht aus der Hand. Er schreit, wispert und vergleicht die Deutschen von heute mit den Juden von damals, die ja freiwillig in die Gaskammern gerannt seien, wobei er im selben Atemzug erwähnt, dass es diese Gaskammern natürlich nicht in der Konzentration gegeben habe, wie man uns weismachen wolle, aber die Juden seien da eben völlig gehorsam hinein, verstehst du? Und ich lasse Tobias Patera rufen: »Wie die Lämmer zur Schlachtbank!« Denn Patera und ich, wir kennen all das, was Milan da von sich gibt, und Milan schreit wieder, denn er schreit immerzu: »Genau! Genau das passiert grade mit uns!« Und dann lasse ich Patera ganz von der Leine, weil es zu anstrengend wird, die Leine noch zu halten. Eine Grenze ist überschritten, mal wieder, Patera zerrt.

In der sechsten oder siebten Klasse muss das gewesen sein, als mich ein Mitschüler fragte, warum wir Juden uns damals nicht gegen die Nazis gewehrt hätten. Der Mitschüler, der schon damals teure Ralph-Lauren-Polo-hemden trug, wie sie nun auch in Elsässers Deutschland bliebt sind, der fragte mich das mit ehrlicher Neugier und nur einem kleinen Fitzelchen Verachtung für dieses seltsam lebensmüde Volk, das sich freiwillig vergasen ließ. Ich hatte keine Antwort parat.

Schon vorher hatte ich schmerzlich in Erfahrung bringen müssen, dass ich weder direkten Einfluss auf das weltpolitische Geschehen hatte noch einen Goldschatz im Keller. Die Frage meines polobehemdeten Mitschü-lers brachte mir die nächste unangenehme Gewissheit: Als Teil einer ethnischen Minderheit werde ich jede bös-artige, rassistische und hasserfüllte Theorie über mich und meine Leute kennenlernen müssen – ob ich will oder nicht. Der Jude muss Antisemitismusexperte sein in diesem Land, der Schwarze Fachmann für Rassismus, der

Muslim Spezialist für Islamhass und so weiter. Ansonsten sind wir geliefert, stehen vor unseren Mitschülern und wissen nicht, was wir sagen sollen.

Der Deutsche hingegen kann das alles einfach als Hobby oder aus naiver Neugier heraus betreiben. Das ist die eigentliche Schweinerei.

Hier in Kahla gehen die Menschen ihrem Rassenwahn wenigstens professionell nach, das muss man ihnen zugutehalten. Wir sind eine Expertenrunde und üben unseren Rassismus zur Gemeinschaftsbildung aus. Wir weigern uns, freiwillig ins Gas zu laufen, wir reden über Rapefugees und Rothschilds und schimpfen auf Merkel, diese Fotze. Und wissen Sie was? Ich kann das nur empfehlen. Patera kennt Milan nicht und er nicht Patera, und trotzdem haben sie sich sofort gegen die Verschwörung verschworen. Sie haben sich ein gemeinsames Nest aus Menschenverachtung gebaut.

»Wir müssen frei sein!«, verkündet Milan in seinem abgefahrenen Wisperton. »Wir müssen alles machen, was wir wollen, einfach schreien!« Und Milan schreit den Dohlenstein an, weil er frei sein will. Und ich schreie auch den Berg an, denn mir ist auch danach zumute. Ansonsten müsste ich heulen. Oder lachen. Vermutlich lachen.

Die Verachtung

»Milan, geh den Leuten doch nicht völlig auf den Nerv!« Sven schämt sich ein wenig für seinen Freund, der den Polizisten gerade erklären will, warum sie Systemsklaven sind, was an den Großbuchstaben auf ihren Uniformen abzulesen sei.

»Bin ich unfreundlich gewesen? Gar nicht, ich will die einfach zum Aufwachen ...«

»Ja ja, und das hast du jetzt geschafft.«

»Nee!«

»Doch, doch!« Und er zerrt Milan beherzt weiter, nicht fies, mehr wie man ein kleines Kind von der Süßigkeitenauslage an der Supermarktkasse losreißt.

Sven ist Unternehmer, dick, lustig und ein ziemlich einnehmender Typ. Er ist Aktivist in der rechten Szene der großen ostdeutschen Stadt, und tatsächlich organisiert er dort Veranstaltungen. Milan hat nicht gelogen: Sven warnt gerne und viel vor dem Aussterben der Deutschen, hat dafür auch mehrfach den deutsch-türkischen Autor Akif Pirinçci eingeladen, der dann aus seinen Büchern »Umvolkung« und »Die große Verschwulung« vorgelesen hat. Manchmal tritt Sven auch selbst in Erscheinung. Immerhin hat er seit 25 Jahren seinen Parteiausweis bei den Grünen. In der Rolle des »urgrünen AfD-Wählers« kann er nun in der Systempresse die AfD loben und Sätze sagen wie »Ich bin zwar Grüner, aber kein Pädophiler«. Auf die Idee sei Elsässer gekommen, erzählt er mir. Elsässer ist ein Freund.

»Und Milan und du, ihr seid Freunde?«

»Das ist unser Maskottchen.«

Milan steht in Hörweite. Sollte er Sven gehört haben, stört es ihn nicht weiter.

In jedem Fall ist Sven mit seinem Maskottchen im Schlepptau nach Kahla gekommen, weil es wichtige Sachen mit Jürgen Elsässer zu besprechen gibt.

Lauer Sommerabend im Garten hinterm Gasthaus, es gibt auch wieder Bier. Elsässer mit Hefeweizen und Hohmann mit großem Pils sitzen umringt von ehrfürchtigen Jüngern und beenden ihr Abendessen. Wir kamen zu spät: Sven konnte sich noch dazusetzen, für Milan und mich war kein Platz mehr frei. Wir hocken auf einer Streusandkiste in der Ecke, nur einen Meter von den Tischgenossen entfernt, aber trotzdem ausgeschlossen. Der weiche Plastikdeckel gibt ständig nach, lässt mich dauernd mit einem lauten Ploppen nach untern wegsacken. Der wesentlich leichtere Milan hat das Problem nicht. Dafür quatscht er unermüdlich auf mich ein. »Bitte sei ruhig«, beschwöre ich ihn. Keine Chance. Ich habe ihm zu viel Wein gefüttert. Erst hat Milan mich zu Jürgen Elsässer gebracht, jetzt hält er mich lautstark von ihm fern. Plopp.

Ich habe mich so sorgfältig auf meine Begegnung mit Elsässer vorbereitet: Um Souveränität sollte es gehen, Links-Rechts-Schemata, Paläolibertarismus und das Untergegangene und Untergehende als Utopie des Ultrakonservativen. Ich habe mir da Fragen zurechtgelegt und im Spiegel die korrespondierenden Gesichtsausdrücke geübt. Aber anstelle eines tiefgründigen Gesprächs bekomme ich von Elsässer nur seine kurzen, kalten Blicke stiller Verachtung. Immer dann, wenn Milan laut wird oder aufspringt oder beides. Und das passiert häufig. Nicht nur Milan, auch ich bin plötzlich ein nerviges Maskottchen.

Eigentlich ist die Verschwörungstheorie von Milan gar nicht uninteressant: Der ungarische Ministerpräsident Viktor Orbán habe den geflohenen Neonazi Horst Mahler nur darum nach Deutschland ausgeliefert, weil sonst der jüdische US-Milliardär George Soros Orbáns Kinder umgebracht hätte. Die Geschichte gefällt mir, da ist alles drin: böse Juden, unterdrückte Deutsche, aktueller Bezug, gute Ost-Despoten, böse West-Kapitalisten. Eigentlich würden sich diese wirren Gedanken durchaus als Beitrag in der »Compact« eignen – zumindest, wenn Milan ab und an im Konjunktiv reden würde.

Milan benutzt natürlich keine Konjunktive, dafür umso mehr Interjektionen. Er lallt fürchterlich herum und zieht dann und wann auch noch ein zu seinen Thesen passendes Blatt aus der Mappe, die er mit sich herumschleppt. Er hält mir das Blatt vor die Nase, dann springt er auf und deponiert es vor Elsässer auf dem Tisch, mitten auf dessen halbgegessenem Schnitzel. Blatt um Blatt um Blatt, und Elsässers kalte Blicke werden kälter: Abneigung mit einem Hauch Langeweile. Elsässer kennt Milan ja schon, und er kennt Menschen wie Milan. Hält er uns vielleicht für Beiprodukte seiner eigenen publizistischen Tätigkeit? Für notwendige Menschenopfer? Ideologischen Kollateralschaden? In jedem Fall schaut er uns an wie etwas, das man sich von der Schuhsohle kratzt. Das sind Blicke, die einen krankmachen. Wir sind die Irren, und ich merke, wie ich rot werde.

Aus welchem Grund auch immer will ich in diesem einen Moment von Jürgen Elsässer, Martin Hohmann und deren arischer Männermannschaft gemocht werden. Es ist nicht leicht, sich kollektiver Heldenverehrung zu entziehen. Und ich reise Elsässer jetzt schon seit Wochen hinterher und schaue mir zwischendrin seine alten Reden im Internet an. Drei Fragen müsste ich nur an ihn stellen können, dann könnte ich vielleicht etwas Kluges sagen über den Konnex von Reichsideologie, Wahnsinn und AfD-Propaganda.

Aber wie es immer ist in Jürgen Elsässers gutem, alten Deutschland: Niemand braucht meine Fragen. Die Reichsbürgerei quillt auch so aus allen Ecken und Enden seines utopischen Staatsgebildes.

Ein breiter Mann mit großem Bier unterrichtet Elsässer und Hohmann von einem deutschen Siedlungsprojekt in Ostpreußen: eine neue, souveräne Heimstätte für all die entmachteten Deutschen, die von dem Unrechtsstaat hier genug haben. Das war die wichtige Sache, von der Sven gesprochen hat: neues deutsches Land auf heute russischem Boden.

Ich starte so schnell und unauffällig wie nur irgend möglich die Diktierfunktion meines Handys. Die Rückkehr nach Ostpreußen ... Mir fällt ad hoc nichts ein, was besser den deutschen Revanchismus und Revisionismus beschreiben könnte.

Der breite Mann spricht schon über die Details, über das Bauland, den Zeitplan, den Gouverneur und sehr viel Geld. Man wolle aber klein bleiben, auch wenn die Russen zu viel mehr bereit seien: »Deutschland hat mal eine Revolution für Russland mitfanziert. Warum sollte Russland nicht eine Revolution in Deutschland mitfinanzieren?« Ein russischer Geheimdienstoffizier habe ihm das gesagt, behauptet der breite Mann und lässt sich den Aschenbecher reichen. Er klingt angeberisch, fast so, als habe er sich seine Geschichte ausgedacht, aber das heißt nichts. Dass Putin ultrarechte Parteien in Europa unterstützt, die gegen die EU polemisieren und für stärkere Beziehungen mit Russland werben, dass weiß man ja. Zumindest wenn man die Systempresse liest.

Milan wispert: »Wenn ich mich als freier Mann oder freies Weib nicht mehr unterdrücken lasse ...« Ich greife Milan am Arm: »Wart mal kurz, nicht jetzt!«

Man müsse das alles natürlich mit Putin absprechen, befindet Elsässer, und ihm fällt ein, dass es ja bald den Russlandkongress der AfD Sachsen-Anhalt gibt, bei dem er selbst natürlich auch sprechen wird. Da müsse man das Projekt vorstellen, am Vorabend sei ja das Unternehmeressen. Man einigt sich auf Termine. Man ist vernetzt. Bald vielleicht schon bis zur Memel.

»BÖÖÖÖÖH!«, meldet sich Milan aus dem Nichts, und alles fährt zu uns herum: »Ihr lasst euch viel zu viel Scheiße andrehen!«

Das war's. Elsässer und seine Tischgenossen sind nicht mehr gewillt, sich mit dem Wahnsinnigen zu befassen. Die meisten sehen wütend aus. Sven muss sich sein volltrunkenes Maskottchen greifen und macht sich davon. Auch der breite Mann verabschiedet sich bald. Als hätte ein Schuss das ganze Rudel aufgeschreckt. Über die deutsche Siedlung im Osten werde ich an diesem Abend nichts mehr erfahren. Auch nicht, welche Rolle Elsässer in der ganzen Geschichte spielt.

2015 veröffentlichte die Compact ein Gespräch mit dem König Peter Fitzek. Das Interview führte Elsässer himself, und man kann es sich in voller Länge auf Youtube ansehen. Ganz zum Schluss des Gesprächs, da räuspert sich Elsässer und gibt dem Monarchen noch einen Rat mit auf den Weg: »Wieso ärgert ihr euch rum hier mit dem bescheuerten BRD-Staat und verhandelt nicht mit Putin, dass er euch in Kaliningrad, also dem alten Königsberg, wo ja sowieso die Wirtschaft darnieder liegt … Der soll euch da was geben. Dann könnt ihr dort euer Königreich machen!« Er sei sich sicher, sagt Elsässer, »viele Deutsche würden da gerne hinkommen, wenn es in der Bundesrepublik so weitergeht.«

Wie wir wissen, wollte der oberste Souverän lieber hierbleiben. Die Transformation der Welt, sagt er, müsse von Deutschland ausgehen.

Ich bleibe noch eine Weile sitzen, obwohl mich nun keiner am Tisch mehr kennt und ich die angespitzten Blicke spüre. Martin Hohmann hat das Wort übernommen und schimpft über eine Lokalzeitung, die ihn rechtsextrem genannt hat, und das »nur«, weil er festgestellt habe, dass man an den Außengrenzen juristisch gesehen auch mit Sprengstoff und Handgranaten nach Flüchtlingen schmeißen dürfe. »Das wird man doch wohl noch sagen dürfen«, will ich sagen, aber einer bedeutet mir, den Mund zu halten, und Elsässers Bodyguard macht ein Foto von mir.

Da bin ich mir ziemlich sicher. Also halbwegs sicher. Halte es zumindest für möglich. Vielleicht hat der Bodyguard auch kein Foto gemacht. Vielleicht hat er nur eine SMS geschrieben oder Fußballergebnisse gecheckt und sein Handy dabei seltsam gehalten. Vielleicht bekomme ich einfach nur Schiss. Es ist dunkel geworden im dunklen Ort. Ich muss noch zu meiner angemieteten Unterkunft zurückfinden.

Wahlkampf und Weltenbrand

Vom Aussterben bedroht

Ich will noch einmal Jürgen Elsässer sprechen. Der Sommer ist vorbei, die Blätter sind gelb und braun, und ich fühle mich noch immer schlecht, wortlos vor ihm gesessen, Angst gehabt zu haben. Mein Bier halbvoll stehen gelassen und die Flucht ergriffen zu haben. Ein Tobias Patera lässt sein Bier doch nicht halbvoll stehen! Der trinkt es aus, bestellt noch eins nach, ach was, zwei, und freundet sich dann mit Jürgen Elsässer an … Findet heraus, was Jürgen mit seinem »guten, alten Deutschland« eigentlich meint. Wann und wo es gewesen sein soll.

Das wäre gut zu wissen, denn es fühlt sich so an, als nähere sich dieses Traumreich derzeit mit großen Schritten. In wenigen Tagen wird gewählt. Die AfD könnte als drittstärkste Kraft in den Bundestag einziehen, sagen die Prognosen.

Am Abend wird Elsässer noch mal richtig laut die Werbetrommel in der ostdeutschen Stadt rühren, bei einer der letzten Wahlkampfveranstaltungen. Aus dem ICE rufe ich bei Milan an und frage, ob er und Sven auch da sein werden.

»Ja klar, sind wir da, Sven hält auch ne Rede, klar bin ich dann da. Klar.«

Offenkundig hat Milan keine Ahnung mehr, wer ich bin. »Wir haben uns in Kahla getroffen. Erinnerst du dich?«

»Kahla, klar, Kahla, da war was. Da haben wir gesoffen, oder? Ich hab da viel gesoffen, glaub ich.«

»Wir haben ganz ordentlich gesoffen.«

»Richtig, haben wir. Also komm her. Wirst mich schon sehen, bei der Tribüne. Und danach können wir schön einen trinken gehen.«

»Elsässer wird auch dabei sein?«

»Klar, klar, Jürgen wird auch dabei sein.«

Gleich hinter dem Marktplatz der Stadt, auf dem die Veranstaltung stattfindet, sind Riesenrad, Schießbuden und Fahrgeschäfte aufgebaut. Bald soll es hier ein Volksfest geben. Heute gibt es hier nur Volk. Hundert, zweihundert besorgte Bürger stehen herum und machen einem Bockwurststand neben der Tribüne guten Umsatz. Aus der Ferne hört man Trillerpfeifen der anrückenden Gegendemonstranten. Wolken aus Granit, die Luft ist zum Zerreißen gespannt.

Die Prominenz steht vorne links an der Bühne, bestehend aus Elsässer, umringt von laut lachenden AfD-Kandidaten und Funktionären. Man wartet auf den Beginn, man ist laut, man heizt sich auf. Sven steht ein paar Schritte abseits, neben ihm ein kleiner, blonder Junge, der Broschüren verteilt. Sven trägt zu seinem braunen Sakko einen Schottenrock – einen richtigen Kilt, mit Lederbeutel und Karomuster und allem. Später erfahre ich von Sven, dass er Leiter der örtlichen Highland Games ist, einer Veranstaltung, bei denen Sportler in Schottenröcken Baumstämme und schwere Steine um die Wette werfen. Er mag Schottland. Aber noch geht er nervös seine Rede durch, tief ins Manuskript vertieft.

»Tachchen, Tobi.« Zu meiner Überraschung erkennt Sven mich und schlägt mir zur Begrüßung so hart auf den Oberarm, dass es richtig weh tut. Ich fasse das als Kompliment auf und reibe möglichst unauffällig die Stelle. Wo sich Milan rumtreibt, weiß Sven nicht. Muss hier irgendwo sein. Scheiße, dass so wenig Leute gekommen sind. Aber am Sonntag werden die schon noch ihr Kreuz machen! Klar, danach gehen wir noch wohin. Ja, das ist sein Sohn. Sieht man doch, oder? Sag hallo.

»Hallo.« Der Kleine, nennen wir ihn Lukas, reicht mir eine Compact-Broschüre. Sie wirbt für die neue Ausgabe des Magazins: »Sterben die Deutschen aus?« Es hat schon etwas Rührendes, wie mir das dickliche Bübchen den Wisch reicht. Natürlich will ich nicht, dass der niedliche Lukas aussterben muss. Ich sehe vor meinem inneren Auge, wie dschungelgrüne Geländewägen auf den Markt-platz geschossen kommen. Amerikanische Zahnärzte und russische Oligarchen mit breitkrempigen Safari-hüten springen heraus, schmiegen ihre verstoppelten Gesichter an die durchgeladenen Jagdgewehre, kneifen ein Auge zu – und das war's mit der deutschen Spezies. Das war's mit dem kleinen, dicken Lukas. Ausgeweidet und ausgestopft wird er in einem Foyer aus italienischem Marmor stehen, in seiner toten Hand einen Compact-Flyer. Ein Monument für die einst große germanische Rasse.

»Willst du einen Flyer?« Lukas wedelt mit einer Bro-schüre vor meiner Nase herum. Ich bedanke mich artig bei dem kleinen Kerl und lasse Sven weiter seine Rede lernen.

Die Veranstaltung ist eröffnet. Ein Kandidat mit hassge-blähtem Kopf jault irgendeinen Scheiß über Deutschland und Ehre und Patriotismus und Asylantenschwemme und Wirtschaftsflüchtlinge. Nicht ein Argument, nicht eine Boshaftigkeit, nicht mal eine rhetorische Figur ist originell. Nach Kahla langweilt mich das alles nur noch.

Die Zeitungen haben bereits angefangen, zwischen den gemäßigten, nationalkonservativen und ultrarechten AfD-Kandidaten zu unterscheiden. Islamhass ist nicht gleich Islamhass, Rassismus nicht gleich Rassismus. Wir müssen uns jetzt wohl für die verschiedenen Nuancen von Xenophobie und Hass sensibilisieren.

»Ihr seid Deutschland! Wir sind Deutschlands Zukunft!«, droht der Redner.

Die Menschen wedeln enthusiastisch mit Schildern, auf denen neben den üblichen Parolen auch linke Ikonen des Widerstands abgebildet sind. Cultural appropriation. Da Rosa Luxemburg, dort Ernst Thälmann, Stauffenberg sowieso. Ein Ronny in Freiwild-Shirt und Bomberjacke hält ein Plakat mit den Geschwistern Scholl in die Luft. »Hans und Sophie Scholl würden AfD wählen«. Eine Tätowierung wie der Auschwitzmann hat hier allerdings keiner.

Die Nazis sind immer die anderen. Der Widerstand sind immer wir. Solange das Wort »Nazi« ein Schimpfwort ist, sind diese Plakate die logische Konsequenz.

Hier ein Gespräch, wie es im September 2017 auf dem Marktplatz der ostdeutschen Stadt stattfindet. Geführt wird das Gespräch von einem jüngeren Mann mit stumpfen Säuferaugen und Thermojacke und einem älterem Mann, glattrasiert in braunem Cordsakko.

Der Jüngere: »Ey, Anti-Fa, das sind eigentlich Anti-Fa-Schisten! Fa-Schisten sind das. Is ja schon im Namen.«

Der Ältere: »Aber uns nennen die Nazis. Haste Feuer für mich?«

Während dieses Gedankenaustauschs schwindet das Licht, die Sonne geht langsam unter in der ostdeutschen Stadt, und die Wut quillt langsam über.

»Jawoll!«, »Pfui!«, »Wir sind das Volk!«, »Merkel muss weg!« Und der Sophie-Scholl-Ronny brüllt: »Heute tolerant, morgen fremd im eignen Land!« Die Parole stammt aus einem Lied der Neonazi-Band Gigi & die braunen Stadtmusikanten. Aber Alexander Gauland hat den Satz auch schon von sich gegeben.

Ich brülle wie immer die »Jawolls« eifrig mit, ab und an auch ein »Pfui!«, manchmal auch alleine an ganz besonders unpassenden Stellen. Aber nicht mal das macht mehr Spaß.

Hinter der Absperrung Studenten, Linke, Punks, jung, schwarzbekleidet, buntbehaart. Sie stützen sich am Geländer und aneinander ab, drücken sich hoch und schreien. Rauf und runter, ein antifaschistischer Wellengang aus gestreckten Fäusten, Mittelfingern und aufgebrachten Gesichtern. Dahinter wird Pogo getanzt und gesungen. Einer formt mit seinen Händen ein Herz, eine deutet mir Schläge an, einer schießt Fotos von mir. Wütende, entrüstete, lustige Ansagen aus dem Lautsprecher. Zwei Mädchen tanzen ineinander verschlungen.

Auf meiner Seite der Absperrung tanzt niemand. In Jürgen Elsässers gutem, altem Deutschland wird nicht getanzt. Da werden Bockwürste gegessen.

Ich war nie ein besonders aktiver Straßendemonstrant. Ich mag keine Menschenmassen, keine Megafone, und Trillerpfeifen finde ich richtig schlimm. Aber jetzt träume ich mich sehnsüchtig auf die andere Seite, bade mich in der mir entgegenschwappenden Wut und fühle mich gut. Bis ich das Schild des Altpunkers sehe. Dieser Penner! Speckige Haare, speckige Bundeswehrjacke, sein Scheißschild vollgepackt mit Text, hocherhoben auf mich gerichtet, als wolle er mir ganz bewusst die Laune verderben. Gewarnt wird dort vor dem »Tiefen Staat«, der »Schattenregierung«, vor der »Hochfinanz«, vor der »faschistischen Einheitspartei«. Er brüllt irgendwas mit »NWO«. Ich brülle zurück, über die Absperrung und Polizisten hinweg: »Meinst du das ernst?«

Ich mit meinen dummen Fragen … Natürlich meint er das ernst.

Wir stehen auf zwei verschiedenen Seiten einer Sperre. Aber nicht unbedingt auf einer linken und einer rechten Seite. Ich weiß das doch mittlerweile. Wirklich. Es ist nur schwierig, diesen Gedanken zu verinnerlichen.

Angelockt von meiner Krakeelerei kommt eine dicke Frau anmarschiert und beginnt, ebenfalls über den Graben zu schreien. Rumgebrülle wird hier zum archaischen Lockruf. Fängt ein Wolf zu jaulen an, steht bald das Rudel beisammen und beheult den Mond.

Obwohl ich gleich neben ihr stehe, verstehe ich kein Wort der schreienden Frau. Das liegt an der Mischung aus ihrer Tonfrequenz, Heiserkeit und dem Grad der Entrüstung. Ich schätze, sie schreit »HAUT AB!«, aber so richtig versteht man nur die Vokale: »HA-AU-A! HAU-A!« Sie schaut mich an, ihre kirschrot beschminkten Lippen zittern leicht.

Die meisten AfD-Patrioten versuchen, die Gegendemo zu ignorieren. Wollen nicht angemotzt und abfotografiert werden. Nur ein paar mutige Blousonjacken und Nackenfalten stehen mit mir an der Absperrung, lehnen am Geländer, produzieren ihre Handykameras, Stahlfäuste und ihre Hypermännlichkeit.

Die Polizisten schlendern ungerührt durchs Niemandsland. Auf der Tribüne spricht jetzt jemand, der so richtig klasse aus vollen Lungen und brennendem Hirn ins Mikro brüllen kann. Der SPD sei es ja wurscht, dass das deutsche Volk ausstirbt, ruft er, und die Menge erwidert mit aufbrausenden Pfui-Rufen, und die dicke Frau schreit mit zitterndem Kirschmund etwas über Merkel und Massenmord. Das alles sind keine Reichsbürger. Das sind ja noch nicht mal die ultrarechten AfDler. Das hier ist der ganz normale deutsche Verfolgungswahn.

Oder vielleicht ist das Problem, dass ich das alles mittlerweile normal finde?

Die Bockwurst

Deprimiert, wie ich bin, kaufe ich mir eine Bockwurst. So weit ich weiß, ist das die erste Bockwurst meines Lebens. Zumindest kann ich mich nicht erinnern, je zuvor eine gegessen zu haben. Bockwurst ist ja auch mehr so ein Ost-Ding. Im Westen verschrumpeln die Bockwürste tendenziell traurig an der Metzgertheke, hier sind sie omnipräsent. Selbst am Eckkiosk stehen die Ost-Würste senkrecht in Glasbehältern parat und schwitzen in ihren Wasserbädern. Ich pumpe mir großzügig Senf und Ketchup ins Brötchen, muss dann aber leider feststellen, dass Bockwurst nicht besonders lecker ist.

Vielleicht sollte ich mich wieder vegetarisch ernähren. Oder koscher. Ich bin dick geworden über die letzten Monate. Zu viele Schnitzel und Currywürste und Biere. Ich bin ein Stressesser.

Während ich mich mit kulinarischen Betrachtungen über Würste vom Wahlkampf ablenke, taucht Milan auf. Ungelenk kommt er über die Absperrung geklettert und steht jetzt da, krumm und schief, wie die letzte Senkrechtwurst im Wasserbad. Er trägt eine grüne Schlaghose, eine angebissene Banane in der linken, eine halbgetrunkene Weißweinflasche in der rechten Hand. Er wirkt fremd. Fremd im eigenen Land, fremd im eigenen Universum. Ich kann mir kein Szenario vorstellen, in dem er heimisch wäre. Milan isst mit kleinen Bissen und trinkt in großen Schlucken, während auf der Bühne wütende Männer Grünenpolitikerinnen beschimpfen und ich überschwänglich einen auf Kumpel mache.

Erinnern kann er sich gar nicht mehr an mich, der Abend in Kahla ist für ihn ein kompletter Blackout. Ich erzähle ihm also von unserem gemeinsamen Besäufnis mit Blick auf den Dohlenstein, unserem Schrei nach Freiheit. Milan hört zu, und nach einer kurzen Beratung mit seiner Weißweinflasche tut er so, als würde er sich erinnern. Man merkt richtig, wie er die Entscheidung dazu fällt. Anscheinend muss er sich häufiger entscheiden, woran er sich erinnern will und woran nicht. Zur Entschuldigung für sein schlechtes Gedächtnis reicht er mir den Wein, dann zeigt er mir seine Plakate.

Milan hat einen Betrieb für Plakatierung und Außenwerbung, weswegen er sich auch seine Expertise in Rechtsangelegenheiten aneignen musste. Er zahle kategorisch keine Steuern, sagt er. Aber warum sollte er auch? Die AfD-Ortsgruppe beauftragt ihn ja trotzdem gerne. Man kennt sich. Man mag sich. Einige Plakate hat er für die Partei sogar selbst entworfen, und eines davon, das hängt direkt über uns im gelben Schein der Straßenlaterne: »Bewusstsein statt moralischer Selbstermächtigung!«, dann die grafische Darstellung eines erleuchteten Schädels, der kosmische Strahlen in den Weltraum ejakuliert. Unten drunter der standardmäßige AfD-Schriftzug mit dem fetzigen Wahlspruch: »Hol dir dein Land zurück!«

Er fragt nicht, ob es mir gefällt. Er macht mich nur drauf aufmerksam und schaut mich bedeutsam an. »Cool ...«, sage ich nach kurzem Nachdenken. »Aber ich glaub, ich versteh den Satz nicht so ganz. Mit dem Bewusstsein und der Moral ...«

Milan dreht sich beleidigt von mir weg und isst seine Banane.

Vielleicht habe ich zu harsch geurteilt. Die anderen AfD-Plakate verstehe ich doch auch nicht: »Mut zur Leistung« steht da zum Beispiel. Oder: »Mut zu Deutschland«. Und: »Schwarz Rot Gold ist bunt genug.« Da sind überirdische Weltraumköpfe wirklich nicht schlechter.

Sven präsentiert eine zwei Meter lange Drachenkopftrompete und bläst dreimal in sie hinein. Dann beginnt er seine Rede mit einer Anekdote: Er erzählt von zwei

Insassen einer Irrenanstalt, die sich Kittel und Stethoskop klauten, sich als Ärzte ausgaben und das Fachpersonal zu den Wahnsinnigen erklärten. Genauso, sagt Sven, gekleidet in Schottenrock und mit Zwei-Meter-Drachenkopftrompete in der Hand, genauso sei das auch in Deutschland: Die Irren hätten die Macht übernommen, »und von denen lassen wir uns nicht behandeln!«.

Milan und ich applaudieren frenetisch.

Sven spricht noch über die Kanzlerin, die Gegendemonstranten, die Grünen und Multikulti. Er ist dagegen. Um das zu illustrieren, zerreißt er mit großer Geste seinen Mitgliedsausweis von den Grünen. Ein symbolischer Akt, denn die Grünen haben ihn schon vor zwei Wochen aus der Partei ausgeschlossen. Das Volk ist trotzdem begeistert und schreit: »Jawoll!«

Das dunkle Zeitalter

Noch eine Rede und noch eine, dann betritt unter Jubelrufen Elsässer die Bühne. Aber Milan und ich haben Besseres zu tun als zuzuhören. Milan hat ein paar Schwarzgekleidete entdeckt, vermeintliche Linksautonome, die an der linken Barrikade mit ihren Bierflaschen auf und ab gehen. Er stellt sich zu einer Gruppe anderer Männer, die die Feindesbewegung beobachten. Wir müssen vom Schlimmsten ausgehen, warnt Milan düster, und weil die anderen einvernehmlich nicken, wage ich nicht zu fragen, was das sein soll, das Schlimmste.

Milan grübelt, ob man die noch umerziehen kann. Ein übel verpennerter Alter glaubt, dass es für jede Hilfe zu spät ist. Ein geschniegelter Lederjackenträger echauffiert sich über die Polizei.

»Alle gekauft. Alle sind sie gekauft«, murmelt Milan finster, und ich murmele mit ihm mit. Obwohl bald

Polizisten anrücken und die beiden Schwarzgekleideten greifen, um mit ihnen ein ernstes Wörtchen zu reden, bleiben wir, wo wir sind, und beobachten finster murmelnd den linksversifften Gefahrenherd.

»Eine Schande für Deutschland«, ruft irgendwann der Geschniegelte.

Milan widerspricht: »Die können ja nicht anders. Die spielen ihre Rolle. Wir müssen alle eine Rolle spielen, ja? Das ist Vorhersehung. Vorher-Sehung. Das ist Kaliyuga!«

Der Geschniegelte lacht: »Ey, der Milan wieder.«

Während ich die Weinflasche leermache, erklärt mir Milan, was er damit meint. »Wir brauchen auch solche Menschen«, sagt er. »Wir sind im Kaliyuga. Im dunklen Zeitalter der Spaltung. Ja? Die letzte Etappe! All diese Menschen, die müssen lügen und streiten, dann geht alles unter.«

Ich kenne das Konzept von Kaliyuga mittlerweile ein wenig. Ich war im Königreich und beim Honigmann Ernst Köwing, auf einer Esoterikmesse und auf genügend Stammtischen. Irgendwann hat man das alles einmal gehört. Aber hier, auf der AfD-Wahlkampfveranstaltung, erscheint mir die Vorstellung eines finalen Zeitalters des Streits zum ersten Mal schlüssig. Zumindest lässt die Mischung aus wütenden Bockwürsten und senfverschmierten Hassbürgern eine Art apokalyptische Vorahnung entstehen. »Die Welt muss untergehen«, sage ich.

»Die Welt muss neu entstehen«, korrigiert Milan.

In der hinduistischen Orthodoxie befindet sich die Welt schon seit über 5000 Jahren im Kaliyuga und wird das wohl noch eine ganze Weile lang tun, bevor sie untergeht. Die esoterische Rechte ist da etwas ungeduldiger.

»Ich bin mir sicher, in den nächsten 24 Monaten, da passiert was. Allerhöchstens dreißig Monate«, sagt Milan.

»Ein neues Zeitalter«, sage ich.

»Ja! Das Kaliyuga muss, das muss dann so ...« Er formt mit der Hand eine Explosion, macht mit dem Mund ein passendes Geräusch und lässt seine Finger als Flammen flackern. »Der Knall, ja, und alle Lügen werden weggebrannt.«

»Hoffentlich.«

Milans Vorstellung von Kaliyuga ist doch bedeutend jünger als die hinduistische. Sie stammt von Menschen, die Hinduismus und Faschismus gleichermaßen prima fanden und zu einem braun-esoterischen Gesöff verquirlten. Der italienische Faschist Julius Evola tat das zum Beispiel. Über seine düsteren Zukunftsprognosen hielt er schon 1934 Vorträge in Deutschland.

»Schause dir an«, sagt Milan und deutet auf die beiden Linksautonomen, die mittlerweile ganz friedlich auf dem Bürgersteig sitzen. »Die sind nötig für den Plan. Die treiben das Ganze zu einem Ende.«

»Bist du nicht manchmal wütend? Auf die Schafe?«

Milan ist skeptisch.

»Oder, äm, die Zionisten?«

»Da kommste nicht drumrum, um die Spaltung und Dunkelheit. Es muss ja alles brennen«, sagt er.

Mit Schriften über das Kaliyuga versorgte auch die französische Esofaschistin Savitri Devi die internationale Alt- und Neonaziszene, von den Vierzigerjahren bis zu ihrem Tod 1982. Gemäß ihrer hindu-arischen Überzeugung erklärte sie Adolf Hitler zu einem gottgleichen Wesen, zum Heiland, zur Reinkarnation Gottes.

Wie viel Gedankengut von Evola und Devi bei Milan angekommen ist, kann ich nicht einschätzen. Aber als er sich mal wieder so Milan-typisch zu nah zu mir hinlehnt, da sehe ich den Planeten in seinen Augen bereits in Flammen stehen. Ein lautes Flüstern: »24 Monate. Dreißig, maximal.«

Dann schweigen wir und hören der Rede eine Weile zu, bis Milan bemerkt, dass seine linke Faust noch immer die Bananenschale umklammert. Er weiß nicht, wohin mit der Schale. Er guckt sie unentschlossen an, als sei auch sie ein Teil der bösen, aber notwendigen Mächte, die zum reinigenden Weltenbrand führen werden. Wortlos dreht er sich um, klettert über die Absperrung und verschwindet im nächsten Supermarkt.

Zum Abschluss der Veranstaltung steht ein AfD-Direktkandidat hinterm Mikrofon und schmettert das Deutschlandlied. Er trifft zwar nicht die Töne, aber dafür lässt er sein R aus tiefstem Rachen rollen. Die Menge rollt mit. Dann löst sich die Versammlung langsam auf. Sven und Milan als Quasi-Mitveranstalter müssen sich noch um den Abbau kümmern und rennen zwischen Ordnern, Bühne und Lastwagen aufgeregt hin und her. Der kleine Lukas steht am Ausgang und verteilt die Compact-Flyer.

Spinner, Spitzel, Kind

Ich treffe Jürgen Elsässer an diesem Abend nicht. Da habe etwas mit der Tischreservierung nicht geklappt, sagt Milan, und wir sind beide gleichermaßen enttäuscht. Sven wird noch eine ganze Zeitlang mit dem Abbau beschäftigt sein, daher gehen wir vorerst zu dritt ins Lokal an der Ecke und nehmen Platz: Milan, ich, und zwischen uns, tief in die Speisekarte vertieft, sitzt der kleine, vom Aussterben bedrohte Lukas. Wir bestellen Wein und Apfelsaft.

Lukas ist zehn Jahre alt und auf seinen Vater unheimlich stolz. Die Rede vom Papa habe ihm von allen am besten gefallen, sagt er. Es irritiert tierisch, den windschiefen Plakatierer Milan und den kleinen Jungen nebeneinander sitzen zu sehen. Sie gehen vertraut miteinander um, kennen sich seit Lukas' Geburt. Milan hat ihm schon die Windeln gewechselt.

»Feines Würzfleisch vom Schwein«, liest Lukas aus der Karte vor und fragt, ob er sich das bestellen dürfe.

»Nein! Schwein kann man gar nicht essen!«, verkündet Milan so laut, dass die vorbeigehende Kellnerin verwundert herumfährt. »Das manipuliert den Geist und macht ihn manipulierbar.« Er zählt die weiteren katastrophalen Effekte auf, die der Verzehr von unreinem, giftigem Schweinefleisch hervorrufe. Er klingt wie ein verwirrter Rabbiner oder Imam mit mittelschwerer Kopfverletzung. Lukas ignoriert Milans weitere, ewige Ausführungen, so wie ein Erwachsener die unsinnigen Erzählungen eines Kleinkindes überhört, und blättert in der Speisekarte herum. »Hähnchenschnitzel Schweizer Art«, liest er.

Das Lokal ist gehoben in Preis und Ambiente. Dunkles Holz, cremige Tischdecken, verstaubte Weinflaschen und Ölmalereien an den Wänden. Heimat, Wohlstand, Spießigkeit. Vielleicht sieht Jürgens gutes, altes Deutschland ja genauso aus. Vom Nachbartisch das Geplärre der AfD-Männer vom Kreisverband. Die einen sind beinharte Assis, die anderen sind beinharte Assis in beigen und senffarbenen Sackos. Alle trinken Bier. Alle freuen sich gespannt auf die Wahlergebnisse. Milan kennt die Männer, und sie kennen Milan. Zumindest nickt man sich kurz zu, dann erzählt Milan weiter von der Geistesmanipulation durch Fleischkonsum.

»Lukas, weißt du das eigentlich schon, was der Milan da erzählt?«

Lukas weiß das alles schon längst: Er weiß von ungesundem Fleisch und Palmöl und Mikrowellenstrahlungen, die einen krankmachen. Euphorisch teilt Lukas sein Wissen mit mir, aber Milan unterbricht immer wieder, korrigiert ihn, weiß es besser. Beide wollen sie sprechen. Beide wollen sie Anerkennung. Beide wollen, dass ich beeindruckt bin von dem, was sie alles wissen. Nur ist der eine zehn und der andere vierzig Jahre alt. Und leider schafft es der Ältere, sich durchzusetzen.

»Es ist wichtig, dass du auf minimale Nahrung reduzierst.« Seit einigen Jahren ernährt Milan sich vegan und isst nur das Allernötigste. Er rechnet sich damit bessere Überlebenschancen im kommenden Weltkrieg aus. Kämpfen sollen die anderen, er werde in Deckung gehen. Mit dem Kaliyuga sei nicht zu spaßen.

»Im Weltkrieg«, fällt Lukas dazu ein, »da fallen Atombomben, weil im letzten Krieg ist ja die erste auf Hiroshima gefallen …«

»Alles Blödsinn! Atombombe ist Blödsinn! Gibt's nicht. Da geh ich nicht mit.«

Lukas will noch was sagen, aber Milan lässt ihn nicht. Nein, es seien viel heftigere Waffen und Umstände, auf die wir uns gefasst machen müssen, sinniert er. Drum hat er einen Container angemietet, einen großen Schiffscontainer, wo alles Nötige drin gelagert ist. Und wenn es dann so weit ist, wird er nicht kämpfen und nicht rennen, nein, Milan wird sich dann in seinen Container setzen und wegschippern lassen. Über alle Weltmeere.

»Seid mal ein bisschen leiser, ja?«, rügt Lukas und klingt auf einmal sehr erwachsen. Vielleicht ist er auch sauer, dass Milan ihn jetzt schon zweimal so unhöflich unterbrochen hat. »Milan wurde auch schon mal aus einem Restaurant rausgeworfen.«

»Was hat der Milan denn da erzählt?«

»Solche Sachen eben … So AfD-Sachen.«

Milan schmollt.

»Und warum glaubst du, sind die Leute so fies, wenn man denen AfD-Sachen erzählt?«

»Die sind gegen die AfD, weil die eben Angst haben, dass die dann schlecht behandelt werden oder dass die mit Farbbomben beworfen werden. Die trauen sich nicht mitzumachen. Die wollen in der Menge sein.«

»Wow. Du bist ein ziemlich informierter Junge«, lobe ich Lukas.

»Du auch«, lobt er zurück.

»Danke.«

Als informierte Jungs widmen wir uns den großen politischen Fragen unserer Zeit. Wir beginnen mit der BRD im Allgemeinen.

»Ich finde, die Polizei ist sehr schwach, sag ich jetzt mal, gegen die Zustände«, sagt Lukas und richtet sich die Brille. »Da müssen wir die Grenzen zumachen.«

Und ist Deutschland ein freies Land? Also, seit dem Zweiten Weltkrieg?

»Also wir sind noch im Krieg, noch mit Russland, denn der Vertrag ist noch nicht unterschrieben.«

Milan erwacht zu neuem Leben: »Spinnst du! Es gibt keinen 2+4-Vertrag! Alles Lüge! Es gibt nur das Besatzungstatut.«

»Genau, das Besetzungssta...staput. Da hab ich mal ein Video vom Papa auf seinem Handy gesehen. Aber ich kann mir das alles nicht so ganz merken.« Jedenfalls sind sich Milan und Lukas darin einig, dass einzig die AfD das Land noch retten kann.

»Wir brauchen Denkfabriken, die Köpfe wie Schiller, Goethe und Schopenhauer zusammenbringen«, grübelt Milan. »Dann müssen wir mit China, Indien und Russland kooperieren und als Verbündete den Satanismus zerstören!«

»Wir können's noch schaffen«, sagt Lukas.

»Wir müssen die Sechs-Sechs-Sechs bekämpfen«, ruft Milan.

»Grenzen dicht. Bewaffnen«, quiekt Lukas.

Ich zwinge mir ein Lachen ab. So hell Lukas' kleine Kinderstimme auch sein mag, schwingt da doch eine Strenge mit, die ich mir auf keinem Schulhof vorstellen kann. Sagt er solche Sachen in der Klasse? Zu seinen Freunden? Spielen sie dann zusammen »Schießbefehl auf Balkanroute«? Lukas ist ein sehr altes Kind. Milan nur ein großes.

Milan lässt sich von der Kellnerin was zu schreiben bringen. Dann beginnt er, eine komplizierte Tabelle anzufertigen, die Buchstaben und Zahlen einander zuordnet, dazu eine kryptische Buchstabenanordnung. Ein Rätsel, das am Ende sicherlich 666 ergeben soll.

»Verstehst du eigentlich, was der Milan da immer erzählt?«

»Nicht alles. Das ist manchmal sehr schwierig zu verstehen, aber ich verstehe fast alles.«

»Glaubst du denn, dass das alles stimmt?«

»Der Papa findet das zu achtzig Prozent richtig, was der Milan sagt. Nur manchmal ist das Quatsch.«

»Prost, Lukas.«

»Prost, Tobi. Auf dein Jugendliches.«

Wir stoßen an, mit Wein und Apfelsaft, und diesmal muss ich ehrlich lachen. Ich bemerke nicht, dass ich mir mit den letzten Fragen zu viel herausgenommen habe. Denn jetzt schiebt Milan sein vollendetes Rätsel Lukas zu und drückt ihm den Stift in die Hand. Dann stützt er seinen Kopf auf der Faust ab und fixiert mich. »Was machst du eigentlich so?«

»Was meinst du?«

»Was machst du so?«

»Beruflich? Oder im Leben?«

Milan legt seinen Kopf schräg. »Du kommst mir manchmal wie ein Spitzel vor.«

»So ein Unsinn. Wieso denn das?«, frage ich und atme ein und aus, wie man das so macht. Sonst erstickt man nämlich.

»Du stellst so viele seltsame Fragen. Wie ein Spitzel.«

»Ach Milan, was du nicht alles findest!« Und ich erzähle ein wenig, weshalb ich es für so wichtig halte, dass man sich austauscht und einander befragt. Sich vernetzt in der Szene. Ich gebe mir Mühe, nicht zu viel zu reden und nicht zu wenig, einfach ein bisschen zu quatschen. Und dabei nicht auf den Tisch zu gucken. Denn auf dem Tisch liegt mein Handy. Und unter dem Handy liegt mein kleines Olympus-Aufnahmegerät. Auf das ich jetzt nicht gucke. An das ich jetzt auch nicht denke.

Milan beäugt mich kritisch, während ich so vor mich hinplappere, das Atmen nicht vergesse und zwischendrin bei der Kellnerin noch Wein nachbestelle.

»548.« Lukas hat das Rätsel gelöst.

»Das kann nicht sein. Vielleicht habe ich einen Fehler gemacht«, sagt Milan und geht mit Lukas das Rätsel durch, während ich ganz langsam und unauffällig meine elektronischen Gerätschaften in der Hosentasche verschwinden lasse. Irgendwie schon grandios, dass Milan, der schiefe Mann mit der Spinnenphysiognomie und Spinnerlogik, mich verdächtigt. Als Einziger. Jetzt beugt er sich über sein Rätsel und verrät dem kleinen Lukas, welche Zahlen die des Satans sind.

Zufrieden stöhnend nimmt Sven Platz, bestellt Essen, besteht darauf, dass wir das alle tun, und wir beglückwünschen ihn noch einmal herzlich zu seiner Rede. Die Stimmung ist entspannt, Milan und Lukas freuen sich, fallen sich nicht mehr ins Wort. Papa ist jetzt da. Die natürliche Ordnung am Tisch ist wiederhergestellt.

Sven ist zufrieden mit dem Tag, auch wenn das Treffen mit Elsässer in die Hose gegangen ist. Er ist jetzt offiziell AfD-Mitglied, das ist doch was. Er hätte auch nicht übel Lust, Vollzeitpolitiker zu werden, aber dafür verdient er mit seinem Betrieb einfach viel zu gut. Er lacht. Wir lachen.

Bevor das Essen kommt, gehe ich mit Sven noch mal vor die Tür. Die Linken haben das Auto eines Freundes von ihm entglast, sämtliche Scheiben eingeworfen, jetzt will er ein Auge auf seinen Wagen behalten. Großflächige AfD-Sticker verzieren die Seite des Autos. Ich rauche meine Zigarette und frage ihn, ob er eigentlich mit Milan viele Überzeugungen teilt. »Ich zahle Steuern.« Er lacht und sagt dann all die Sätze, die man als AfD-Mensch eben sagt: Souveränität ist ein wichtiges Thema, aber zuerst müssen wir an die Macht. Man will ja nicht wie so ein Reichsbürger dastehen. »Und ich bin jetzt auch kein großer Esoteriker. Aber mit ein paar Sachen hat der Milan ja wirklich recht. Weißt du zum Beispiel, was das Kaliyuga ist?«

Als wir wieder reinkommen, stellt Milan noch mal seinen Kopf schräg. »Der Tobias kommt mir manchmal wie ein Spitzel vor«, sagt er mit spitzen Lippen, aber Sven will davon nichts hören: »Tobi interessiert sich eben für die Sachen, der saugt die auf. Das habe ich in seinem Alter auch getan.«

Erleichtert bestelle ich noch eine Runde Getränke.

Zufall und Kalkül

»Aber ist das nicht alles auch einfach Zufall?«

Ein paar Wochen zuvor spazierte ich mit einer guten Freundin durch Kreuzberg und wir tranken Soja- respektive Mandelmilchcappuccinos. Mit den Sojacappuccinos hatte ich wegen der ganzen Schnitzel und Würste und Biere angefangen, und ich fühlte mich sehr gesund und wahnsinnig hipp und erzählte von den AfD-Hass- und Wahnmanufakturen. Allerdings zeigte sich die Freundin wenig beeindruckt. Meine Erlebnisse in Jürgens gutem alten Deutschland schockierten sie nicht: »Das ist Zufall und Kalkül! Du reist den superrechten AfD-Menschen hinterher und wunderst dich dann, superrechte AfD-Menschen zu treffen?«

»Ich wundere mich, wie anschlussfähig diese eine Verschwörungstheorie ist.«

»Aber du suchst dir doch die Irren. Du gehst zu einer AfD-Veranstaltung, wo zufällig ein Irrer ist, und mit dem betrinkst du dich dann bis zum Exzess. Das sagt weniger was über die AfD aus als über dich.«

»Aber der Biolehrer glaubt den Unsinn doch genauso wie der Irre.«

»Biolehrer sind immer die irrsten.«

Darüber musste ich nachdenken.

Der Sojacappuccino schmeckte übrigens so richtig, richtig scheiße. Ich hätte doch Mandel nehmen sollen.

Vielleicht hat meine Freundin recht: Was sagt das alles über die AfD aus?

Sven ist gerade erst Mitglied geworden. Milan will keines werden. Lukas besucht die fünfte Klasse. Und die Männer, die im nächsten Abschnitt durch die Tür des Restaurants hereinstürmen werden, können doch auch nicht repräsentativ für eine Partei gelten, die im nächsten Kapitel von fast 13 Prozent aller Deutschen gewählt wird.

Aber dann, gar nicht so lange nach meinem Kreuzberger Spaziergang und gar nicht so lange vor meinem Abend in der ostdeutschen Stadt, veröffentlicht die Welt am Sonntag eine alte E-Mail der AfD-Spitzenkandidatin.

Von: Alice Weidel
Gesendet: Sonntag, 24. Februar 2013, 12:42
Betreff: Zu unserem Gespraech am Freitag
Lieber J█████████,
Der Grund, warum wir von kulturfremden Voelkern wie Arabern, Sinti und Roma etc ueberschwemmt werden, ist die systematische Zerstoerung der buergerlichen

Gesellschaft als moegliches Gegengewicht von Ver-
fassungsfeinden, von denen wir regiert werden. Diese
Schweine sind nichts anderes als Marionetten der Sie-
germaechte des 2. WK und haben die Aufgabe, das dt
Volk klein zu halten indem molekulare Buergerkriege in
den Ballungszentren durch Ueberfremdung induziert
werden sollen. Lies doch mal dieses Link durch zur "Sou-
veraenitat" Deutschlands. Dass D gar nicht souveraen ist,
duerfte doch fuer den ekelhaften Fatalismus in der Ta-
gespolitik z. B. unsere Enteignung durch die Eurorettung,
korrumpierte Judikative (Bundesverfassungsgericht) er-
hellend sein ... Mehr dazu ein anderes mal: http://www.
terra-kurier.de/Deutschland.htm
Liebe Gruesse,
Lille

Die Lille, die sich ja mittlerweile wieder Alice Weidel
nennen lässt und es zur Vorsitzenden der drittgrößten
Fraktion im Bundestag gebracht hat, wird von der Presse
übrigens als »wirtschaftsliberal« eingeschätzt, kaum als
»nationalkonservativ« und schon gar nicht als ultrarechts.

Nachdem die E-Mail publiziert wurde, behauptete
Weidels Rechtsanwalt, dieser Text sei eine infame Fäl-
schung. Aber der Empfänger der E-Mail gab eine eides-
stattliche Versicherung ab, und Weidel und ihr Anwalt
verstummten.

Ich folgte Alices Rat und klickte mich noch ein wenig durch die von ihr verlinkte Internetseite, den Terra-
Kurier. Dort las ich alles zu meinen Lieblingsthemen: Es
gibt Artikel zur 9/11-Verschwörung und Reichsflugscheiben, zu Giftgasen und Chemtrails. Die Schwarze Sonne
und das Treiben der Ur-Logen werden besprochen. Aber
vor allem geht es um das Deutsche Reich, die BRD GmbH
und die böse Anti-Reichsbürgerpropaganda. Auch zum
Skandal um Frau Weidels E-Mail wird Stellung genom-

men: Die Autoren des Terra-Kuriers lehnen zwar das System und damit jede Form von Partei kategorisch ab, der Frau Weidel wünschen sie allerdings »alles Gute für ihren weiteren politischen Weg, der hoffentlich weiterhin zu den richtigen Erkenntnissen und Wahrheiten führt«.

Ich setze mir einen Tee auf, lege mir einen Notizblock bereit und stelle mich schon auf eine lange Nacht mit dem Terra-Kurier ein, aber dann, zwei kurze Klicks weiter, stolpere ich gleich über folgende Sätze:

Heute wird uns vorgegaukelt, dass die Deutschen zwischen 1933 und 1945 eine Diktatur zu erleiden hatten. In Wahrheit lebten die Menschen damals in einer Wohlfühlvolksgemeinschaft.

Nein, mit dieser Wohlfühlwebseite muss ich mich nicht länger beschäftigen. Ich habe verstanden. Für einen Moment sehe ich die Wahrheit. Ich rufe meine Mandelmilchfreundin an. »Ich glaube nicht, dass das Zufall ist«, quieke ich ihr auf die Mailbox und schicke einen Link hinterher. Könnte es nicht sein, dass all die Rechten, vom zünftigen CSUler bis zum hinterletzten Wadentattoo-Ronny an diesen Scheiß glaubten, es aber nicht sagen? Dass sie alle viel besser vernetzt sind, als wir denken? Untereinander und mit irgendwelchen extremistischen US-Milizen, neurechts-alt-right Digitaltrollen, norwegischen Kreuzrittern, Schweizer Freemen und russischen Motorradmonstern, in einer neuen Ken-Jebsen-Querfront mit ungeimpfter Hippiearmee?

Es ist nur ein kurzer Moment, in dem mir dieser Gedanke kommt. Ein Moment, in dem mein Hirn ein Netz webt, und mir die gesamte neofaschistische Szene geschlossen gegenübersteht. Ein Moment, in dem ich durch die Gardine auf die Straße luge, ob da vielleicht ein verdächtiges Fahrzeug wartet. Plötzlich bekomme ich schlecht Luft, spüre die Mikrowellen, rieche das Gas.

Vielleicht gibt es keine Zufälle, denke ich mir in diesem kurzen Moment.

Wird schon wieder werden

Die ostdeutsche Stadt. Zehn Uhr durch. Lukas hat sich auf der Bank zu einer Kugel zusammengerollt und ist eingeschlafen. Sven bittet um Espresso und die Rechnung. Er besteht darauf, mich einzuladen. Ich protestiere nur halbherzig, will mich ja nicht wieder verdächtig machen. Außerdem ist das Lokal nicht billig, und Sven hat sein prallgefülltes Portemonnaie ohnehin schon gezückt, um damit anzugeben.

Die Tür fliegt auf. Drei Männer kommen hereingestürmt, grüßen hemdsärmelig das gesamte Lokal, klopfen auf den AfD-Tisch, und weil der voll belegt ist, lassen sie sich mit Selbstverständlichkeit bei uns nieder und bestellen Biere. Müde öffnet Lukas ein Auge, kugelt sich herum und schläft weiter, während die Männer in Nullkommanix eine Grundsatzdiskussion über die Zukunft der Partei starten, die in einer Reihe von Hasstiraden auf Frauke Petry mündet. Milan hält seinen Schädel schräggestellt und auf mich gerichtet, darum halte ich mich zurück. Still verfolge ich die Unterhaltung, in der die jeweilige Fick- und Wählbarkeit von Alice Weidel, Beatrix von Storch und Frauke Petry verhandelt wird.

»Wart ihr eben auch bei der Veranstaltung?«, frage ich nach einer Weile.

»Hast du mich nicht singen gehört?« Das fragt Gernot, und er tut dabei ganz beleidigt. Er war es, der eben mit Deutschlandlied, bebendem Zäpfchen und rollendem R die Veranstaltung zu einem bitteren Ende gesungen hat. Seine beiden Kumpels waren natürlich auch dabei. Alles gute Kumpels von Sven. Der eine ist in der Ortsgruppe, gehört zu den gemäßigt Konservativen, bleibt auch nicht lange am Tisch. Der andere, Thomas, ist kein Parteimitglied. Der hat früher zu harte Sachen gemacht.

Gelächter.

»Ich war schon bei der NPD, ich war schon bei den Republikanern, ich war schon in der Reichsbewegung.«

Und warum jetzt nicht in der AfD?

»Ich hab für Deutschland sehr viel verloren. Und für was? Für nüscht! Denn unsere patriotischen Bewegungen hatten nie eine Chance.« Drum hat er auch lange nicht an den Erfolg der AfD geglaubt. Aber jetzt will er erst mal die Wahlen abwarten und dann im nächsten Jahr in die Partei einsteigen. Gernot und der gemäßigte AfDler nicken. Thomas sieht nicht aus wie einer, dem man gerne widerspricht: fünfzig, grau meliert, bärtig und breit, kalte, hellblaue Augen. Alles geschieht in einem langsamen, selbstsicheren Bewegungsablauf, aber in seiner Selbstverständlichkeit liegt auch etwas Unangenehmes. Man würde sich nicht wundern, wenn er zwischen zwei Schluck Bier jemandem die Faust ins Gesicht schlüge.

Thomas kommt aus Hessen, was zu hören ist. Aber er musste in den Osten kommen, wie er sagt. Da gab es wenigstens noch ein bisschen Tradition. »Man konnte noch Goethe rezitieren, es gab die preußische Schrift, die feldgraue Uniform ...« Er schlotzt das halbe Pils in sich hinein und guckt zuversichtlich. »Wird schon wieder werden.« Gernot und der gemäßigte AfDler nicken.

Sven hat Lukas liebevoll geweckt, ihm väterliche Gewissheiten ins Ohr geflüstert, und die beiden haben sich aufgemacht. Sie verlassen das Lokal, Papa und Sohn, treten Hand in Hand durch die schwere Holztür, hinaus in das dunkle Kaliyuga. Mein Abend hingegen ist noch nicht zu Ende: Gernot, Thomas und Milan haben noch Durst.

Bier für alle, Weißwein für Milan, Prost Männer, Prösterchen.

Ich bin ziemlich betrunken. Gernot lacht, ich glaube, ich hab einen Witz gemacht, aber ich erinnere mich nicht mehr, was das für einer war. Kam aber wirklich gut an. Würde wirklich gerne wissen, was ich gesagt habe. Habe ich einen Witz, also einen Witz-Witz erzählt? Ich bin davon begeistert, dass man sich in dieser Welt aus dunklen Kneipen und düsteren Lokalen Witze erzählt, meistens sogar mit Vorankündigung. »Ich hab da noch einen«, sagt Thomas und erzählt einen über einen Italiener und Sex. Ich lache und schütte mir beim Versuch zu trinken das Bier übers Hemd. Ich muss an meine Mandelmilchfreundin denken. Frage mich, was das alles über mich aussagt.

»Wenn du an der Reichsbewegung interessiert bist, dann musst du dich an mich halten. Du findest keinen größeren Experten«, sagt Thomas.

Sagen das nicht alle?

»Alles, was du von der Reichsbewegung je gehört hast, das *bin* ich.«

Thomas gehört zur alten Riege der Reichsbürger, zu denen, die sich damals auch so genannt haben. »Inspektor des Deutschen Reiches« war er damals. Wehmütig erinnert er sich zurück, stellt sich dar als eine Art rechtsradikaler Robin Hood, der armen Großmüttern Tricks beibrachte, um mit Gerichtsvollziehern und Polizisten fertigzuwerden. 187 Euro Eintritt habe er für seine Vorträge verlangen können, sagt er stolz, und das Publikum habe das gerne gezahlt: »Geweint haben die wie im Kino und gelacht wie bei so Comedy.«

Thomas will Patera gerne ein Interview geben, allerdings erst 2018. Wenn sein AfD-Mitgliedsantrag durch ist.

Neben dem Reichsbürger steht der AfD-Funktionär. Neben dem ein schlaksiger Esoteriker. Es ist schade, dass der gemäßigt konservative Parteigenosse von Gernot schon gegangen ist, der hätte das Deutschwahn-Quartett komplettiert.

Thomas kann Milan nicht ausstehen, das ist offensichtlich. Wann immer sich Milan an die Gruppe richtet, stöhnt Thomas entnervt auf, rollt die Augen, äfft ihn irgendwann regelrecht nach und grinst danach selbstzufrieden, als hätte er einen Megagag gerissen. Milan ist zu besoffen, um das noch mitzukriegen. Oder er entscheidet sich dagegen, es mitzukriegen. Wer weiß. Gernot, der singende AfD-Mann, scheint das Bindeglied zwischen den beiden zu sein. Mit ihm kommen beide klar. Ich ja auch, solange er nicht singt.

Unentschlossen, wo es hingehen soll, ziehen wir durch die Straßen. Die Läden zur Auswahl heißen »Goldene Eiche« oder »Sunny« oder »Zum schmierigen Wildschwein« oder so ähnlich, aber das eine hat schon zu, im anderen hat Gernot Hausverbot, im dritten sind nur Arschgeigen.

Milan belehrt uns über die satanischen Mächte um uns herum, lautstark und erschüttert, da rempelt Thomas ihn an. Er tut es nicht besonders heftig und vielleicht nicht mal absichtlich, aber der magere Milan gibt ein kehliges Stöhnen von sich, und es katapultiert ihn vorwärts. Mit Not schafft er es, sich mit seinen Spinnenarmen an einer Mauer abzufangen.

»Solche Menschen, die sind schuld, dass die Reichsbewegung im Arsch ist. Diese ganzen Spinner.« Thomas und ich schauen auf den mageren Mann, der sich seine langen Finger an der Hose abwischt und sich umschaut, als habe er vergessen, wo er ist. »Wenn das Land vor die Hunde geht, dann gehen die aber als erstes. Wenn die Titanic untergeht, dann sperren wir die in den Maschinenraum!«

Man sieht Milan plötzlich Alter, Angst und Alkohol an. Die traurigste Wurst im Wasserbad. Er lehnt mit dem Rücken an einem Asia-Bistro und beguckt sich seine Hände. Ich muss an den einen Satz von Jörn Beckmann, dem engagierten Anti-Reichsbürgeraktivisten denken: »Viele von dieser Reichsbürgertruppe sind die, die als erstes ins Lager kommen, wenn die Stiefelnazis die Macht ergreifen.«

»Ehrlich Tobi, mit sowas kannst du kein Deutschland machen«, stellt Thomas fest. »Die sind krank. Verschwende deine Gedanken nicht an die Reichsbewegung, auch nicht an die Partei. Der deutsche Drops ist gelutscht. Das Thema Deutschland ist durch. Das Deutsche Reich ist verloren. Man muss irgendwann erkennen, wann eine Schlacht verloren ist. Und jetzt gibt es zwei Möglichkeiten: Ich führe die Schlacht bis zum Exzess weiter und verliere den ganzen Krieg wie Stalingrad, oder ich erkenne den Zeitpunkt, mich zurückzuziehen, um dann zum Schluss den Krieg zu gewinnen. Was willst du lieber?«

»Ich will lieber am Schluss gewinnen«, sage ich.

Thomas auch. Und Thomas hat einen Plan. Er gibt mir seine Nummer. »Ruf mich an. Wir haben da was zu besprechen!« Dann geht er seines Weges. Gernot folgt ihm.

Milan und ich, wir torkeln weiter und umeinander und trinken noch Gin Tonics in einer blaubeleuchteten Bar, wo wir mit Männern reden, die Eiserne Kreuze an Halsketten tragen. Milan entschuldigt sich dafür, mich einen Spitzel genannt zu haben, aber er fand es eben so komisch, dass ich mich für alles gleichermaßen interessiere – Esoterik und AfD und Reichsbewegung ... Und meine Fragen an Lukas ... Und dass ich nie widerspreche. Milan ist es gewohnt, dass man ihm widerspricht. Nur zu gerne nehme ich die Kritik an und beherzige sie sogleich. Ich sage Milan, dass jetzt aber auch mal gut ist. Dass ich kein Spitzel bin, diese Scheiße aufzuhören und er die Schnauze zu halten hat. Ich lasse ihn nicht mehr ausreden. Ich zeige Dominanz, Zähne, Brusthaar. Zünde mir eine Kippe an.

Wir schauen uns mit alkoholverschwemmten Augen an. Schon gibt es keine Zweifel mehr an Tobias Pateras Authentizität.

Thomas' Hass auf Milan hat auf mich abgefärbt. Oder der Hass des ganzen Abends. Vielleicht ist er in mich eingesickert. Milan blubbert schon wieder irgendwas von unsterblichen Seelen im liebesdurchsprudelten Was-auch-immer und findet, dass ich das nicht verstehen könnte. Vielleicht sollte ich noch roher mit Milan umgehen. Vielleicht sollte ich ihm in den Nacken greifen, ihm meine Finger so richtig schön ins Fleisch treiben und ihm sagen, dass er mich zu respektieren hat. Das würde funktionieren, da bin ich mir sicher. Darauf hätte ich auch Lust.

»Prost!« Wir stoßen an. Er habe selber Kinder, sagt Milan. Manchmal kann er nicht schlafen, weil er sich Sorgen um sie macht. Ich mache mir auch Sorgen um seine Kinder. Aber ich greife ihn nicht am Nacken. Ich zieh ihn auch nicht am Ohrläppchen, pikse ihn nicht ins Auge und schlage seinen Kopf auch nicht gegen den Tresen. Stattdessen erzähle ich ihm von meinen dunklen Gedanken und finsteren Momenten. Milan versteht das alles, was ich sage, denn ich benutze nicht das Wort »krank«. Wir sind die Gesunden. Die anderen sind die Irren. Die Wähler. Die Politiker. Die Logen. Die Frauen, die uns verlassen haben. Wir bestellen noch eine Runde Gin Tonic und reden über Götter, Gifte und Gurus. Dann bestelle ich noch eine Runde. Weil ich besoffen bin. Und noch eine. Weil ich so diese Erbärmlichkeit besser ertrage. Seine. Meine. Dieser manngewordene Weberknecht ist doch auch nur ein kranker, trauriger Mensch. Wie wir alle anderen auch.

Ich weiß gar nicht, ob ich Macht will.

»Auf dein Jugendliches«, sage ich.

Monaco an der Memel

Wahltag

Die Wahlparty findet im Club Traffic am Alexanderplatz statt. Ich hänge mich an die größte Menschengruppe dran und komme tatsächlich durch die erste Kontrolle von Polizei und Security, bei der zweiten gleich vorm Eingang werde ich aber doch rausgefischt. Nicht nur, dass ich keine Einladung habe, ich bin auch gnadenlos underdressed. Ich trage nur Sakko und Schlips, keinen Anzug. »Netter Versuch«, gratuliert der Ordner und begleitet mich zurück.

Ich mische mich in die protestierende Menge vor dem Gebäude. Über unseren Köpfen schwenken die AfD-Anhänger und -Funktionäre ihre Sektgläser auf der Terrasse. »Es gibt – kein Recht – auf Nazipropaganda!«, skandieren die Demonstranten. Man fasst sich an den Händen. Es gibt einen Trommelkreis. Ab und zu brülle ich reflexhaft »Jawoll!« und hoffe, dass das keiner hört. Push-Benachrichtungen lassen die Handys aufkreischen, die jüngsten Hochrechnungen kommen rein. »Ihr habt die Wahl verloren«, grölen geschniegelte Jünglinge und aufgebrezelte Mädels vom Balkon zu uns herunter. Die anthrazitfarbenen Anzüge und Abendkleidchen stehen ihnen. Die Schampusgläser und die blasierte Verachtung passen wunderbar als Accessoire. Das sind wohl Die-da-oben, von denen ich so viel gehört habe. Die wütenden Menschen aus Garmisch, Königshofen und Kahla würden denen vermutlich die Köpfe einschlagen. Halbherzig gebe ich noch ein »Alerta, alerta, Antifascista« von mir. Mir ist aber nicht danach.

»Scheiß doch auf die AfD!«, sagt Thomas am Telefon. Ihn interessiert die ganze Geschichte mit der Wahl nicht mehr. »Das alles macht überhaupt keinen Unterschied. Deutschland ist und bleibt verloren. Ob's jetzt schneller oder langsamer geht ...«

»Ich weiß nicht, Thomas. Es lohnt sich, für Deutschland zu kämpfen. Die Arschlöcher sind nicht in der Mehrheit. Viele wissen's auch nicht besser.«

»Lass die in ihr Verderben rennen. Wir gehören hier doch gar nicht her! Tobi, lass uns darüber in Ruhe sprechen. Es gibt gute Nachrichten.«

Die guten Nachrichten haben Thomas wieder Perspektive für die großen Dinge gegeben. Für die ganz großen. So richtig groß. In zwei Wochen ist er wieder in Deutschland. Dann treffen wir uns, und Thomas wird mir den Plan darlegen. Schlagartig wird mir klar, dass ich Thomas schon Monate zuvor getroffen habe. In Kahla. Da hat Thomas seinen Plan bereits Elsässer präsentiert. Ich bin baff. Nun wird er mir persönlich und privat dargelegt und der Ehre nicht genug: Der Plan bezieht mich mit ein.

Der Plan

Der Plan beginnt bescheiden mit einer kleinen Siedlung in Georgenwald, gleich bei der Stadt Rauschen. Rauschen heißt zwar mittlerweile Swetlogorsk, aber in unserem Plan reichen uns die deutschen Namen. In unserem Plan geht es ja auch um eine deutsche Siedlung. Die russische Exklave, der Oblast Kaliningrad, soll wieder zum Norden des deutschen Ostpreußens werden, zu Königsberg, zur neuen Heimstätte für das staatenlose deutsche Volk. Irgendwo muss man ja beginnen.

Die kleine Siedlung besteht anfangs nur aus ein paar Häusern, unserem Verein, einer Handvoll Russlanddeutschen und einer Seniorenresidenz für deutsche Rentner, die ihr Ostpreußen nie aufgeben wollten. Die greisen Germanen werden im scharfen Ostseewind durch die Seebäderarchitektur wandern. Wiedergänger der Geschichte, als wären sie nie weg gewesen.

Aber dann, so sieht es der Plan vor, folgt der deutsche Mittelstand unserem Ruf in Scharen. Sie werden kommen wegen der Steuervorteile, werden Briefkastenfirmen gründen, werden mit Thomas' Treuhandfirma Verträge schließen. Denn wer hat schon Lust, Steuern an eine illegale BRD-Regierung zu zahlen, die damit den Untergang des eigenen Volkes finanziert? Alles, was wir für unseren Service einfordern, ist eine Beteiligung von sechs Prozent – Geld, das in das Siedlungsprojekt fließen wird. Schulen. Kindergärten. Kirchen. Es wird investiert, es wird immer attraktiver. Viele werden Niederlassungen bei uns errichten. Den Papierkram erledigen natürlich wir, das ist unsere Serviceleistung. Peu à peu wird so die Siedlung zu einem Dörfchen, das Dörfchen zu einem Dorf. Und zu diesem Dorf gibt es Ackerflächen. Eigenversorgung. Produktion ringsum. Wir geben den Deutschen eine Perspektive.

Thomas und ich sitzen in der Ecke des Lokals im schummrig-gelb-olivenöligen Licht. Es ist heiß, die Wände sind holzvertäfelt, und ich fühle mich eingesargt. Wir sitzen gleich bei der Tür, haben alles im Blick, so dass niemand unbemerkt hereinkommen kann. Zwischen uns beiden die große Grillplatte für zwei. Ein obszöner Fleischberg, aus dem zwei Schaschlikspieße in die Höhe ragen und Thomas' breites Gesicht einrahmen. »Die ersten Schritte sind bereits gemacht, das Siedlungsprojekt ist auf dem Weg. Klar ist vieles, was ich sage, Zukunftsmusik.

Aber ich spüre, dass alles in meinem Leben notwendig war, um mich zu diesem Punkt zu bringen: Kaliningrad wird mein Lebenswerk.«

Mich will Thomas auch dabeihaben, für die Öffentlichkeitsarbeit. Sobald das Siedlungsprojekt gut angelaufen ist, soll ich darüber berichten. Jürgen Elsässer wird natürlich auch schreiben, das wird eine große Geschichte in der Compact. Aber nichts über die Finanzierung sagen, mahnt Thomas. »Finanziert über Fondsgesellschaften«, mehr Infos geben wir nicht raus.

Thomas stellt seinen Salat angeekelt beiseite. Thomas mag keinen Salat.

Und noch ein Detail, aber ein wichtiges: Ein Tierheim wird gegründet. Die Straßenkatzen und streunenden Hunde von Kaliningrad werden zu uns gebracht, kastriert und aufgepäppelt, dann an die verarmte alte Bevölkerung als Haustier gegeben. Die Tiernahrung spendet Thomas' Verein, das »Deutsch-Russische Friedenswerk«. Wir Deutschen lieben Tiere – fast genauso sehr wie große Grillplatten. Besonders lieben wir osteuropäische Straßenhunde und Schweinekoteletts. Außerdem stellen wir uns durch die Spendenaktion mit dem Russen gut. Nicht, dass wir ein schlechtes Verhältnis mit dem hätten. »Die Russen wissen, dass sie uns unterlegen sind. Drum lassen sie uns ja auch kommen. Die wissen, dass wir denen Geld machen«, sagt Thomas.

Dennoch werden wir vorsichtig sein: das Wort »Reich« nicht benutzen. »Das würde sonst so klingen, als ob sich die Deutschen ihr Land hinterlistig durch die kalte Küche zurückholen ... Auch wenn's im Endeffekt so ist.« Thomas nimmt sich noch ein Stück Fleisch.

Thomas' Plan ist groß, aber alles, was er sagt, ist groß. Sein ganzes Leben hat Thomas bereits vor mir ausgebreitet. Anderthalb Stunden, zwei Radler und die halbe Grillplatte hatte das gedauert, denn Geschäftsmann, Self-Made-Multimillionär, Puffbesitzer und der allerwichtigste Kopf der Reichsbewegung, all das will er schon gewesen sein. Alles im Superlativ, alles als Märtyrernarrativ, alles mit absurden Geldsummen. Clever will er gewesen sein, diszipliniert, ruchlos: Als junger Banker will er Hunderttausende jeden Monat gemacht, als Puffbesitzer das gesamte Rotlichtmilieu der Stadt in Schach gehalten haben. Er sei zu den rivalisierenden Zuhältern einfach in den Club marschiert, todesmutig und mit klopfendem Herzen, die Knarre habe er auf den Tisch geknallt: »Wenn ihr mich loswerden wollt, müsst ihr mich schon umlegen! Aber ich geh nicht alleine. Ich nehme so viele von euch mit, wie ich nur kann.« Thomas sagt solche Sätze wie ein Zwölfjähriger, der einen Gangsterfilm nachspielt. Später irgendwann der Knast wegen Drogenhandels – unschuldig, versteht sich. Dann will er einen Mordanschlag überlebt haben, und die Hetzkampagne gegen ihn, die ihn 2007 aus der Reichsbewegung getrieben hat, nennt er »die größte Schlammschlacht, die es jemals gegen einen waschechten und erfolgreichen Systemkritiker gab«.

Überprüfen lässt sich das Wenigste davon. Im Internet finden sich bloß Hinweise auf Thomas' zahlreiche rechtsradikale Aktivitäten, den Puff, und in einem alten Fernsehbeitrag ist ein paar Momente lang ein Vortrag von ihm zu sehen. Sein Gesicht ist verpixelt.

Ich höre seine Geschichten trotzdem gerne, gerade weil sie so grandios und unglaubwürdig sind. Wieder prahlt er auf eine geradezu obszöne Art mit bescheuert hohen Geldsummen, und im selben Ton spricht er von seinen Kontakten nach Russland: der Gouverneur Alichanow, die Wirtschaftsministerin, Putins Stellvertreter, ein alter Generalmajor. Alle hat er kennengelernt, alle stehen sie hinter ihm, alle sind »total begeistert von der Konzeption«. Er erzählt haargenau so, wie auch König Peter Fitzek im Dessauer Gerichtssaal von seinen fantastischen Abenteuern in Paraguay berichtet hat.

Wenn man groß genug lügt, wird die Wahrheit egal. Das ist politisches Grundwissen.

»Wow«, sage ich, als Thomas anmerkt, dass das russische Wirtschaftsministerium für sein Siedlungsprojekt eine separate Abteilung aufbauen will. Aber Thomas warnt auch: »Der Russe macht sich oft wichtig.«

Die Kellnerin, jung, dunkel und hübsch, kommt zu uns an den Tisch und fragt, ob alles in Ordnung sei. Alles ganz wunderbar, sagt Thomas und bestellt warmen Sliwowitz mit Honig. Die Kellnerin hat davon noch nie gehört und schaut uns gespannt zu, wie wir mehrere Löffel voll in das Schnapsglas rühren, bis der scharfe Obstbrand pappsüß ist. Thomas lässt die Kellnerin kosten. Fragt nach, woher sie stammt. Serbien? Das hätte er nicht gedacht, und er lobt sie für ihre gute Arbeit. Sie kichert. Ich glaube, sie findet ihn charmant. Er bestellt noch eine Runde.

»Findest du sie heiß?«, fragt er mich und gafft ihr mit der professionellen Geilheit eines ehemaligen Zuhälters hinterher. Ich finde schon, aber Thomas ist kritischer als ich. »Müsste die Tante erst nackt sehen. Ihr Arsch könnte total schrecklich sein.«

Der Plan besagt, dass wir den Tourismus beleben werden. Fünfundvierzig Kilometer weißer Sandstrand an der Ostsee, da werden wir die Ferienwohnungen und Hotelanlagen wie Unkraut aus dem Boden schießen lassen. Nachtclubs, Swimmingpools, all inclusive. Und dann erst die Rominter Heide. Wälder, Hügel und Weideland, Rotwild, Flüsse und Harmonie, da werden wir Ferienlager machen, zur deutsch-russischen Völkerverständigung. In der Rominter Heide, da werden wir Jagdgesellschaften gründen. In die Rominter Heide hatte sich ja auch schon Hermann Göring verliebt.

Der Reichsmarschall und Luftwaffenchef ließ sich dort seinen »Reichsjägerhof« errichten. Teils blieb er über Wochen in seinem Revier, um sich in aller Ruhe auf die Pirsch zu machen, und lud die Parteibonzen für Jagdpartien zu sich. Als 1944 die Rote Armee nahte, beorderte Reichsjägermeister Göring die deutschen Truppen: »Retten Sie meine Heide!«

Ich glaube, das ist unser Plan: Wir werden Hermann Görings Heide retten.

Der Plan verlangt nach mir, er schreit nach Tobias Patera. Wir werden eine Sendestation aufbauen, einen eigenen, deutschen Fernsehsender. Live aus Königsberg richten wir uns an das deutsche Volk, den durchschnittlichen Bürger, und klären auf. Und wer soll den aufbauen? Ich und Tobias Patera, in Zusammenarbeit mit Russia Today, dem staatlich russischen Propagandasender. Das hat Thomas schon abgemacht, das sieht der Plan so vor. »Und mit diesem offiziellen Sender werden wir die Wahrheit verbreiten. Über die BRD, über die Gesetze und über das, was tatsächlich passiert ist.«

Mit Letzterem meint er den Zweiten Weltkrieg, und er verliert sich in einem langwierigen Exkurs über die heldenhafte Kriegsleistung der Nazis und die hinterlistigen Amerikaner und klingt dabei wie ein Fußballfan, der auf die Entscheidung des Schiris schimpft. Darum mag er auch Ken Jebsen und die Druschba-Freundschaftsfahrt nicht. Im letzten Jahr ist er sogar mitgefahren, aber: »Diese devote Unterwürfigkeit Russland gegenüber kotzt mich an!« Und dann sagt er so richtig harte Nazisätze ganz alter Schule, so richtig Napola: »Die ganze Welt hat sechs Jahre gebraucht, um uns in die Knie zu zwingen« und »Ich will Anerkennung und hocherhobenen Haup-

257

tes Verlierer sein« und »Das war kein Angriffskrieg« und so weiter und so fort. Auch darüber werden wir berichten mit unserem Fernsehsender mit der Sendeanstalt Neu-Ostpreußen.

Tobias Patera fühlt sich geehrt, so eine wichtige Funktion im Schicksal des deutschen Volkes einzunehmen. Elsässer, Jebsen, Pirinçci? Alles Kleinvieh, die können einpacken. Hier kommt der Königsberger Reichsfunk in Farbe, Furor und unter Führung von Patera, dem größten faschistischen Propagandisten seit Dr. Goebbels! Das, was mir Thomas hier anbietet, ist Macht, Anerkennung und ein großer Haufen Rubel. 500 000 Euro will Thomas als Startkapital bereitstellen, da kommt auch was für mich bei rum. Bald schon kann ich mir die Siedlung vor Ort ansehen. Und bald darauf werde ich das reichsdeutsche Volk ins gelobte Land führen, wo warmer Sliwowitz mit Honig fließt.

Apropos, noch eine Runde. Thomas rührt sich so lange Honig ins Glas, bis der Inhalt dick und goldgelb ist.

Ich muss noch fahren, sag ich, aber bin jetzt schon zu dicht. Ich werde mir ein Hotelzimmer nehmen müssen. Ich habe mein Reisebudget schon vor Monaten überzogen.

Ich könnte das Geld von Thomas gut gebrauchen.

Thomas' Idee ist nicht neu. Die »Regermanisierung Königsbergs« wurde bereits in den Neunzigerjahren versucht, damals von Manfred Roeder. Erinnern Sie sich? Das war eben der erste aller selbsternannten Reichsbürger, der Rechtsterrorist, der sich schon 1978 zum Reichsverweser ernannt hatte. Gemeinsam mit weiteren Neonazigrößen, unter anderem dem DVU-Vorsitzenden Gerhard Frey (»ein gekauftes Arschloch«, so Thomas) und einem Stammkapital von 500 000 Mark machte er sich 1993 auf den Weg nach Kaliningrad. Als »Deutsch-Russisches Gemeinschaftswerk« erwarb der Neonazitrupp alte Häuser, ließ Russlanddeutsche ein ganzes Dorf aufbauen und sich ansiedeln. Die Ostprovinz sollte zurückgeholt werden, und Roeder durfte seine Pläne sogar in der Hamburger Führungsakademie der Bundeswehr kundtun. Die Bundeswehr war begeistert und spendete dem verurteilten Terroristen und Holocaustleugner drei alte Militärfahrzeuge und annähernd zwei Tonnen Werkzeug im Wert von insgesamt 20 000 Mark.

Die »Aktion Deutsches Königsberg« scheiterte dennoch. Roeder und Kumpane erhielten ein Einreiseverbot. Aber die Idee der »Regermanisierung Ostpreußens« blieb in der Neonaziszene quicklebendig, auch jenseits des Sommerurlaubs in Polen und des Ferienhäuschens in Ungarn.

Die Reichsbürger sind heute spirituelle Esoteriker und okkulte Faschisten, verfilzte Friedenshippies und bürgerliche Biolehrer, linke Rapper, rechte Ronnys und Mitglieder des Bundestags. Aber am Anfang waren sie einfach ein Haufen Alt- und Neonazis. Und ich bin irgendwie im Kreis gereist und da rausgekommen, wo alles angefangen hat.

Nur sind die meisten mittlerweile schlau genug, das Wort »Reich« nicht mehr herauszuposaunen. Sie nennen sich nicht mehr Reichsbürger oder Nationalisten, sondern »Systemkritiker«, »Paneuropäer« oder »besorgt«. Sie wollen auch Ostpreußen nicht mehr zurück, sie wollen nur ein »Siedlungsprojekt« starten. Aus dem »Deutsch-Russischen Gemeinschaftswerk« wurde das »Deutsch-Russische Friedenswerk«. Und hatten sie 1993 für ihren Plan 500 000 Mark, stehen ihnen jetzt 500 000 Euro zur Verfügung. Gut. Letzteres behauptet Thomas, und seinen Zahlenangaben ist nie zu trauen. Aber es fällt schwer, sie einfach als Unsinn abzutun.

Ich bestelle doch noch einen Sliwowitz bei der hübschen Serbin.

Ich finde ihren Hintern völlig in Ordnung.

Ein paar Zahlenangaben: Der Plan besagt, dass wir größer werden, immer größer. 4000 Hektar Bauland bei Tapiau, der Russe nennt es Gwardeisk, dreißig Kilometer östlich von Königsberg. Kostenpunkt: drei Millionen. Das Gebiet werden wir bebauen, eine Stadt gründen. Und dann werden wir uns die anderen Städte nehmen. Nicht kriegerisch. Zahlentechnisch.

Zwei Millionen Deutsche werden gegen 900 000 Russen stehen. Es geht nicht um Autonomie, auch nicht um einen deutschen Staat, das kommt alles viel später. Zunächst geht es um Zahlen. Es geht um unsere zwei Millionen, die wir für dieses »Generationenprojekt« brauchen, um Ostpreußen deutsch zu machen. Eine große Zahl, aber sie werden schon kommen, das besagt der Plan, das sagt Thomas. Der Plan erlaubt den Deutschen dann sogar, sich mit den Russen zu vermischen. Der Stamm der Prußen wird so neu entstehen. Zu 85 Prozent wäre der Prußе weiterhin deutsch, hat Thomas mit rassistischer Präzision ausgerechnet. 85 Prozent, damit ist Thomas einverstanden. Man muss kompromissbereit sein. Immerhin geht es hier um die Rettung der weißen Rasse: »Im Osten, hinter der deutsch-polnischen Demarkationslinie, da liegt das einzige Gebiet, wo die weiße Rasse möglicherweise noch überleben kann.«

Der große Austausch. Umvolkung.

Zigarettenpause. Thomas raucht Vogues, superslim, raucht sie bis zum Filter, und sie scheinen in seinen dicken Fingern zu verschwinden. Er grüßt die vorübergehenden Frauen und schaut ihnen hungrig hinterher, dann verrät er mir das »Endziel« des Plans. Er holt Luft und nennt das Kind beim Namen: Königsberg, das Monaco der Ostsee.

Der Plan besagt, dass wir eine Formel-1-Rennstrecke bauen werden, Spielcasinos entlang der Küste, mit großer Marina und Luxushäfen, voll mit Riesenyachten. »Da können sich die Araber in Monaco tummeln und das zugrunde richten, und wir haben ein schönes, weißes Monaco an der Ostsee … Ich weiß, klingt nach einer Riesengeschichte, wenn man sich das in einer Provinzkneipe anhört.«

Und in Hermann Görings geliebter Rominter Heide, versteckt in den grünen Hügeln, da werden wir »ein Bootcamp machen«. Schon bald. »So Wehrsportgruppe-Hoffmann-mäßig, verstehste?«, flüstert Thomas.

Hab ich richtig verstanden?

»Na, Wehrsportgruppen-Hoffmann-mäßig! Wenn die Deutschen hier dann rufen, weil sie Unterstützung brauchen.«

Die Wehrsportgruppe Hoffmann war eine terroristische Neonazi-Vereinigung. Das Münchner Oktoberfestattentat 1980 wurde von einem der Hoffmann-Terroristen begangen. Ein anderer ermordete wenige Monate später in Erlangen den jüdischen Verleger Shlomo Levin und seine Lebensgefährtin Frieda Poeschke. In den Jahren zuvor hatte Franz Josef Strauß die Wehrsportgruppe immer wieder als einen harmlosen Haufen »Spinner« und »Verrückte« bezeichnet.

Zwei Gäste verlassen das Lokal. »Servus, tschüssi«, ruft ihnen Thomas fröhlich hinterher.

Am Anfang des Abends, da nannte sich Thomas selber einen AfD-nahen Konservativen. Einen systemkritischen Patrioten. Jetzt, nach zwei Radlern und ein paar warmen Honigsliwowitzen, klingt er anders. »Ich bin ja immer etwas radikaler … nee, realistischer: Ich glaube, es geht letztendlich um das Überleben der Welt.« Er rechnet mir vor, wie schnell sich die braunen Untermenschen vermehren. Rassistische Hochrechnungen und faschistische Statistik – dumm, falsch, aber unwiderlegbar. »Du kannst die Welt nur noch mit einer ganz radikalen Maßnahme retten. Wenn du Milliarden biologisch und den ganzen Nahen Osten atomar vernichtest.«

Nazimathematik kommt unweigerlich immer zur selben Endlösung.

Und dann stirbt Tobias Patera. Sein Tod kommt überraschend.

Patera sitzt da, er verarbeitet die Information mit der Wehrsportgruppe und der atomaren Ausrottung, genehmigt sich noch ein letztes Globulikügelchen, spült es mit einem guten Schluck Schweinekotelett herunter, dann krampft er kurz zusammen und geht zu Boden. Einfach so. Sudden Death. Plötzliche Komplettnekrose. Ein Anfall akuter Nicht-mehr-Existenz. Ich schau mich noch kurz nach ihm um, aber da ist er schon in den Fugen des Parketts verschwunden. Tobias Patera ist nicht mehr.

Ich fühle mich erleichtert. Zuletzt habe ich Patera nur noch schwer ertragen. Allerdings sitze ich jetzt alleine mit einem Nazi in einem Restaurant und muss mir seine weinerlichen Allmachts- und Vernichtungsfantasien anhören. Ein richtiger Journalist würde vermutlich noch Details herausfinden, die Kontakte zu berühmten Neonazigrößen, zur Neuen Rechten, AfD und zur Reichsbürgerszene exakt ausloten. Politische Skandale ans Licht befördern. Aber mein Interesse ist alle.

Ich trinke auf mein totes Alter Ego einen letzten Sliwowitz und lege das Aufnahmegerät offen auf den Tisch, um selber nicht mehr zuhören zu müssen. Vielleicht auch, um erwischt zu werden. Wäre gut fürs Buch, denke ich mir.

Tobias Patera ist also weg. Übrig bin nur ich. Und ich nehme das alles durchaus persönlich. Atombomben und Wehrsportgruppen. Will mich dieser Mann tot sehen? Ich stelle ihm die Judenfrage. Will ein letztes Mal einen Nazi in seinem ganzen Wahn hören.

Der Protonazi Heinrich von Treitschke sagte 1879: »Die Juden sind unser Unglück.«

Der Neonazi Thomas sagt 2017: »Die liberalen Juden – ich mag sie so oder so nicht, ob sie liberal sind oder sonst irgendwas – aber die liberalen Juden sagen selbst: ›Wir sind das Unglück der Welt‹.«

Zeiten ändern sich, und es bleibt doch alles beim Alten.

Ich überlasse Thomas die Rechnung. Er begleitet mich noch ein Stück durch den kalten Abend und versucht weiter, mich mit großen Versprechen für den Fernsehsender in Deutsch-Königsberg zu locken. Ich höre nur halb hin.

Im Hotel suche ich auf dem Handy nach meinen heimlichen Audioaufzeichnungen aus Kahla. Es dauert eine ganze Weile, aber dann finde ich die richtige Stelle: Thomas, Martin Hohmann, Jürgen Elsässer. Ein Reichsbürger mit eliminatorischen Vernichtungsfantasien, ein antisemitischer Bundestagsabgeordneter und ein ultrarechter Hassprediger sitzen am lauen Sommerabend gemeinsam unterm Dohlenstein und sprechen über neue deutsche Siedlungen in den ehemaligen Ostgebieten. Damals fand ich das heftig, aber jetzt, da ich Thomas und seine illustren Pläne kennengelernt habe, jetzt bin ich aufgebracht. Erschüttert. Empört. Und ich höre das Band noch ein zweites Mal.

Dann ein drittes Mal.

Es ist nichts wert.

Auch wenn es unwahrscheinlich ist: Man muss erst einmal annehmen, weder Elsässer noch Hohmann wissen, dass Thomas ein Neonazi ist, zu radikal sogar für die eigene Partei. Man muss davon ausgehen, weder Elsässer noch Hohmann wissen, dass deutsche Siedlungsfantasien in Kaliningrad aus der Reichsbürger- und Neonaziszene stammen. Oder dass Thomas die Unternehmer mit Steuervorteilen locken will. Oder von der Wehrsportgruppe. Oder der braunen Mathematik.

Man muss davon ausgehen, dass weder Elsässer noch Hohmann an der BRD zweifeln, Antisemiten sind, Reichsbürger oder Nazis. Das würden sie nur verneinen. Oder mich gleich vors Gericht schleppen. Und weil in Deutschland niemand mehr so recht weiß, was ein Nazi ist, und weil man noch nie so recht wusste, was ein Reichsbürger, würde ich den Prozess vermutlich auch verlieren.

Nein, diese Audioaufzeichnung ist verflucht wenig wert. Nur eines kann ich mit absoluter Gewissheit über den Sommerabend in Kahla sagen: Der sackbesoffen krakeelende Milan hatte als einziger Durchblick: »BÖÖÖÖH!«, röhrt er, kurz bevor er weggezerrt wird. »Ihr lasst euch viel zu viel Scheiße andrehen!«

Damit hat er natürlich recht.

◆ ◆ ◆

Ungewaschen und verschwitzt liege ich unter der gestärkten Hotelbettdecke. Es ist gleichzeitig zu heiß und zu kalt, ich wälze mich herum, schalte den Fernseher ein. Es läuft »Matrix Revolutions« auf Vox. Keanu Reeves zerschießt im Akkord austauschbare Systemagenten. Ich schalte den Fernseher aus. Wieder ein, wieder aus.

Thomas' Plan besagt, dass die braunen Massen den wahnhaften Köpfen von Elsässer, Sarrazin und Lille Weidel entsteigen werden. »Fünfzig Jahre gebe ich uns noch, dann ist Deutschland im Krieg, aber im allerletzten«, hatte Thomas prognostiziert. Kaliyuga. Der Knall. Das Ende.

Dem Plan zufolge wird der Führer Thomas dann kämpfen. Hundertjährig wird der Führer aller Königsberger Preußen, Prußen und Deutschen dann sein, und er wird milde lächeln: »Ich hab's euch doch gesagt. Aber ihr wolltet nicht hören.« Und dann wird er die Wehrsportgruppe Sliwowitz entsenden. Eine gnadenlose Kämpfereinheit, fettschwartige Fleischmänner aus Ingrimm und Disziplin. Sie werden sich in die atomar bewaffneten Reichsflugscheiben quetschen und grazil wie ein Schwarm Hermann Görings in die Lüfte steigen, um die verbliebenen Deutschen vor den undeutschen Horden und vor Bündnis 90/Die Grünen zu retten. Den Nahen Osten werden sie in einen atomar verstrahlten Leichenberg verwandeln. Den Rest der Menschheit werden sie vergiften.

Zumindest werden sie ein paar Dönerbudenbesitzer und jüdische Aktivisten erschießen. Heil Thomas.

Todmüde bin ich, aber mein Kopf läuft heiß, das Laken nass vom Schweiß. Liegt es an Pateras Tod? Oder habe ich Angst vor dem Unsinn, den mir ein betrunkener Nazi nachts in einer Kneipe erzählt? Sollte ich nicht einfach darüber lachen? Ist Thomas selbst eigentlich bewaffnet? In einer seiner Geschichten kam eine Pistole vor.

Ich stehe noch mal auf. Stell mich unter die Dusche. Vielleicht sollte ich doch zusagen und nach Kaliningrad fahren. Vielleicht lässt sich ja noch was machen an diesem Plan. Vielleicht gibt's noch Interpretationsspielraum. Ganz unplanmäßig.

Ganz unplanmäßig wird sich Reichspropagandaminister Tobias Patera als feindlicher Spion entpuppen! Kaum erheben sich die Reichsflugscheiben, gibt er sich als jüdischer Blutmagier zu erkennen! Man hätte eigentlich drauf kommen können, immerhin kontrolliert er die Medien. Wie sich herausstellen wird, hat er alle Brunnen vergiftet, die reichsdeutschen Kinder ausgetrunken, sämtliche Reichsflugscheiben sabotiert! Wie tote Spatzen werden sie vom Himmel fallen. Deutsch Königsberg wird in atomaren Pilzen untergehen. Das Deutsche Reich wird nicht mehr sein.

Irgendwann schlafe ich ein. Ich träume wirre Träume. Es wird Zeit, nach Hause zu fahren.

Danksagung

Ich bedanke mich für wertvolle Gespräche und Hinweise bei Jörn Beckmann, Matthias Pöhlmann und Sabine Roser, Wolfgang Storz, Thomas Frickel, Giulia Silberberger, John J. Hollert und den Aktivisten vom Sonnenstaatland, Christiane Dietrich, Susann Bischof und ganz besonders bei Jan Rathje.

Und dann tausend Dank an all die Menschen, die mich während meiner seltsamen Reise und danach unterstützt haben, vor allem Konstanze, Raphael, Justus und Mara, außerdem danke ich Ute Gröbel und Simona Uhlemann.

Schließlich muss und will und darf ich von ganzem Herzen meinen Eltern danken!

Dankbar zeige ich mich natürlich auch für die großzügige finanzielle Unterstützung durch die BRiD GmbH, den Illuminaten und George Soros und grüße meinen lieben Vetter Lord Mojsche Rothschild-Bilderberg.

ISBN 978-3-360-01331-6

Umschlaggestaltung: Tobias Ginsburg / Verlag
Druck und Bindung: buchdruckerei.de, Berlin

Die Bücher des Verlags Das Neue Berlin
erscheinen in der Eulenspiegel Verlagsgruppe.

www.eulenspiegel.com